实用对外汉语教学丛书

# 汉语和汉语作为第二语言教学

Chinese and Teaching Chinese as a Second Language

吕必松 著

北京大学出版社
PEKING UNIVERSITY PRESS

图书在版编目(CIP)数据

汉语和汉语作为第二语言教学/吕必松著.—北京:北京大学出版社,2007.8
(实用对外汉语教学丛书)
ISBN 978-7-301-12601-1

Ⅰ.汉… Ⅱ.吕… Ⅲ.对外汉语教学-教材 Ⅳ.H195.4

中国版本图书馆CIP数据核字(2007)第121270号

书　　　　名：汉语和汉语作为第二语言教学
著作责任者：吕必松　著
责　任　编　辑：沈　岚
标　准　书　号：ISBN 978-7-301-12601-1/H・1819
出　版　发　行：北京大学出版社
地　　　　址：北京市海淀区成府路205号　100871
网　　　　址：http://www.pup.cn
电　子　邮　箱：zpup@pup.pku.edu.cn
电　　　　话：邮购部 62752015　发行部 62750672　编辑部 62767349
　　　　　　　出版部 62754962
印　　刷　者：河北滦县鑫华书刊印刷厂
经　　销　者：新华书店
　　　　　　　787毫米×1092毫米　16开本　16印张　380千字
　　　　　　　2007年8月第1版　2022年1月第7次印刷
定　　　　价：32.00元

未经许可,不得以任何方式复制或抄袭本书之部分或全部内容。
版权所有,侵权必究　　举报电话：010-62752024
　　　　　　　　　　　电子邮箱：fd@pup.pku.edu.cn

# 内容提要

　　本书在对语言规律、语言学习规律和语言教学规律进行动态的观察和解释的基础上,对汉语作为第二语言教学的总体设计、教材编写、课堂教学和语言测试等教学活动进行了深入的探讨,详细介绍了语音、汉字、语汇、语法等语言要素教学以及言语技能和言语交际技能训练的具体内容和方法。本书把"字本位"、"组合生成"和"二合机制"作为新的教学路子和教学方法的语言学基础,希望通过采用体现汉语特点的新的教学路子和教学方法使汉语的学习和教学变得更加容易。

# 前 言

本书是《对外汉语教学概论(讲义)》的改写本。叫"改写"而不叫"修改",是因为只用了原书的结构框架,大部分内容基本上是重写的,对保留的少部分内容也在文字上做了必要的修改。

作"改写"而不作"修改",并不是笔者的初衷。答应北京大学出版社出版此书时,本意是修改。到下笔修改时才发现,原书的内容跟笔者现在的观点相去太远,并因觉得原书有许多误导而产生了内疚感。在准备修改此书时,我还有另外两项任务:一是起草计划中的《书面汉语教程》,二是为编写包括《书面汉语基础》在内的《组合汉语系列教材》草拟《组合汉语知识纲要》。连同本书是三项工作同时进行。因为已陷入"组合汉语"而不能自拔,所以无法沿着原书的思路再去"炒冷饭"。经过反复的"思想斗争"以后,才下定决心按照"组合汉语"的思路改写此书。

正在草拟的《组合汉语知识纲要》(与赵淑华、林英贝合著)是一种包括汉语理论、汉语教学路子和汉语教学方法的一体化的理论系统。这种一体化的理论系统反映了笔者对汉语的特点和汉语教学的新的认识:汉语的基本特点是"字本位"、"组合生成"和"二合机制",这几个基本特点应成为汉语教学的语言学基础。《组合汉语知识纲要》还没有最后定稿,但是基本思路和部分内容已经贯穿在本书中。

我最早接触"字本位"概念还是在《世界汉语教学》杂志任职的时候。《世界汉语教学》杂志 1992 年第 3 期发表了张朋朋的《词本位教学法和字本位教学法的比较》,我当时只不过觉得有一些道理,却没有予以足够的重视。两年后,《世界汉语教学》杂志在 1994 年第 2 期和第 3 期连续发表了徐通锵先生关于"字本位"的两篇论文——《"字"和汉语的句法结构》、《"字"和汉语研究的方法论——兼评汉语研究中的"印欧语的眼光"》。学习了这两篇论文之后,我有一种打开了天窗的感觉。长期缠绕着我的一个突出的问题——汉语作为第二语言教学中如何处理语言与文字以及如何处理听说训练和读写训练的关系——似乎找到了答案。过去认为,汉语作为第二语言教学效率低的根本原因是汉语的语言与文字的矛盾使听说训练和读写训练互相制约。在字本位理论的启发下,我们逐渐认识到:如果把汉字看成单纯的书写符号和词汇的附属品,必然会觉得汉语教学中如何处理语言与文字以及如何处理听说训练和读写训练的关系是一个难题；如果认为汉字是书面汉语的基本单位，就会得出"教汉字也是教汉语"的结论，就会觉得汉字不但不是提高汉语教学效率的障碍，而且还是提高汉语教学效率的有利因素。为什么脱离汉字的特点先教"你好、谢谢、再见"才是教汉语，而结合汉字的特点先教"一、二、三"就不是教汉语？在思考的过程中，给我刺激最大的还是法国白乐桑教授的话。他说："从教学理论的角度看，尤其是在对外汉语教材编写原则这一最关键的问题上，笔者认为目前对外汉语教学面临着危机。""无论在语言学和教学理论方面，在教材的编写原则方面甚至在课程设置方面，不承认中国文字的特殊性以及不正确处理中国文字和语言所特有的关系，正是汉语教学危机的根源。"（白乐桑：《汉语教材中的文、语领土之争：是合并，还是自主，抑或分离？》，《第五届国际汉语教学讨论会论文选》，北京大学出版社，1997）汉语教学真的存在"危机"吗？经过多年的反省，我确实领悟到了"危机"二字的深刻含意，也因此产生了孜孜追索汉语的特点以及符合汉语特点的新的教学路子和教学方法的动力，并发表过几篇论文。在起草《书面汉语基础》的过程中，我发现了贯穿在汉语的音节、汉字、字组（双音节词、多音节词和短语）和句子中的"组合生成"特点和"二合机制"，对汉字与汉语的关系有了更深一层的认识，对"组合汉语"教学路子和教学方法也更有信心。深感只要紧紧抓住"字本位"、"组合生成"和"二合机制"，就能使汉语的学习和教学变得更加容易，可以大大提高汉语教学的效率和成功率。

　　我个人认为，徐通锵先生首创的"字本位"理论虽然是对汉语研究传统的回归，但是这并不意味着是对"词本位"研究成果的全面否定。汉语研究除了必须与传统接轨以外，还必须吸收现代语言学研究的一切有用的成果。在吸收现代语言学成果方面，"词本位"研究功不可没。可以说，没有"词本位"研究的成果，就难以建立现代"字本位"理论。事实上，现代"字本位"理论的许多思路和概念，包括本书的一些思路和概念，也是在"词本位"研究成果的启发下逐渐形成的。就像"词本位"研究并没有完全切断与传统的"字本位"研究的联系一样，现代"字本位"理论也不能完全切断与"词本位"研究的联系。这正是否定之否定规律在汉语研究上的体现。现代"字本位"理论实际上有三个主要的来源：传统的"字本位"研究的成果，现代"词本位"研究的成果，汉语教学实践对理论的反馈。在汉语教学实践方面，正面的例子如法国白乐桑教授试验的字本位教学。

　　"组合汉语"作为一种新生事物，它不可能一诞生就尽善尽美。要使它成熟起来，必须经过从实践到理论再到实践的长期的、多次的反复。不过我们不能因此而轻易放弃。这就需要同行朋友们多加扶植，积极参与，共同研究和开发。

　　感谢北京大学出版社给了我发表新观点的机会，也感谢沈浦娜主任和各位编辑原谅我一再推迟交稿时间。

# 前　言

　　我更要特别感谢我的老伴林英贝老师。她不但为让我静心写作而承担了全部家务，细心照料我的生活，给了我极大的精神支持，而且帮我查资料、审阅初稿并提出宝贵的修改意见。没有她的支持和帮助，我是无法完成当前的任务的。

作　者

2006 年 11 月 15 日深夜于北京

# 目 录

内容提要      1
前　言      1

## 第一章　绪　论      1
　　第一节　对外汉语教学与汉语作为第二语言教学      1
　　第二节　汉语作为第二语言教学的理论基础      10

## 第二章　语　言      29
　　第一节　语　言      29
　　第二节　语言与文化      45

## 第三章　语言学习      56
　　第一节　语言学习和语言习得      56
　　第二节　语言能力和语言交际能力      60
　　第三节　第一语言学习和第二语言学习      63

## 第四章　语言教学      72
　　第一节　语言能力的社会效应与语言教育      72
　　第二节　语言教学的性质和特点      77
　　第三节　第二语言教学的结构      82
　　第四节　第二语言教学的教学类型和课程类型      87
　　第五节　教学原则、教学路子、教学方法、教学技巧      92

第五章　教学过程和教学活动　　　　　　　　　　98
　　第一节　总体设计　　　　　　　　　　　　　98
　　第二节　教材编写　　　　　　　　　　　　109
　　第三节　课堂教学　　　　　　　　　　　　115
　　第四节　语言测试　　　　　　　　　　　　124

第六章　语言要素教学（上）　　　　　　　　　135
　　第一节　语音和语音教学　　　　　　　　　135
　　第二节　汉字和汉字教学　　　　　　　　　148

第七章　语言要素教学（下）　　　　　　　　　171
　　第一节　语汇和语汇教学　　　　　　　　　171
　　第二节　语法和语法教学　　　　　　　　　181

第八章　言语技能和言语交际技能训练　　　　　208
　　第一节　听力训练　　　　　　　　　　　　208
　　第二节　说话训练　　　　　　　　　　　　214
　　第三节　阅读训练　　　　　　　　　　　　223
　　第四节　写话和写作训练　　　　　　　　　229

参考文献　　　　　　　　　　　　　　　　　　233

# 第一章 绪 论

## 第一节 对外汉语教学与汉语作为第二语言教学

### 1. 第一语言和第二语言以及母语和外语

人出生不久就开始学习语言,多数人这时学习和习得的语言是本民族的语言,通常叫做母语。有的人学会了一种语言之后还要学习其他语言,为了便于区分,我们根据学习的先后顺序,把最先学习和习得的语言叫做第一语言,把第一语言之后学习和使用的语言叫做第二语言。如果在第二语言之后再学习其他语言,还可以根据学习的先后顺序,把它们分别叫做第三语言、第四语言……但是在一般情况下不再区分。因为区分第一语言和第二语言是为了研究学习和习得规律的异同,以便有针对性地组织教学,而在第二语言之后再学习其他语言,其学习和习得的规律跟学习和习得第二语言的规律没有本质的区别,所以没有必要再加以区分,可以把第一语言之后学习和使用的两种以上的语言统称为第二语言。

在有些西方学者的著作中,第二语言除了跟第一语言相对以外,还有另一层含义,就是专指在目的语的环境中学习和使用的第一语言以外的语言。例如,外国人在中国学习和使用汉语,因为是在汉语的环境中学习和使用,所以汉语是他们的第二语言;中国人在英语国家和地区学习和使用英语,英语就是他们的第二语言。在非目的语的环境中学习第一语言以外的语言,这种语言就称为外语。例如,中国人在中国学习英语,英国人在英国学习汉语,英语和汉语分别是他们的外语。按照这样的区分原则,第二语言除了跟第一语言相对以外,跟外语也有一定的对应关系。这一观点在我国学者中有广泛的影响。

根据学习环境来区分第二语言和外语,实际上会遇到很多问题。例如,在我国某些少数民族地区,有些人在有些场合虽然说汉语,但是在日常交际中通行的主要是当地民族的语言,在那里学习汉语的少数民族成员,家庭中一般也没有汉语环境。但是我们不能因此就说他们学习汉语是学习外语。又如,许多国家的华族儿童的第一语言不是汉语,而是当地的语言,如果因此就说他们学习汉语(有些地方叫华语,即华族的语言)是学习外语,在华人社区也很难被接受,因为华语毕竟是华族的民族语言即母语。再如,有些外国驻华机构的儿童是在中国出生的,他们的第一语言不是他们的本国语言,而是汉语,如果因此就说他们再学习他们自己国家或民族的语言是学习外语,也很难被接受。

我们认为,不应当把第一语言和母语的关系、第二语言和外语的关系看成简单的对应关系,而应该把它们看成是从不同的角度进行命名所产生的不同的概念。

母语是从民族系属的角度命名的,一般是指本民族的语言,相对于外国或外族语言。

第一语言和第二语言是从学习的先后顺序的角度命名的,它们互相对应。

外语是从国别的角度命名的,指的是外国语言,相对于本国语言。

由于是从不同角度命名的,所以母语和第一语言的关系,外语和第二语言的关系,并不是简单的对应关系,而是一种既相对应、又相交叉的关系。它们之间的交叉关系主要表现在:

第一语言也有可能是外语。例如,世界上有许多儿童是在国外出生和成长的,他们出生后首先学习和习得的语言即第一语言是当地的语言,而当地的语言既不是他们本民族的语言,也不是他们本国的语言,而是外国语言。

第二语言也有可能是母语。例如,华语是华族的民族语言,但是许多华族儿童的第一语言不是华语,而是当地的语言,所以如果他们学习华语,华语就是他们的第二语言,这种第二语言也就是他们的母语。

第二语言有可能既不是母语,也不是外语,而是本国其他民族的语言。例如有些中国少数民族成员的第二语言汉语就是本国其他民族的语言。

从上面的说明可以看出,在一般情况下,第一语言是母语,第二语言是外语,因此第一语言和母语的关系、第二语言和外语的关系是一种对应关系。在特殊情况下,第一语言是外语,第二语言是母语,这说明第一语言和外语、第二语言和母语也可能有对应关系。这样就形成了两种互相交叉的对应关系。因此可以说,第一语言和母语的关系,第二语言和外语的关系是一种既相对应又相交叉的关系。这种既相对应又相交叉的关系可以用下面的图表来表示:

# 第一章 绪 论

| 按学习顺序区分 ||||
|:---:|:---:|:---:|:---:|
| 第一语言 || 第二语言 ||
| 母语 | 外语 | 外语 | 母语 |
| 按民族系属和国别区分 ||||

根据上面的讨论,我们可以把母语、第一语言、第二语言和外语分别定义如下:

母语是本民族的语言,也是多数人首先学习和习得的语言。

第一语言是出生后首先学习和习得的语言。多数人的第一语言是母语。

第二语言是在第一语言之后学习和使用的其他语言。在第一语言之后学习和使用的本民族的语言、本国其他民族的语言和外国语言都是第二语言。

外语是外国语言。多数人学习和使用的第二语言是外语。

我们关于第二语言的定义只考虑学习的先后顺序,不考虑语言环境的因素,是基于下面的认识:

(1) 区分第一语言和第二语言以及母语和外语的目的是为了研究语言学习和习得的规律。语言的亲属关系和国别等因素只影响第二语言的学习和习得,在第一语言学习和习得中不起作用,因此我们不必在第一语言中区分母语、外语或本国其他民族的语言。

(2) 在第二语言学习中,影响学习和习得的因素是多方面的,其中包括:人的大脑机制和目的语的特点、学习语言的方式(主要是指在自然环境中学习还是在学校里的课堂上学习)、目的语环境、跟语言理解和语言表达有密切关系的社会文化因素等。语言环境只是影响第二语言学习和习得的因素之一,不足以作为区分第二语言和外语的主要依据。

(3) 人们学习第二语言,可能是在自然环境中学习,也可能是在学校里的课堂上学习。如果是在学校里的课堂上学习,所在的学校可能是在目的语的环境中,也可能是在非目的语的环境中。无论是在什么样的环境中学习,都会受到第一语言的正迁移和负迁移作用的影响,也都会遇到另一种社会文化因素的障碍。第一语言的正迁移和负迁移作用是由大脑机制和语言的特点所决定的,跟学习第二语言时的语言环境没有直接的关系。例如,说汉语的人学英语,无论是在中国学习还是在英语国家学习,都会受到汉语的正迁移和负迁移作用的影响。社会文化因素的障碍有大有小,其大小程度在多数情况下也不是由语言环境所决定的,而是由目的语跟第一语言的亲属关系和国别等因素决定的。如果第二语言是本民族或本国其他民族的语言,社会文化因素的障碍有可能小一些;如果是外国语言,特别是文化上没有渊源关系的外国语言,社会文化因素的障碍有可能大一些。(我们这里只讲"有可能",因为还有一些更复杂的决定因素,这里不打算具体讨论)由于文化差异是第二语言学习中的主要障碍之一,而这种文化差异又跟国别有关,所以有必要区分所学的第二语言是外国语言还是本国其他民族的语言。

(4) 如果上面的论述是正确的,我们就可以得到这样的结论:为了研究语言学习和习得的规律,我们首先要根据学习的先后顺序区分第一语言和第二语言;为了研究第二语言学习和习得的规律,除了区分第一语言和第二语言以外,还要在第二语言中再根据语言的亲属关系和国别,区分本民族语言(母语)、本国其他民族的语言和外国语言。

根据上面的讨论,我们认为不应当把第二语言和外语的关系看成一种对应关系,而应当看成一种包容关系,即第二语言也包括外语。这也是我们说对外汉语教学既是一种第二语言教学、又是一种外语教学的原因。

我们不把语言环境作为区分第二语言和外语的标准,只是因为我们认为语言环境不足以成为区分第二语言和外语的标准,但这并不意味着我们不重视语言环境在语言学习和习得中的作用。相反,不把语言环境作为区分第二语言和外语的标准,也是为了更好地强调语言环境的作用。因为我们是为了研究语言教学而讨论语言环境在语言学习和习得中的作用的,语言教学当然要在学校里进行。在学校里学习第二语言,无论所在的学校是在目的语的环境中,还是在非目的语的环境中,其语言环境都不同于学习第一语言的语言环境。因此在讨论第二语言学习和习得与第一语言学习和习得的异同时,自然要说明语言环境的异同。说明语言环境的异同不但是为了揭示第二语言学习和习得与第一语言学习和习得的不同的规律,而且也是为了在第二语言教学中更好地创造语言环境,因为即使在目的语的环境中进行第二语言教学,语言环境也可能有很大的差别。例如,在外国学生集中的地方,学生如果只在课堂上学习,不经常跟当地人交际,在学生之间又不使用或很少使用目的语,这就跟在非目的语的环境中学习没有多大的区别。这样的情况并不罕见。因此,即使在目的语的环境中进行第二语言教学,也有一个是不是积极创造语言环境的问题。如果认为在目的语的环境中学习第二语言有天然良好的语言环境,就不会积极创造语言环境。

除了对第二语言和外语的涵义有不同的解释以外,还有一些人把第二语言和第二外语混同起来,把第二语言说成第二外语。其实第二外语指的是一种外语,是就外语学习的先后顺序或主次而言的,它只跟第一外语相对应。概念不准确,就难以让听众或读者明白所讨论的内容,甚至会引起误解。为了更好地研究语言学习和语言教学问题,首先弄清楚这些基本概念的确切涵义是完全必要的。

## 2. 对外汉语教学与汉语作为第二语言教学

2.1 "对外汉语教学"名称的由来

20世纪80年代初,根据北京语言学院(现北京语言大学)的倡议,由10所招收外国留学生的高等院校共同发起,准备成立一个专门研究对外国留学生进行汉语教学的学术团体。筹备工作由北京语言学院张道一副院长主持,施光亨教授具体负责。1982年4月,10所发起院校的代表在北京语言学院举行了第一次筹备会议。这次会议的内容之一就是讨论决定这个学术团体的名称,"对外汉语教学"这个名称就是在那次会议上由北京大学的代表提出来的。这个术语的意思十分明确,就是"对外国人的汉语教学"。与会代表经过热烈讨论,一致同意把即将成立的学术团体定名为"对外汉语教学研究会"。这个研究会于1983年6月成立,当时是中国教育学会下属的二级学会,全称是"中国教育学会对外汉语教学研究会"。1986年改属新成立的中国高等教育学会,全称也改为"中国高等教育学会对外汉语教学研究会",仍然是二级学会。随着对外汉语教学学科的迅速发展,1988年从中国高等教育学会独立出来,升格为一级学会,改名为"中国对外汉语教学学会"。对外汉语教学研究会最初隶属于中国教育学会,后来改属中国高等教育学会,说明对外汉语教学最初是隶属于教育学科的。

除了"对外汉语教学"这个术语以外,在那次筹备会议上提出讨论的还有"汉语作为外语教学"和"汉语作为第二语言教学"。没有采用"汉语作为外语教学",是因为有些代表认为这个术语太长,也有人认为这个术语的结构不符合汉语的习惯;没有采用"汉语作为第二语言教学",除了与上面相同的理由之外,还因为如果采用"第二语言教学",就意味着要包括对我国少数民族的汉语教学,而多数与会者认为暂时还不具备这样的条件。这也说明,"对外汉语教学"中的"外"是指"外国",而不是指"外族"。

"对外汉语教学"术语产生之后,很快被广泛使用,出现了对外汉语教学学科、对外汉语教学事业、对外汉语教学工作者、国家对外汉语教学领导小组等一系列新名称。这些新名称中的"对外汉语教学"都保持着同样的内涵——对外国人的汉语教学。

2.2 "对外汉语教学"的内涵

术语是对有关事物的分类、归类和命名。跟对其他事物的分类、归类和命名一样,对语言教学也可以从不同的角度进行分类、归类和命名。例如:从所教语种的角度就分出了汉语教学、英语教学、俄语教学、阿拉伯语教学,等等;从学习者的母语与目的语的国别关系的角度就分出了母语教学和外语教学——母语教学也叫本族语教学;从语言学习和习得的角度就分出了第一语言教学、第二语言教学和双语教学。以上分类、归类和命名各有各的用途,也说明对同一语种的教学可以根据不同的需要从不同的角度进行分类、归类和命名。再以对外国人的汉语教学为例:当我们需要说明我们所教的是什么语言的时候,我们就使用"汉语教学",因为汉语就是我们所教的语言;当我们需要说明学习者原有的语言与汉语是什么关系的时候,我们可以使用"外语教学",因为对外汉语教学的主要对象是外国人,对他们来说,汉语是他们的外语;当我们需要根据学习和习得的特点说明这种教学的性质的时候,我们就使用"第二语言教学",因为我们的教学对象已经掌握了至少一种语言,他们学习汉语,是学习第二语言。由此可见,在不同的情况下,我们可以分别用汉语教学、汉语作为外语教学、汉语作为第二语言教学这几个不同的名称来指称对外汉语教学。所谓不同的情况,就是这几个不同的名称适用于不同的教学对象。"汉语作为外语教学"适用于外国非华族汉语学习者,"汉语作为第二语言教学"适用于第一语言为非汉语的汉语学习者,"汉语教学"对以上两种汉语学习者都适用。对第一语言为非汉语的我国少数民族学生的汉语教学也属于第二语言教学,因此也应当包括在"汉语作为第二语言教学"的范围之内。但是对第一语言为非汉语的我国少数民族学生的汉语教学不能叫外语教学。不仅如此,对海外华族学生的汉语教学也不便叫外语教学。从国籍上说,有些海外华人是外国人,但是他们仍然认为汉语是他们的母语。我在菲律宾讲学的时候就遇到过这样的情况:我把那里的汉语(他们叫华语,即华族的语言)教学归入第二语言教学,有些学生家长误认为第二语言就是外语,因此表示很不理解——华语明明是我们的母语,怎么能把它说成第二语言呢?我不得不进一步解释:我所说的第一语言、第二语言,是从学习的先后顺序说的,菲律宾大多数华族儿童首先学会的是英语或菲律宾语,他们开始学习华语的时候,已经会说英语或菲律宾语,因此英语或菲律宾语是他们的第一语言,华语是他们的第二语言。第二语言与外语不是等同关系,它可能是外语,也可能是母语。(吕必松 1992)

把上面的意思归纳起来,我们可以得出这样的结论:我们对外国人的汉语教学既是一种外语教学,又是一种第二语言教学。对外国非华族学生来说,它是外语教学;对第一语言为非汉语的学生来说,它是第二语言教学。作为一种外语教学,它有别于对我国少数民族学生和海外华族学生的汉语教学,而跟其他外语教学有一些共同的特点和共同的规律;作为一种第二语言教学,它有别于我们国内的语文教学,而跟其他第二语言教学有一些共同的特点和共同的规律。但是我们所教的毕竟是汉语,汉语本身的特点又决定了汉语作为外语和第二语言的教学也有别于其他外语和第二语言的教学。由此可见,"对外汉语教学"这个术语有不同的内涵,这些不同的内涵可以用下面的图表来表示:

| 名　　称 | 内　　涵 | 适用的教学对象 |
|---|---|---|
| 对外汉语教学 | 汉语作为外语教学 | 外国非华族汉语学习者 |
|  | 汉语作为第二语言教学 | 第一语言为非汉语的汉语学习者 |
|  | 汉语教学 | 以上两种汉语学习者 |

从上表可以看出,"对外汉语教学"这个名称与它的内涵不完全一致。在名称上,它是对外国人的汉语教学;在内涵上,它又不限于对外国人的汉语教学,对外国人的汉语教学只是汉语作为第二语言教学的一个组成部分。

指出"对外汉语教学"这个名称与它的内涵不完全一致,并不是主张改变或取消这个名称。至少在现阶段,这个名称是既不能改变也不能取消的。原因是:第一,大家早已习惯了这个名称,如果换一个别的名称,反而不习惯;第二,在一定的情况下,例如,当需要特别指明是中国人对外国人的汉语教学时,这个名称具有不可替代性。这里指出名称与内涵不完全一致,主要是为了通过对内涵的解释来说明对外汉语教学的学科性质。

在上表的"内涵"一栏中,从上到下是一种从属关系:汉语作为外语教学从属于汉语作为第二语言教学,汉语作为第二语言教学从属于汉语教学。汉语教学包括的范围最广,汉语作为第二语言教学次之,汉语作为外语教学包括的范围最小。汉语教学也包括作为第一语言的汉语教学。从语言学习和习得的角度说,第一语言教学与第二语言教学属于不同性质的语言教学,而第二语言教学和外语教学则属于同一性质的语言教学。因此,在语言教学与研究中,首先要把第二语言教学与第一语言教学区别开来。汉语作为第二语言教学包括汉语作为外语教学,又区别于汉语作为第一语言教学,所以最能体现对外汉语教学的内涵,也最能代表对外汉语教学的学科性质。

### 3. 对外汉语教学学科的性质

什么是学科?《现代汉语词典》对"学科"一词的相关解释是:"按照学问的性质而划分的门类。如自然科学中的物理学、化学。"这一解释包含三个要点:第一,学科是学问;第二,学问有不同的性质;第三,学科是按学问的性质划分出来的门类。就第一点而言,即对外汉语教学是学问,已经无可争辩。真正需要讨论的是:对外汉语教学要研究的是什么性质的学问?这样的学问属于哪个门类?

要在互联网上查找跟对外汉语教学有关的文献,可以通过"对外、汉语、教学"这三个不同的关键词进行检索。也就是说,在进行文献检索的时候,这三个词具有同样的作用,它们的地位没有主次之分。而在"对外汉语教学"这个术语中,这三个词之间却存在着固定的语义联系。不过,对这三个词之间的语义联系有不同的解释。一种解释是:既然"对外"在先,就应当把"对外"放在首位。这就意味着要把"对外汉语教学"首先看作一项外事工作。在提出对外汉语教学是一门专门的学科之前,就是把对外汉语教学当作一项外事工作来对待的。如果继续把它当作一项外事工作,就要从国际关系、国际政治等角度去进行研究,研究成果就要归入国际关系学、国际政治学一类的学科。我们当然不能否认对外汉语教学与外事工作有一定的关系,但是国际关系学、国际政治学一类的学科与对外汉语教学毕竟相去太远,这类学科的研究成果不可能解决对外汉语教学中的实际问题,也不可能真正推动对外汉语教学的发展。正因为如此,我相信多数人不会赞成把对外汉语教学归入国际关系学、国际政治学一类的学科。另一种解释是:既然"汉语"是教学内容,就应当把"汉语"作为核心。提出以"汉语"为核心,就是认为应当把汉语理论作为对外汉语教学学科理论的核心,把汉语研究作为对外汉语教学学科理论研究的中心任务,其研究成果自然属于语言学学科。我们当然更不能否认汉语研究和汉语理论在对外汉语教学中的作用,关于这一点,下面还要专门讨论。但是汉语研究和汉语理论既不能代替也不能包括汉语教学研究和汉语教学理论,因为两者研究的目的、对象和范围都不完全相同。也就是说,汉语理论和对外汉语教学理论属于不同性质的学问。如果汉语研究和汉语理论可以代替或包括对外汉语教学研究和对外汉语教学理论,对外汉语教学学科就没有存在的必要,我们也不必花那么多的时间和精力去讨论对外汉语教学的学科性质。

我个人一直认为,"对外汉语教学"这个术语的中心在"教学"。我们甚至可以用简单的办法来说明这一点,这种简单的办法就是语法分析法。

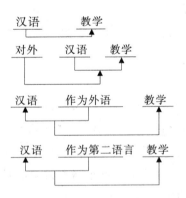

上面的语法分析告诉我们,无论在哪一个术语中,"教学"都是中心成分。

通过语法分析法指出"教学"是中心成分,是为了说明:"对外汉语教学"要把"教学"作为主要的研究对象。只有把"教学"作为主要的研究对象,才能通过研究跟教学有关的问题,揭示教学的客观规律。只有掌握了教学的客观规律,才能提高教学的质量、效率和成功率，才能推动对外汉语教学事业的发展。把"教学"作为主要的研究对象，揭示教学的客观规律，其理论成果就不是语言理论，而是语言教学理论。语言教学理论和语言理论是不同性质的学问，既然学科是"按照学问的性质划分的门类"，它们就属于不同的学科。——汉语理论属于语言学科，对外汉语教学理论属于第二语言教学学科。再往上归，就属于语言教育学科。这就是我对"对外汉语教学"学科性质的认识。

对外汉语教学也是应用语言学研究的对象，因此与应用语言学也有密切的关系。应用语言学把它作为自己的分支学科，也是理所当然。这说明对外汉语教学具有跨学科的性质。"应用语言学"是对语言学的"应用"，把对外汉语教学作为应用语言学的研究对象，就是研究怎样把语言学"应用"于对外汉语教学，"核心"也不是语言学本身。

## 4. "对外汉语教学"不是"对外汉语"

说汉语的人习惯于使用二字格和四字格。"对外汉语教学"是六字格，显得过长，所以说话时常常把它简略为"对外汉语"。"对外汉语"在口头上说说并无大碍，因为一般都知道，在一定的情况下所说的"对外汉语"，就是"对外汉语教学"的意思。但是决不能把"对外汉语"作为科学术语，因为汉语虽有古代汉语、近代汉语、现代汉语之分以及普通话和方言的区别，却无对内、对外的不同。难怪有人问："什么是对外汉语？你说一句我听听？"实际上，不但没有人会说，而且也没有人会写。既然没有人会说，也没有人会写，就说明"对外汉语"是不存在的。"对外汉语"不存在，所谓"对外汉语研究"也就失去了研究对象。为什么可以说"对外汉语教学"而不能说"对外汉语研究"呢？上面的语法分析已经说明，"对外汉语教学"中的"对外"是修饰"汉语教学"的，而不是修饰"汉语"的。我们还可以说"对外汉语教师"、"对外汉语教材"，这里的"对外"是修饰"汉语教师、汉语教材"的。"对外汉语研究"中的"对外"修饰"汉语"固然不对，正如上面所说，汉语并无"对内"、"对外"的不同；修饰"汉语研究"也不对，因为"汉语研究"也不可能分出专门"对内"的汉语研究和专门"对外"的汉语研究。王力先生早在六十多年前就说过："一切语法上的规律，对于本国人，至多是习而不察的，并不是尚待学习的。……我们的书虽不是为外国人而著，却不妨像教外国人似的，详谈本国的语法规律。譬如有某一点，本国人觉得平平无奇的，而外国人读了，觉得是很特别的，那么，正是极值得叙述的地方。甲族语所有而乙族语所无的语法事实，正是族语的大特征。"（王力 1957）王力先生在这里讲的是汉语语法研究，而没有讲"对外"汉语语法研究。也就是说，针对外国人的汉语学习是汉语语法研究本身的需要，是汉语语法研究的应有之义。语法研究是如此，语音、汉字、词汇的研究又何尝不是如此？

**思考题**

1. 什么是第一语言？什么是第二语言？
2. 为什么说第一语言有可能是外语，第二语言有可能是母语？
3. 为什么说不把语言环境作为区分第二语言和外语的标准，也是为了更好地强调语言环境的作用？
4. 对外汉语教学是什么性质的学科？
5. 为什么说对"外汉语教学"不是"对外汉语"？

**引文目录**

吕必松(1992)《华语教学讲习》，北京语言学院出版社。

王　力(1957)《中国语法理论·导言》，中华书局。

## 第二节　汉语作为第二语言教学的理论基础

跟其他门类的教学一样，语言教学也必须建立在一定的理论基础之上。语言教学的理论基础包括语言理论、语言学习理论、一般教育理论和语言教学理论。其中，语言理论、语言学习理论和一般教育理论是基础理论，语言教学理论是本体理论。本体理论是学科存在和发展的标志。

### 1. 汉语作为第二语言教学的本体理论

#### 1.1　什么是汉语作为第二语言教学的本体理论

"本体"二字本来是德国康德唯心主义哲学中的一个概念，是指与现象对立的不可认识的"自在之物"。现在一般理解的"本体"不是这种唯心主义哲学的概念，而是事物本身。在理论研究中，是指一门学科的研究对象。

每一门学科都有它自己特定的研究对象，这种特定的研究对象就是这门学科的本体。例如，语言学学科的研究对象是语言，语言就是语言学学科的本体；汉语语言学学科的研究对象是汉语，汉语就是汉语语言学学科的本体；语言教育学科的研究对象是语言教育，语言教育就是语言教育学科的本体；汉语作为第二语言教学学科的研究对象是汉语作为第二语言教学，汉语作为第二语言教学就是汉语作为第二语言教学学科的本体。

每一门学科都有自己的本体理论。本体理论就是通过对本体的研究揭示本体发展规律的理论,也是本学科存在和发展的标志。就汉语作为第二语言教学而言,只有教学理论才能揭示汉语作为第二语言教学的规律,才是汉语作为第二语言教学学科存在和发展的标志,才能把汉语作为第二语言教学学科跟其他相关的学科——例如语言学学科——区别开来。在所有这些方面,其他理论都无法代替。因此,只有汉语作为第二语言教学的教学理论才是汉语作为第二语言教学学科的本体理论。

现在有一种颇为流行的说法,这就是:汉语是对外汉语教学的本体,汉语理论是对外汉语教学的本体理论。这是一种理论错位。所谓理论错位,就是把某一学科的本体和本体理论拿来充任另一学科的本体和本体理论。造成本体理论错位是因为认定"汉语是对外汉语教学的本体、汉语理论是对外汉语教学的本体理论",而这种说法是"对外汉语"概念的延伸。"对外汉语"的中心是汉语,自然要把汉语作为本体,把汉语理论作为本体理论。但是大家都知道,对外汉语教学早已存在,但是直到20世纪70年代,它还没有成为一门学科。为什么直到那时还没有成为一门学科呢?是因为没有汉语研究和汉语理论吗?当然不是。汉语理论早已存在,汉语语言学早已成为一门独立的学科。但是汉语理论是汉语语言学的本体理论,只能作为汉语语言学学科存在和发展的标志,而不能作为对外汉语教学学科存在和发展的标志。对外汉语教学学科的迟到,是因为作为学科标志的本体理论的迟到,而不是因为别的。今天的对外汉语教学之所以称得上一门学科,是因为已经初步形成了自己的本体理论。这个本体理论不是汉语理论,而是汉语教学理论。我们说对外汉语教学这门学科还不太成熟,是指它的本体理论即教学理论还不太成熟,而不是指汉语理论还不太成熟。如果是指汉语理论还不太成熟,就难逃嫁祸于人之嫌。

南京大学李开教授(2002)曾经指出:"如果把对外汉语教学(含汉文化教学)的本体性质定位在汉语言文字学,那么我们就会把对外汉语教学研究的主要之点放在汉语的语法、词汇、语音、汉字上,……如果把对外汉语教学(含汉文化教学)的本体性质定位在汉语教育上,那么我们研究的主要课题是汉语语法、词汇、语音这些语言文字本体的价值和实践作用的研究,而不是语言文字本体研究。"李开教授接着说:"我们认为,对外汉语教学隶属于汉语教育学,更确切地说,隶属于汉语言对外教育或汉语言对外教育学,……对外汉语教学的研究工作者既要谙知汉语本体内容,更要懂得语文教育学、语文教育心理学、语文教育哲学的别一本体内容,这样,对外汉语教学的科研工作方能深入,不懂得这个道理,搞对外汉语教学的人在语法、词汇、语音上打转,与语文教育不沾边,那是不会有好成果问世的……当然很难有对外汉语教学的自身的标准化成果。"李开教授关于对外汉语教学学科定位和本体理论研究的十分中肯的论述使我们清楚地看到对外汉语教学中理论错位现象的危害,这有助于维护对外汉语教学的学科地位和保证对外汉语教学的学科建设继续沿着正确的方向向前发展。我们否认汉语理论是对外汉语教学的本体理论，强调汉语教学理论是对外汉语教学的本体理论，目的也在于此。

1.2　汉语作为第二语言教学本体理论的发展

这里介绍汉语作为第二语言教学本体理论的发展，不但是为了说明这种本体理论的实际存在，而且也是为了从中总结出这种本体理论研究的对象、目的、内容和方法。

汉语作为第二语言教学本体理论的研究是随着对外汉语教学的发展而发展的，研究的目的是为了解决对外汉语教学中实际存在而且迫切需要解决的问题。下面分阶段介绍。

1.2.1　20世纪50年代的本体理论研究——基础的建立

20世纪50年代是中国当代对外汉语教学的初创时期。1950年在清华大学设立了对外汉语教学的专门机构，该机构于1952年转移到北京大学。这时到中国留学的外国人很少，他们学习汉语是为了跟中国学生一起学习有关的专业，因此汉语教学是一种预备性质的教学。这一时期的教学研究，除了制定教学计划和编写相应的教材以外，只发表了五篇论文。这五篇论文是：周祖谟(1953)的《教非汉族学生学习汉语的一些问题》，邓懿(1955)的《外国留学生学习汉语遇到的困难问题》，王学作、柯柄生(1957)的《试论对留学生讲授汉语的几个基本问题》，邓懿(1957)的《用拼音字母对外国留学生进行汉语教学》，杜荣(1960)的《用汉语拼音教外国留学生学习汉语的一些体会》。

周祖谟先生的论文《教非汉族学生学习汉语的一些问题》是我所看到的关于对外汉语教学的最早的论文。作者从汉语教学的基本原则、教学的目的、教学的内容、进行的程序和教学的要点、教学的方法等五个方面，对教我国少数民族学生和外国学生汉语的一些基本问题，从语言学和语言教学的角度进行了较为全面的论述。这篇文章的主要功绩是：早在50年之前就把对外国学生的汉语教学和对我国少数民族学生的汉语教学归为一类，把对外族人的汉语教学与对本族人的语文教学区别开来，把语言教学与语言学教学区别开来，根据汉语教学的特点提出了许多有价值的见解，从而为汉语作为第二语言教学的理论研究奠定了初步的基础。这实际上起到了为对外汉语教学学科定位的作用。只要发现直到今天还有不少人不了解汉语作为第二语言和外语的教学既不同于对本族学生的语文教学，也不同于语言学教学，就更能体会到这篇论文的学术价值。周文之后，邓懿在现代汉语规范问题学术会议上发表了《外国留学生学习汉语遇到的困难问题》，强调要针对外国人学习汉语的难点加强汉语研究。由北京大学编写、商务印书馆于1958年出版的《汉语教科书》，对后来的教学研究和教材编写产生了持久的影响。

根据有关的教学计划、论文和《汉语教科书》，我们把这一时期对外汉语教学研究的主要成就和教学法特点归结如下：

# 第一章 绪 论

（1）明确了对外国学生和中国少数民族学生的汉语教学不同于对汉族学生的语文教学，对成年人的汉语教学不同于对儿童的汉语教学。强调要根据非汉族成年人学习的特点进行汉语教学，并针对他们学习的难点开展汉语研究。

（2）明确了对外国学生和中国少数民族学生进行汉语教学的目的是培养他们实际运用汉语的能力。

（3）教学内容以词汇和语法为中心，语法教学又以句法为中心。句法教学包括介绍词类和句子成分，讲解词序和虚词的用法等。

（4）主张以理论指导实践，要求"讲练并重"。"讲"是指讲解汉语理论知识，主要是语音、语法知识；"练"是指在理论的指导下进行听、说、读、写的练习。"讲练并重"就是理论与实践并重。语言知识的讲解力求系统，并与学生的母语进行对比。考试的内容也包括理论知识。用汉语讲解语言知识学生听不懂，初期由汉语教师带翻译上课，随着学生汉语水平的提高逐渐摆脱翻译。当时把这样的教学方法叫做"综合法"。那时对教学法的理解一般仅限于课堂教学的具体方法，课堂上用学生的母语进行翻译的叫"翻译法"，不用学生的母语进行翻译的叫"直接法"，两者结合使用的叫"综合法"。

（5）言语技能训练的原则是全面要求、综合教学、阶段侧重。"全面要求"就是要求学生全面掌握听、说、读、写四种技能，"综合教学"就是在同一门课中对听、说、读、写四种技能进行综合训练，"阶段侧重"就是开始阶段侧重听说训练，从培养口语能力入手，逐渐过渡到侧重听读或读写训练。

（6）通过编写《汉语教科书》建立了针对外国人学习的汉语语法体系。在中国，这是把汉语的科学语法转换为教学语法的第一个样板。

以上六点可以代表20世纪50年代对外汉语教学的理论观点和教学法特点。北京大学周祖谟教授的论文《教非汉族学生汉语的一些问题》和邓懿教授主持编写的《汉语教科书》是这一时期教学研究的代表作。

这一时期的教学法主张明显地受到斯大林语言学说和苏联俄语教学法的影响。语法系统则属于结构主义。

1.2.2　20世纪60年代的本体理论研究——"实践性原则"和"相对直接法"的提出

从20世纪60年代初到1966年（"无产阶级文化大革命"开始），对外汉语教学理论研究的重点是总结新中国成立以来对外汉语教学的经验，希望进一步明确教学的特点、教学原则和教学方法，促进课程设计、教材编写、课堂教学和考试制度向规范化的方向发展。

为了迎接更多的外国留学生，特别是日益增加的非洲留学生，1962年成立了一所专门接受外国留学生的学校——北京外国留学生高等预备学校。原来设在北京大学的中国语文专修班和设在北京外国语学院的非洲留学生办公室都合并到这里。该校于1965年正式更名为北京语言学院,就是现在的北京语言大学。

　　1965年,因为要接受大批越南留学生,开展对外汉语教学的院校由原来的北京语言学院1所猛增到20多所。北京语言学院除了承担本校的任务以外,还成了为其他院校制定教学计划、培训教师和管理人员的基地。为了制定新的教学计划和开办培训班,北京语言学院在总结教学经验的基础上写出了一批专题报告,作为培训班教材。这些专题报告比较全面地反映了前15年的教学经验和新的教学法主张。由钟梫执笔、1965年在内部发表的论文《十五年汉语教学总结》(钟梫1979)是这批报告中的核心篇。

　　钟文从教学特点以及由此产生的教学要求、教学原则与教学安排中的几个问题、教材编写中的几个问题、关于教学法的一些问题等四个方面,对新中国成立以来对外汉语教学的经验进行了较为全面的总结,对教学中遇到的问题和争论也进行了扼要的分析。50年代强调"讲练并重",要过多、过细地讲解汉语理论知识,汉语教师要带翻译上课。进入60年代,随着学生人数的增加,国别、语种也相应增加,为所有的语种配备翻译不太现实。积累了较多的教学经验之后,大家也开始认识到没有必要过多、过细地讲授语音、语法知识。根据新的情况和经验,钟文提出了"学以致用"的教学要求;规定总的教学原则是"少而精",基本的教学原则是"实践性原则",同时提出了"相对直接法"的概念;主张"语文并进",强调初级阶段的教材要处理好课文与语法结构的关系。这一时期所说的教学法,也主要是指课堂教学的具体方法,包括怎样教语音、怎样教语法、怎样教词汇和短文等。因此对"翻译法"、"直接法"的理解也限于在课堂上用不用翻译。钟文提出的"相对直接法",是指在课堂上讲解语言知识时,既不完全用外语翻译,也不绝对禁止用外语解释,教材中的生词和语言知识仍保留外文译释。钟文提出的几个新概念代表了这一时期对外汉语教学的理论取向和教学法主张,对后来的教学和研究发挥了积极的影响。

　　北京语言学院于1964年开始编写、1965年开始在校内试用的《基础汉语》是贯彻"实践性原则"和"相对直接法"的第一部对外汉语教材。这部教材使用的时间虽短,而且没有公开出版,但是对以后的教材编写产生了重要的影响。"文化大革命"中专为国外编写、北京语言学院复校初期也一直使用的同名教材就是这部教材的修改本。

　　钟梫的《十五年汉语教学总结》和李景蕙、赵淑华等主持编写的《基础汉语》是这一时期的代表作。

　　"文化大革命"发生后,在校外国留学生绝大多数都中途回国。从1966年下半年开始的几年内,对外汉语教学基本中断。所谓基本中断,就是没有完全中断。个别院校还继续接受外国留学生,有的外国驻华机构还邀请我们的教师前去教授汉语,派教师出国任教的工作有些还在继续进行。但由于主要的教学活动已全面停止,绝大多数教师都在参加政治运动或下放劳动,无法开展理论研究。从 1966 年下半年到 1973 年北京语言学院复校这七八年间,除了编写国外急需的教材以外,我国对外汉语教学研究基本上是一片空白。

  1.2.3 20 世纪 70 年代的本体理论研究——开始探索新的教学路子

  20 世纪 70 年代是我国对外汉语教学的恢复时期。教学上出现的新情况(例如西方学生人数增加)以及后来改革开放政策的实施,使教学理论的研究受到一定程度的重视。经过多年的压抑和沉闷之后,教师们在教学和学术上也积累了一些爆发力。北京语言学院复校后,大家在吃饭、走路的时候也都在讨论教学问题。这跟现在的气氛大不相同。"文革"后期(1974)最早出版、一度也是国内唯一的一家学术刊物是北京语言学院学报《语言教学与研究》,在这个刊物上发表的从 1974 年到 1979 年写成的关于对外汉语教学的论文和文章有 20 多篇。六年发表 20 多篇论文,今天看来微不足道,但在当时却反映了对外汉语教学理论研究的空前繁荣,因为整个 50 年代才发表五篇,整个 60 年代一篇都没有发表(前面提到的钟文是 70 年代发表的)。这一时期研究的重点仍然是课堂教学,同时也延伸到教材编写。跟 50 年代和 60 年代相比,研究的视野已广阔得多,对一般教学原则和教学方法的探讨也更加深入,对课堂教学开始从总的教学原则、具体课型的教学、语言要素的教学和言语技能的训练等不同的角度进行研究,从而使研究的内容更加具体和深入。这一时期的理论研究在指导思想和研究方法上的主要特点是:侧重于研究解决教学中的具体问题;比较自觉地运用辩证唯物论的认识论和对立统一观念分析教学中的矛盾;注意把理论研究、教学试验和总结实践经验结合起来;在论述具体教学问题时,较多地受到"听说法"及其理论基础——结构主义语言学和行为主义心理学的刺激反映理论的影响。

  这一时期在教学研究上的主要进展可以归纳为以下几点:

  (1)对实践性原则的认识有所加深。70 年代对实践性原则的解释是:实践性原则不但包括"精讲多练"和归纳法等课堂教学的具体方法,而且包括教学内容和教学组织形式;不但体现在课堂教学中,而且体现在教材中,贯穿在整个教学体系中。同时指出:贯彻实践性原则的目的是更好地培养学生运用所学语言进行社会交际的能力。社会交际属于社会实践,所以提出课堂实践以社会实践为基础,为社会实践服务。(吕必松 1974)这主要是指教学内容要符合学生社会交际的需要,要把课堂教学与到校外进行语言实践活动结合起来。

  (2)对汉语教学中各种关系即矛盾的认识有所加深。

  当时提出的几种主要的关系是:理论和实践的关系,听说和读写的关系,单项训练和综合训练的关系,模仿和活用的关系,准确性和语速的关系。(吕必松 1977)在美国听说法的影响下,讨论得最多的是听说和读写的关系,有"全面要求,突出听说","突出听说,读写跟上"以及"听说领先"、"听说先行"等不同的提法。这些提法的共同点是主张突出听说训练,后来又发展为分阶段侧重,即在预备教育的后期突出听读训练。

(3) 开始了一些专项研究和专题研究。在上述 20 多篇论文中,有一些论文是关于语言要素教学和言语技能训练的专项研究,或关于文选课、写作课和翻译课等课程或课型教学的专题研究。

(4) 通过教学试验探索新的教学路子。70 年代开展或开始的试验有以下几项:

1) 关于句型教学的试验

美国的《英语 900 句》是一部根据听说法编写的以句型教学著称的教材,在中国流行以后,也引起了对外汉语教学界的兴趣。北京语言学院于 1973 年复校后,就在李德津的主持下立即着手编写体现句型教学特点的试验教材,定名为《汉语课本》(商务印书馆,1977)。1974 年开始在少数班试用,根据试用的经验修改后,1975 年在校内推广,取代了"文化大革命"期间专门为国外编写、复校后一直使用的《基础汉语》和《汉语读本》(上下册)。《汉语课本》开创的句型教学被以后编写的教材所沿用。80 年代一度在国内外影响最大、使用面最广的汉语教材是李培元、赵淑华等主持编写的《基础汉语课本》(外文出版社,1980~1982),这套教材更为全面地反映了当时的教学法主张和到那时为止的教学和教材编写经验,其中也包括句型教学。

在对外汉语教学中,句型教学不是一项教学原则,而是一种教学方法。这种教学方法之所以受到欢迎,是因为它有利于帮助学生熟练掌握句法结构,也便于课堂操练和贯彻精讲多练的原则。这一时期的对外汉语教学受美国听说法的影响较大,但是没有照抄。我们对读写训练和语法教学仍然给予一定程度的重视,主张句型教学同语法教学相结合。

2) 关于直接用汉字教语音和汉字教学提前的试验

已往在两周左右的语音教学阶段,主要是通过汉语拼音教语音,基本上不出现汉字或只出现少量汉字。有些教师认为,用惯了拼音文字的学生根据汉语拼音学语音要受母语文字发音和拼音的干扰,出现洋腔洋调跟母语文字的干扰有一定的关系。因此主张直接用汉字教语音,让学生通过对汉字发音的强迫记忆掌握汉语语音。等语音基本过关以后再教拼音,拼音只作为给汉字注音的工具,而不作为练习发音和说话的工具。这些教师还认为,一开始就教汉字不会给学生带来不可克服的困难。北京语言学院恢复招生的第一年,即 1973 年秋季,就上述设想进行了一次试验。做法是:在头两个星期内,除了在最后两天教《汉语拼音方案》以外,生词和课文都用汉字,不出现汉语拼音。试验结果取得了令人难以置信的效果:在两周的时间内,试验班学生不但掌握了一百多个汉字和几十个句子，而且也掌握了汉语拼音，跟只教拼音、不教汉字的对照班相比，语音语调也不差。这次试验初步证明，一开始就教汉字和直接用汉字教语音不但是可能的，而且会取得更好的效果。可惜的是，由于客观上的原因，这一试验只进行了一轮，没有进行总结就半途而废了。

3）关于分听说和读写两种课型进行教学的试验

通过综合课（一般叫"精读课"）对听、说、读、写进行综合训练的传统一直没有改变。有些教师认为，把听说和读写分开来教学效果可能更好，于是在1975年进行了一次分听说和读写两种课型进行教学的试验。具体做法是：头两周利用汉语拼音教发音和简单的日常生活会话，基本上不教汉字。然后分听说和读写两种课型，每天上四节课，头两节教听说，后两节教读写。读写课教汉字认读、书写、朗读和阅读，后期教写作。增加构字法和构词法的教学以及阅读速度的训练。听说课结合语音、词汇、语法教学进行听说训练，突出听力训练。前期不出现新汉字，只出现读写课中学过的汉字，读写课没有学过的汉字用汉语拼音代替。两三个月以后逐步过渡到听说课本也全部用汉字。学年考试的结果表明，这次试验也取得了预期的效果，尤其是听和读的能力，比对照班的学生强得多。这次试验出现的缺点是：准备教材的时间太短，大部分教材是一边上课一边编写的，一使用就发现有不少问题；由于采用了"听说先行"的办法，学过的拼音词用汉字写出来以后，学生不能把词形和词义联系起来，几乎要当作生词重学一遍。这些缺点本来不难克服，但是由于客观上的原因，这一试验也是只进行了一轮，没有总结也半途而废了。

4）关于改革精读课、加强听力和阅读教学的试验

在整个70年代，我国对外汉语教学仍然是以汉语预备教育为主。汉语预备教育的目的是为学生学习专业打汉语基础。根据规定，准备学习理工和西医专业的学生学习汉语的时间为一学年，准备学习文科和中医专业的学生学习汉语的时间为一至二学年。多年的经验说明，外国学生学习专业对汉语的起码要求是能听懂专业课，能看懂专业教材。以鲁健骥为代表的一部分教师认为，当时流行的"全面要求，突出听说"的教学原则不符合学生学习专业的需要，主张一年制的汉语预备教育在第一学期侧重听说训练，在第二学期侧重听读训练。经过一段时间的酝酿，北京语言学院于1979年2月开始按上述设想编写试验教材，次年9月开始在两个班试用。鲁健骥主持编写的这套试验教材参考了1975年分听说和读写两种课型教学的设计思路，也吸收了那时编写的听说教材和读写教材的某些优点，因此使原有的课型设计不适应新编试验教材使用的需要，在使用新编试验教材的过程中不得不对原有的课型设计进行调整。为了加强听、读训练，大大减少了精读课的课时，相应地增加了听力理解、汉字读写和阅读理解的课时。这是对以精读课为主的教学路子所作的一项重大改革。（鲁健骥1983）经过多年的试验和修改，最后形成

了下列课型和教材体系。

| 课型名称 | 周课时 | 教材 |
|---|---|---|
| 精读 | 10 | 初级汉语课本(1988,共3册) |
| 听力理解 | 4 | 初级汉语课本·听力练习(1986,共三册) |
| 汉字读写(第一学期) | 5 | 初级汉语课本·汉字读写练习(1986—1987,共2册) |
| 阅读理解(第二学期) | 5 | 初级汉语课本·阅读理解(1989,1册) |

上表所列四种教材突出了交际性原则,具有明显的特点。1986年开始陆续出版,曾在国内外被广泛采用。新的课型设计代表了一种新的教学路子,这就是综合课和专项技能课相结合、重视专项技能——尤其是汉字读写和阅读理解——训练并分阶段侧重的教学路子。这样的教学路子在中国对外汉语教学中至今仍有广泛的影响。

在对外汉语教学中,如何处理听说和读写以及听和说、读和写的关系,一直是一个有争议的问题。这个问题外语教学中也有,但在汉语教学中显得更为突出。这跟对汉字的性质和特点的认识有关。当时认为:因为汉字形音脱离,就造成了听说和读写的矛盾,使听说训练和读写训练互相制约,难以提高教学效率。研究如何处理听说和读写的关系,就是为了寻找解决这一矛盾的办法。希望解决的问题实际上有两个,一是教学要求:对听、说、读、写四项技能应该全面要求,还是应该突出重点?如果突出重点,那么什么是重点?二是教学路子:是综合训练好,还是分技能训练或综合训练与分技能训练相结合好?是"语文一体"好,还是"语文分离"好?如果实行语文分离,语和文是"齐头并进"好,还是"先语后文"或"先文后语"好?如此等等。70年代开展的教学试验,基本上都是为了探索解决这些问题的办法。这些问题都是教学路子方面的问题,因此,以上几次教学试验实际上都是在探索新的教学路子。

1.2.4 20世纪80～90年代的本体理论研究——学科建设推动了教学路子的改革

从20世纪80年代初开始,随着我国改革开放政策的实施,对外汉语教学也加快了发展的步伐,开展对外汉语教学的院校已增加到300多所。教学类型除了汉语预备教育和汉语进修班以外,从80年代开始,还开办了短期汉语教学和四年制的现代汉语专业以及专门培养对外汉语教师的对外汉语教学专业,并开始招收以对外汉语教学为专业方向的硕士研究生(现已开始招收这类博士研究生)。随着事业的发展,与全国改革开放的潮流相一致,对外汉语教学界的思想也活跃起来。

真正把对外汉语教学作为一门专门的学科,从学科建设的高度开展理论研究,就是从 20 世纪 80 年代开始的。这时已认识到对外汉语教学是一门专门的学科,所以研究的目的更加明确,思路更加开阔,研究范围大大拓宽,研究成果空前丰富。除了在国内外多种杂志上发表的数以千计的论文以及集体和个人的论文集以外,80～90 年代还陆续出版了一批系统论著,其中有杨惠元(1988,1996)的《听力训练 81 法》和《汉语听力说话教学法》,盛炎(1990)的《语言教学原理》,赵贤洲、李卫民(1990)的《对外汉语教材教法论》,吕必松(1990,1992,1996)的《对外汉语教学发展概要》、《华语教学讲习》和《对外汉语教学概论(讲义)》,李杨(1993)的《中高级对外汉语教学论》,周小兵(1996)的《第二语言教学论》,崔永华、杨寄洲(1997)主编的《对外汉语课堂教学技巧》等。这些著作从不同的角度阐述了对外汉语教学的理论、原则、方法和技巧,构建了对外汉语教学理论系统的框架并使其逐渐趋向完善。一批论文集和系统论著的问世结束了对外汉语教学没有学术专著的历史,成为这个年轻的学科正在走向成熟的重要标志。

进入 21 世纪以后,又出版了一批更有深度的著作,因为还没有来得及学习、消化,这里只能从略。

我们把 20 世纪 80～90 年代我国对外汉语教学理论研究的主要内容和特点归结如下:

(一)开辟了新的研究领域——对外汉语教学的宏观研究

20 世纪 70 年代末、80 年代初,我国对外汉语教学界在学习和借鉴国外语言教学理论和教学方法的过程中逐渐认识到,跟语言教学的世界先进水平相比,我国的对外汉语教学还处于相当落后的状态。同时认识到,我们面临的问题不是局部的,造成落后的原因是多方面的。因此,任何一项局部的改革或改进都无法从根本上解决问题。要改变我们的被动和落后的状态,首先要从更高更广的角度分析各种内部和外部的矛盾,弄清各种内、外因素之间的相互关系;同时要在此基础上,抓住关键,有计划、有步骤地进行系统的改革和建设。这一指导思想很快导致了对外汉语教学的宏观研究。开展宏观研究的目的是希望在落后的情况下进行跨越式发展。研究内容包括:

(1)论述了对外汉语教学的性质和特点。

长期以来,对外汉语教学一直被当作"小儿科"。"只要会说汉语,就能教外国人学汉语"的想法相当普遍,而且根深蒂固,严重地影响着对外汉语教学的发展,对教师队伍的建设和教学质量的提高尤为不利。要解决这个问题,就需要让人们知道什么是对外汉语教学。当时的解释是:对外汉语教学既是一种第二语言教学,也是一种外语教学;作为一种第二语言教学,它有别于汉语作为本族语教学,而跟其他第二语言教学有一些共同的特点和共同的规律;作为一种外语教学,它有别于对我国少数民族的汉语教学,而跟其他外语教学有一些共同的特点和共同的规律;然而,我们所教的毕竟是汉语,汉语本身的特点又决定了汉语作为第二语言和外语的教学也有别于其他第二语言和外语的教学;因此,在教学重点的选择和教学内容的编排上,在听、说、读、写的关系的处理上,都必须从汉语的特点出发,不能照搬其他语言教学的做法;对外汉语教学的上述性质和特点决定了我们既要研究第二语言和外语教学的一般规律,又要研究汉语作为第二语言和外语教学的特殊规律。(吕必松 1983a)

(2) 提出了学科建设的任务。

以 1983 年成立对外汉语教学研究会为标志,对外汉语教学学科已初步建立起来,但是还很不成熟。要使这个学科尽快成熟起来,就必须加强建设。当时提出的学科建设的主要任务是:改革和完善教学法体系以提高教学质量、加强理论研究以提高学术水平、加强教师队伍建设以提高教师素质。这三项任务不是互相孤立的,它们之间的关系是:教学是中心,理论是关键,队伍是根本,因此要把它们作为一个整体来建设。(吕必松 1983b,1987a)

(3) 提出了总体设计理论。

总体设计理论的大致框架是:语言教学的全过程和全部教学活动包括总体设计、教材编写、课堂教学和语言测试四大环节;每一种类型的语言教学都是一个立体结构的实体,这个立体结构的各个构件之间存在着一定的内在联系;总体设计的任务就是根据语言、语言学习和语言教学的一般规律,结合汉语和汉语教学的特点,提出全面的教学方案,使整个教学过程和全部教学活动成为一个统一的、协调一致的、科学的整体;总体设计的内容和工作程序是:根据教学对象的学习目的确定培养目标和教学要求;根据培养目标和教学要求确定教学内容;根据学生的自然状况、教学要求和教学内容确定教学原则;根据教学要求、教学内容和教学原则确定教学途径;总体设计的基本原则包括交际性原则、针对性原则、科学性原则和可行性原则;总体设计是一种系统工程,它的直接理论基础是语言理论、语言学习理论和一般教育理论,同时又以一定的教学经验为依据;因此,总体设计不但直接反映对语言规律、语言学习规律和语言教学规律的研究和认识的程度,而且直接反映教学经验的成熟程度。总体设计理论在对外汉语教学中的主要意义和作用是:有利于提高人们对语言教学的宏观认识,以便在教学工作中提高自觉性,减少盲目性;有利于加强对教学全过程和全部教学活动的综合研究以及对各个具体教学环节和各项具体教学活动的专题研究,并推动语言教学的基础理论研究;有利于在教学业务基本建设和日常教学工作中树立全局观念和系统观念,看到工作的重点和关键;有利于建立科学的教学体系,并推动各项教学活动向标准化和精密化的方向发展。(吕必松 1986,1991)

为适应总体设计、教材编写和汉语水平考试（HSK）研究的需要，中国对外汉语教学学会组织研究制订了《汉语水平等级标准和等级大纲（试行）》，为后来的汉语水平考试研究提供了初步的基础。

（二）对教学本体进行广泛的、多角度的研究，对各项教学活动开展全面研究。

这一时期发表的有关论文和专著除了研究一般的理论问题以外，更多的是对教学本体进行分门别类的专题研究，例如：语言要素及文化因素教学；言语技能和言语交际技能训练；课堂教学、课程和课型教学；中高级汉语教学、短期汉语教学、个别教学；古代汉语教学；教材、工具书的编写和评介；教学大纲的制订和教学评估；语言测试；等等。

（三）关于教学原则、教学方法和教学技巧的研究进一步深化。

例如：引进了"交际性原则"的概念；揭示了语言要素、言语技能、言语交际技能及文化背景知识的相关性和一致性；提出了结构、情境及功能相结合的原则以及用不同的方法训练不同的言语技能的原则。

（四）通过理论研究和教学试验进行教学路子的改革。

20世纪80年代以来教学研究的特点之一是与教学改革紧密结合。改革的内容是多方面的，但是都跟建立新的教学路子有关。80年代最重要的改革有以下两项：

第一项改革是引进功能法，探索结构与功能相结合的教学路子。

70年代在欧洲兴起的"功能法"是一种全新的教学路子（approach），其主要特点是把培养学生的交际能力作为教学的目的和手段，把功能、意念项目作为主要的教学内容，功能、意念项目的选择从学生的交际需要出发。这种新的教学法于70年代中期传到我国以后，就有个别院校的英语专业开始进行试验。我国对外汉语教学界在整个70年代所进行的探索，以及在探索中得到的启发和积累的经验，特别是对培养交际能力的重要性的认识，跟功能法的基本原则实际上是不谋而合，所以这种方法介绍到中国以后，很快就受到了对外汉语教学界的重视，并且提出了结构与功能相结合的教学路子（有的叫"结构、功能和文化相结合"，或"语法、功能和文化相结合"）。（吕必松 1982；刘珣、邓恩明 1982）80年代以来编写的对外汉语教材，多半都包括功能、意念项目和交际性练习项目，同时增加了相关文化知识方面的教学内容。

中国第一部吸收功能法的优点的教材是刘珣和邓恩铭编写、由商务印书馆从1981年开始陆续出版的《实用汉语课本》。这是一套专为国外编写的教材，在结构与功能的结合上进行了精心的设计，在贯彻交际性原则和加强文化知识的教学等方面也进行了不少有益的创造，成为20世纪80年代以来在国外影响最大、使用面最广的汉语教材之一。

第一部体现纯功能方式的教材是南京大学邱质朴编写的《说什么和怎么说？》。这部书于1980年开始在校内试用，经过修改，1990年由南京大学出版社出版，也受到了广泛的欢迎和好评。

第二项改革是以分技能教学为特点的课型和教材改革。

为了提高管理水平和教学效率,北京语言学院开始注意理顺教学业务领域的各种关系,力图实现教学的科学化、规范化和标准化。从 80 年代初开始,陆续着手对汉语预备教育、汉语进修班、短期汉语班和现代汉语专业等各种教学类型进行系统的改革。下面以汉语预备教育的改革为例,介绍这次改革的特点。

汉语预备教育的改革是综合性的,内容涉及教学计划和教学大纲的制定、课型设计、教材编写、课堂教学和测试等各个教学环节。其中最重要的改革内容是:先后研究制订了理工汉语班、文科汉语班(一年级)、中医汉语班和西医汉语班的教学大纲以及包括课型设置计划在内的教学计划,并针对不同专业的特点制订了包括语法范围、词汇范围和功能意念项目的教学大纲。理工汉语班分听说、阅读、听力三种课型,文科汉语班和中医汉语班分读写、听力、说话三种课型,西医汉语班分读写、听说、听力三种课型。这几种课型设计的共同特点是把以精读课为主的综合教学改为分技能教学。根据新的教学计划和教学大纲分别编写了《现代汉语教程》(李德津、李更新主编)、《科技汉语教程》(杜厚文主编)、《中医汉语》(王砚农主编)和《医学汉语教程》(杨靖轩主编)等四套系列教材。这些教材都是首先进行试用,然后加以修改和出版发行。(吕必松 1987b)

改革后的汉语预备教育的课型设置和教材如下表:

| 教学类型 | 课型名称 | | | 周课时 | 教材名称 |
|---|---|---|---|---|---|
| 文科汉语班 | 读写 | | | 8 | 现代汉语教程·读写课本 |
| | | 听力 | | 4 | 现代汉语教程·听力课本 |
| | | | 说话 | 8 | 现代汉语教程·说话课本 |
| 中医汉语班 | 读写 | | | 8 | 中医汉语·读写课本 |
| | | 说话 | | 8 | 中医汉语·说话课本 |
| | | | 听力 | 4 | 中医汉语·听力课本 |
| 西医汉语班 | 读写 | | | 8 | 医学汉语教程·读写课本 |
| | | 听说 | | 8 | 医学汉语教程·听说课本 |
| | | | 听力 | 4 | 医学汉语教程·听力课本 |
| 理工汉语班 | 听说 | | | 8 | 科技汉语教程·听说课本 |
| | | 阅读 | | 8 | 科技汉语教程·阅读课本 |
| | | | 听力 | 4 | 科技汉语教程·听力练习本 |

综上所述，20世纪80～90年代对外汉语教学研究的主要成就是：对教学内部的各种关系和矛盾有了进一步的认识，比较系统地论述了对外汉语教学的性质和特点，提出了总体设计理论，在语言教学与文化教学的关系、教学内容与教学方法的关系、结构与功能的关系、语言要素教学与言语技能训练的关系等方面也进行了比较深入的探讨。教学研究带动了教学改革，形成了结构与功能相结合的新的教学路子，其中又分出综合教学与分技能教学相结合、单纯的分技能教学这两种并行的教学路子。所有这些，都为后来的继续研究创造了条件，打下了基础。

通过上面的介绍，我们可以看到汉语作为第二语言教学理论的研究不但是存在的，而且已经取得了一定程度的进展，一直为教学的改革和改进起着火车头和推进器的作用。正是由于教学理论研究的进展，对外汉语教学这门学科才得以建立和发展。

上面的介绍也说明，到20世纪90年代为止，我国汉语作为第二语言教学理论建设取得的最大成就是基本上明确了本体理论的研究对象、研究目的、研究内容和研究方法。概括起来说：汉语作为第二语言教学本体理论的直接研究对象就是汉语作为第二语言教学本身；研究目的是揭示汉语作为第二语言教学的客观规律，推动各项教学活动沿着科学化、规范化和标准化的方向向前发展，不断提高教学的效率和成功率；研究内容包括教学性质、教学结构、教学过程（总体设计、教材编写、课堂教学、语言测试）、教学路子、教学方法、教学技巧、教学发展，等等。研究方法是把汉语作为第二语言教学作为一个实体，研究这个实体的结构和这个实体结构的每一个构件以及各个构件之间的相互关系，结合教学实践揭示其中的矛盾和引起矛盾的各种内部和外部因素，提出解决矛盾的办法。由于基本上明确了本体理论的研究对象、研究目的、研究内容和研究方法，就为以后的继续研究打下了比较坚实的基础。

## 2. 汉语作为第二语言教学的基础理论

### 2.1 什么是汉语作为第二语言教学的基础理论

前面指出：汉语作为第二语言教学的教学理论是汉语作为第二语言教学的本体理论，是汉语作为第二语言教学学科存在和发展的标志。这样说并不是否认语言理论、语言学习理论和一般教育理论在汉语作为第二语言教学中的地位和作用。事实上，我们一直把语言理论、语言学习理论和一般教育理论作为汉语教学研究的理论基础，因此也十分重视这些理论的研究，尤其重视跟语言教学关系更为密切的语言理论和语言学习理论的研究。（吕必松 1994）把语言理论和语言学习理论作为汉语教学研究的理论基础不是贬低它们的地位和作用，而是恰如其分地肯定它们的地位和作用。

为什么要把语言理论、语言学习理论和一般教育理论作为教学理论研究的基础？因为语言教学规律是由语言规律、语言学习规律和一般教育规律共同决定的,是语言规律、语言学习规律和一般教育规律的综合体现。我们研究语言教学,就是追求在语言教学中实现语言规律、语言学习规律和一般教育规律的统一,以便不断提高教学效率。例如,汉语教学为什么要包括语音、汉字、语汇(词汇)、语法这些内容呢？因为汉语是由语音、汉字(书面汉语)、语汇(词汇)、语法构成的;汉语语音教学为什么要把声调作为教学的重点之一呢？因为声调有区别字义的作用,声调掌握不好,把"飞机"说成"肥鸡",把"请问"说成"请吻",不是叫人听不懂,就是闹出笑话。这些都说明语言教学不能违背语言规律。如果没有汉语理论作为基础,汉语教学就没有最基本的依据。为什么要区分第一语言教学和第二语言教学呢？因为人们学习和习得第二语言跟学习和习得第一语言的过程不完全相同,学习和习得的过程不完全相同就决定了教学过程也不能完全相同;进行对外汉语教学为什么要强调针对性呢？因为对外汉语教学是一种第二语言教学,人们学习第二语言总要受到第一语言和第一文化的影响,操不同第一语言的学生学习和习得汉语时遇到的问题和难点不完全相同。为什么要把语言教学的全过程和全部教学活动分为总体设计、教材编写、课堂教学和语言测试四大环节？因为一般教育规律告诉我们,语言教学和其他专业的教学一样,是有计划、有组织的教学活动,教学计划和教学组织的科学化程度是提高教学质量的基本保证。这些都说明,语言教学除了不能违背语言规律以外,还要遵循语言学习规律和一般教育规律。如果没有语言学习理论和一般教育理论的指导,语言教学的科学化程度就会大大降低,语言教学的效率就难以提高。

语言规律、语言学习规律和一般教育规律有一定的一致性。例如,不能过早地教"把"字句,从语言规律的角度说,是因为"把"字句的结构相对复杂;从语言学习规律的角度说,是因为复杂的结构不容易掌握,不到一定的学习阶段,学了也无法习得;从一般教育规律的角度说,过早地教"把"字句不符合由浅入深、循序渐进的原则。由此可见,无论从语言规律的角度说,还是从语言学习规律和一般教育规律的角度说,都不能过早地教"把"字句。这就反映了语言规律、语言学习规律和一般教育规律的一致性。但是也有不一致的。例如,"我要去图书馆借书"和"我要跟朋友见面"是两个不同的句式。前者叫做连动式,语法书上往往要专项介绍;后者属于一般句式,语法书上一般只是放在带状语的句式里统一介绍。但是操英语的学生学习"我要去图书馆借书"这样的句子时,理解毫无困难,使用也很少出错;学习"我要跟朋友见面"这样的句子时,理解虽然容易,使用却总是出错,把"我要跟朋友见面"说成"我要见面朋友"。为什么会出现这样的现象呢？因为人们学习第二语言不可避免地要受到第一语言迁移作用的影响,自觉或不自觉地套用第一语言的表达方式。把"我要跟朋友见面"说成"我要见面朋友",就是因为套用了"I will meet my friend(s)"这个句式。"我去图书馆借书"的英语表达方式是 I'm going to the library to borrow some books,其中有以"to"为标志的不定式,这种不定式无法套用到汉语中来,所以在使用"我要去图书馆借书"这种句式时才不会出错。从语言规律的角度说,"我要去图书馆借书"可能比"我要跟朋友见面"复杂,至少复杂程度不相上下;从语言学习规律的角度说,"我要跟朋友见面"却比"我要去图书馆借书"难学。如果不结合教学进行汉语学习理论研究,我们甚至不知道学习"我要跟朋友见面"比学习"我要去图书馆借书"更难,即使知道了也无法理解为什么会出现这样的现象。

上面的讨论告诉我们,语言理论、语言学习理论和一般教育理论在语言教学中管辖的范围不同,虽然有一致的一面,但是也有不一致的一面,所以它们不能互相代替。

同样,语言理论、语言学习理论和一般教育理论也不能代替语言教学理论。语言是由语音、文字(书面语言)、词汇(语汇)、语法等语言要素构成的,言语则除了语言要素之外,还要包括听说读写等言语技能,用言语进行交际还要掌握言语交际技能。无论是语言理论还是语言学习理论和一般教育理论,都不能直接告诉我们在汉语教学中应当怎样处理语音、汉字、语汇(词汇)、语法等各项语言要素教学之间的关系,怎样处理听说和读写以及听和说、读和写这些言语技能训练之间的关系,怎样处理言语技能训练和言语交际技能训练之间的关系,怎样根据学习的难易程度编排语言点的先后顺序。怎样科学地处理这些关系,怎样编排语言点的先后顺序,不但要依靠汉语理论、汉语学习理论和一般教育理论的指导,而且要依靠教学理论的指导。怎样处理教学中的各种关系,怎样科学地编排语言点的先后顺序,是语言教学理论研究要解决的问题。当然,我们在前面已经说明,教学理论研究的内容远不止这些,这里只是举例而已。

2.2 汉语教师也要参加语言理论和语言学习理论的研究

我们强调汉语作为第二语言教学研究要把研究的重点放在本体理论上,并不是认为汉语教师不需要参加语言理论和语言学习理论等基础理论的研究。一般说来,语言理论研究是语言学家的任务,语言学习理论研究是心理语言学家的任务。尽管如此,汉语教师也要参加语言理论和语言学习理论的研究。原因有二:第一,我们不可能要求语言学家和心理语言学家直接提供汉语教学所需要的"短线产品",汉语作为第二语言教学中急需解决的关于汉语和汉语学习方面的某些理论问题需要汉语教师自己去研究。第二,汉语教师结合教学实践开展的理论研究具有更强的针对性,结合教学实践的研究成果也更具实用价值。

其实,语言教师跟语言学家、心理语言学家之间并没有天然的界限,通过参加基础理论的研究,汉语教师也可以成为语言学家或心理语言学家。在我国对外汉语教学界,除了王还、赵淑华等老一辈对外汉语教师早已成为知名语言学家以外,又有越来越多的对外汉语教师已经或者正在成长为语言学家或心理语言学家。我们希望有更多的汉语教师成为语言学家或心理语言学家，成为语言学家或心理语言学家之后仍然是汉语教师。只有这样，我们这个学科才能更快地成熟起来，汉语作为第二语言教学才能赶上甚至在某些方面超过语言教学的世界先进水平。

把语言理论、语言学习理论和一般教育理论作为语言教学研究的理论基础，说明语言教学理论具有综合性和跨学科的特点。因为语言教学理论具有综合性和跨学科的特点，所以它是唯一能够全面指导语言教学的理论，而语言理论、语言学习理论和一般教育理论只能从某一个侧面指导语言教学和语言教学研究。这就是我们为什么要强调把本体理论作为学科理论研究重点的直接原因。

因为语言教学理论是综合性和跨学科的，所以进行教学理论研究必须对有关的基础理论进行综合应用。所谓综合应用，就是结合教学实际，对有关的基础理论进行选择、梳理和整合，形成能够全面指导教学活动的理论系统。为什么要结合教学实际进行选择？要结合教学实际进行选择，一是因为基础理论的内容非常广泛，如果不结合教学实际进行选择，就会把跟语言教学无关的理论当成有关的理论，或者把次要的当成主要的，眉毛胡子一把抓，从而影响教学理论自身的简明性；二是因为基础理论学派林立，有些还处于发展的过程中，还不太成熟，如果不结合教学实际进行选择，就会把所有的理论观点都当成正确的观点，对各种理论观点兼收并蓄，从而影响教学理论自身的科学性。就是有用的理论观点，仅仅选择还是不够的。把一大堆理论观点放在那里，尽管都是有用的，还是不知道怎样应用。所以要进行梳理和整合。梳理就是对各种有关的理论观点进行分门别类，整合就是把经过分门别类的理论观点组织起来，使其形成一定的理论系统。

因为要对有关的理论观点进行选择、梳理和整合，所以教学理论的研究并不是被动地应用有关的基础理论，而是一种主动创造的过程。

教学理论研究的创造性不但表现为对不同的理论观点通过辨明是非而加以取舍，对有用的理论观点加以梳理和整合，达到融会贯通，进而形成一定的理论系统，而且还表现为对教学实践充分证明为不全面、不正确的理论观点加以补充和修正，对尚未被发现和尚未被多数人认识的理论通过自己的研究去加以发现和进行阐述。教学理论研究的任务之一，就是通过自己的研究去补充、修正有关的基础理论，去发现尚未被发现的理论，去阐述尚未被多数人认识的理论。这是从教学理论向基础理论发展。这样的发展是必然的，因为细心的教师在教学研究中总会发现基础理论中还存在的某些不全面、不正确的理论观点，总会发现一些尚未被发现和尚未被多数人认识的理论。只要去加以研究，就能发前人所未发，发他人所未发。结合教学实际取得的基础理论研究成果，还要向教学理论发展。这也是必然的，因为结合教学实际进行基础理论研究就是为了解决教学中的实际问题,这样的研究成果必然要被教学理论所吸收;也只有把这样的研究成果再融入教学理论,进而体现在教材和课堂教学中,才能真正发挥指导教学实践的作用。从教学理论向基础理论发展,再从基础理论向教学理论发展,就是汉语作为第二语言教学研究的双向发展。这样的双向发展是汉语作为第二语言教学学科理论发展的内在动力,这样的双向发展只能靠汉语教师去推动。实际上,从教学理论到基础理论、再从基础理论到教学理论的双向发展已成了我国汉语作为第二语言教学学科理论研究的一大特点。(吕必松 1998)

**思考题**

1. 什么是汉语作为第二语言教学的本体理论?为什么说把汉语作为汉语教学的本体、把汉语理论作为汉语教学的本体理论是理论错位?
2. 功能法的主要特点是什么?为什么说我国对外汉语教学 70 年代所进行的探索跟功能法的基本原则是不谋而合?
3. 简要说明汉语作为第二语言教学本体理论研究的对象、目的、内容和方法。
4. 什么是汉语作为第二语言教学的基础理论?汉语教师为什么要参加基础理论研究?
5. 进行教学理论研究为什么必须对有关的基础理论进行综合应用?
6. 为什么说教学理论研究是一种主动创造的过程?
7. 为什么说从教学理论到基础理论、从基础理论到教学理论的双向发展是学科理论发展的内在动力?为什么说这样的双向发展只能靠汉语教师去推动?

**引文目录**

崔永华、杨寄洲(主编)(1997)《对外汉语课堂教学技巧》,北京语言文化大学出版社。

邓 懿(1955)外国留学生学习汉语遇到的困难问题,《现代汉语规范化问题学术会议文件汇编》。

邓 懿(1957)用拼音字母对外国留学生进行汉语教学,《光明日报》12 月 5 日。

杜 荣(1960)用汉语拼音教外国留学生学习汉语的一些体会,《文字改革》第 4 期。

李 开(2002)《汉语语言学和对外汉语教学论》,中国社会科学出版社。

李 杨(1993)《中高级对外汉语教学论》,北京大学出版社。

刘 珣、邓恩明(1982)试谈基础汉语教科书的编写原则,《语言教学与研究》第 4 期。

鲁健骥(1983)基础汉语教学的一次新的尝试——教学试验报告,载《对外汉语教学论文选》,中国教育学会对外汉语教学研究会,1983。

吕必松(1974)汉语作为外语教学的实践性原则,〔美〕《中国语言学报》第 2 期。

吕必松(1977)谈谈基础汉语教学中的几个关系,《语言教学与研究(试刊)》第二集。

吕必松(1982)语言教学中结构、意义和功能的结合,〔美〕《中国语文教师学会学报》第 2 期。

吕必松(1983a)谈谈对外汉语教学的性质和特点,《语言教学与研究》第 2 期。

吕必松(1983b)为加快对外汉语教学这个年轻学科的发展而奋斗——中国教育学会对外汉语教学研究会成立大会开幕词,《语言教学与研究》第 3 期。

吕必松(1986)试论对外汉语教学的总体设计,《语言教学与研究》第 4 期。

吕必松(1987a)关于对外汉语教学学科建设的一些问题,载吕必松《对外汉语教学研究》,北京语言学院出版社,1993。

吕必松(1987b)基础汉语教学课型设计和教材编写的新尝试,载吕必松《对外汉语教学探索》,华语教学出版社。

吕必松(1990)《对外汉语教学发展概要》,北京语言学院出版社;北京语言大学出版社,2006。

吕必松(1991)再论对外汉语教学的总体设计,〔美〕《中国语文教师学会学报》2 月号。

吕必松(1992)《华语教学讲习》,北京语言学院出版社;北京语言大学出版社,2005。

吕必松(1994)对外汉语教学的学科理论研究,载《吕必松自选集》,河南教育出版社。

吕必松(1996)《对外汉语教学概论(讲义)》,国家汉办。

吕必松(1998)对外汉语教学学科地位的确立和学科理论研究,陆俭明主编《二十世纪的中国语言学》,北京大学出版社。

盛　炎(1990)《语言教学原理》,重庆出版社。

王学作、柯柄生(1957)《试论对留学生讲授汉语的几个基本问题》,《教学与研究》第二期。

杨惠元(1988)《听力教学 81 法》,现代出版社。

杨惠元(1996)《汉语听力说话教学法》,北京语言文化大学出版社。

赵贤洲、李卫民(1990)《对外汉语教材教法论》,上海外语教育出版社。

钟　梫(1979)十五年汉语教学总结,《语言教学与研究(试刊)》第四集。

周小兵(1996)《第二语言教学论》,河北教育出版社。

周祖谟(1953)教非汉族学生学习汉语的一些问题,《中国语文》第 7 期。

# 第二章 语　言

　　我们研究语言教学,是为了揭示和阐明语言教学的规律,以便提高语言教学的效率和成功率。前面说过,语言教学规律是由语言规律、语言学习规律和一般教育规律共同决定的,是语言规律、语言学习规律和一般教育规律的综合体现。因此,要揭示和阐明语言教学的规律,就必须首先了解语言规律、语言学习规律和一般教育规律。我们这一章首先讨论语言问题,是为了阐明我们对语言规律的认识。

## 第一节　语　言

　　语言是一种既普通又特殊的现象。说它普通,是因为人们每天都在使用语言,凡是语言器官健全的适龄人,都至少会说一种语言。说它特殊,是因为它跟其他社会现象不完全一样,它到底是怎样产生和发展的,它跟大脑和思维有什么关系,它有哪些具体规则,人们是怎样学会语言的,对于诸如此类的问题,至今还难以作出完全令人满意的解释。尽管实际上自有人类文明以来人们就开始了对语言的研究,但是语言之谜至今还没有完全解开。

　　语言既是一种极其复杂的社会现象,又是一种极其复杂的生理和心理现象。作为一种社会现象,语言总是与社会并存,它来源于社会,又服务于社会,并随着社会的发展而发展;作为一种生理现象,它跟人的大脑、发音器官、听觉系统和视觉系统等都有密切的关系;作为一种心理现象,它跟大脑机制、思维方式、民族心理、社会心理和个人心理等也都有密切的关系。因此,人们可以根据不同的目的、从不同的角度、用不同的方法去观察和解释语言。因为不同的语言研究者研究语言的目的、角度和方法等往往不同,所以对语言的解释也不可能完全相同。迄今为止,每一种解释最多只能反映语言的一部分特点。我们研究语言是为了发展语言学习和语言教学,因此必须从语言学习和语言教学的角度去观察和解释语言。也就是说,我们对语言的解释,最多也只能反映语言的一部分特点。

　　语言教学的直接目的是培养学生的语言能力和语言交际能力。怎样才能更有效地培养语言能力和语言交际能力,是许多语言学家、心理学家、教育学家、语言教学专家和广大语言教学工作者所共同关心的问题,也是各种语言教学理论和语言教学法流派所面临的共同问题。要找到解决这一问题的钥匙,必须首先回答这样一些最基本的问题:人类为什么有不同的语言?不同的语言为什么既有共同点,又有不同点?人们是怎样学会语言的?学习第二语言与学习第一语言有什么相同和不同之处?人们在第二语言学习中是怎样找到目的语与第一语言的共同点,又是怎样突破不同点而获得目的语的?所谓从语言学习和教学的角度去观察和解释语言,就是观察和解释语言的角度和方法要有利于对上述种种问题做出尽可能符合客观实际的回答。

　　鉴于以上情况,我们不可能也不打算给语言下一个完整的定义。下面的讨论只是我们对语言所作的动态的观察和解释。

## 1. 语言的表象特征

　　所谓表象特征,是指可以观察得到的特征。我们从以下几个方面解释语言的表象特征。

### 1.1　语言和言语

　　为了便于对语言作动态的观察和解释,根据索绪尔关于区别"语言"和"言语"的理论,我们把"语言"看作一种抽象的系统,把"言语"看作这种抽象系统的表现形式。"语言"和"言语"的关系,就好比"人"和"张三、李四"的关系。我们说"人"有头、身躯、四肢,还有大脑、心脏,"人"能劳动,能思考,有创造能力,等等,就是对"张三、李四"的特点的抽象。我们能看到的只能是"张三、李四"等一个个具体的人,谁也看不到抽象的"人"。语言和言语的关系也是这样,我们听到的只能是人们嘴里说出来的一句一句的话,看到的只能是书面上写着的一句一句的话。嘴里说出来的话和书面上写着的话都是"言语"。这就是说,"语言"本身是看不见、听不到的,能够看到和听到的只能是它的表现形式——"言语"。"语言"存在于"言语"之中,是对"言语"的抽象。人们只有通过"言语"才能感知和学会"语言",因此,无论是研究语言,还是学习和教授语言,都必须以言语为对象,从言语入手。

　　建立语言和言语的概念是完全必要的,否则就无法区分语言现象和言语现象。例如,当我们指出汉语的音节有表义功能的时候,就有人提出反证:"玻、璃、葡、萄"等字也是代表音节的,但它们没有意义,也不提供任何信息,怎样解释呢?这类现象正好反映了语言的音节和言语的音节的区别。语言的音节是对言语的音节的抽象,它本身没有确定的意义。作为音义单位的音节是指言语的音节,只有言语的音节才表示意义。汉字与语言的音节虽然有对应关系,但不是对等关系。因为具体的汉字都是表义的,所以具体的汉字所代表的音节是言语的音节。"玻璃、葡萄"是外来词的音译,相当于注音符号,不是表义的汉字,不代表言语的音节。因为是音译的,所以可以在语言的音节中找到它们的位置,但因为不是言语的音节,所以不表示意义。"玻、璃、葡、萄"不表示意义,代表同样音节的"波、哩、仆、桃"却表示意义,因为后者所代表的是言语的音节。

1.2 语言要素和言语要素

西方普通语言学认为,语言是由语音、词汇、语法构成的,语音、词汇、语法是语言的"三要素"。然而,所谓"三要素",只能概括口头语言。发达的语言都不但有口头语言,而且还有书面语言。书面语言当然离不开文字。如果说语音是口头语言的物质外壳,那么,文字就是书面语言的物质外壳。就是那些只有口头语言而没有书面语言的语言,也可以通过创造文字而形成书面语言,在书面语言形成之前,文字只是暂时处于"虚位"状态。因此,从总体上说,文字也是语言——书面语言——的要素。我们研究语言不但要研究口头语言,而且要研究书面语言,学习和教授语言也要包括口头语言和书面语言(如果所教的语言有书面语言的话)。因此,语言的要素不能只限于语音、词汇、语法"三要素",而是要包括语音、文字、词汇、语法"四要素"。强调"四要素",对汉语尤其必要。正如石定果教授所说:"建立在印欧语系基础上的普通语言学,通常把文字排除在语言的要素之外,而只强调语音、词汇、语法,因为这些语言所使用的拼音文字只是单纯记录其音系的符号。但是就汉语而言,文字却存在特殊性。""汉字也应视为汉语的要素之一。"(石定果 1993)我国对外汉语教学存在的问题之一,就是没有把汉字作为语言要素,而是看成单纯的书写符号和词汇的附属品。

汉语"词"的概念是从西方语言学引进的,相对于英语的 word。但是汉语中到底什么是"词",至今还是一个没有完全解决的问题。吕叔湘先生说:"汉语里的'词'之所以不容易归纳出一个令人满意的定义,就是因为本来没有这样一种现成的东西。其实啊,讲汉语语法也不一定非有'词'不可。"(吕叔湘 1964)赵元任先生说:印欧系语言中 word 这一级单位"在汉语中没有确切的对应物","在说英语的人谈到 word 的大多数场合,说汉语的人说到的是'字'。这样说绝不意味着'字'的结构特性与英语的 word 相同,甚至连近于相同也谈不上。"(赵元任 1975)王力先生明确指出:"汉语基本上是以字为单位的,不是以词为单位的。"(王力 1986)上面的引语告诉我们,这几位大师各自积一生之研究心得,分别得出了同一个结论:西方语言学中 word 的概念对汉语不适用。

汉语以字为单位,而不是以词为单位,其中的"字"就包括音节和汉字。音节和汉字都具有双重身份:音节既是表音符号,也是语言单位——说的汉语即口头汉语的单位;汉字既是书写(表形)符号,也是语言单位——写的汉语即书面汉语的单位。我们认为,汉语中大于字、小于句的单位都是由"字"(音节和汉字)组合生成的。从组合生成的角度说,"字"是基本单位。我们把以"字"为基本单位叫做"字本位"。(吕必松 2006)大于字、小于句的单位既然是由字组合生成的,本应叫"字组"(zi-group)。然而,人们已经习惯了"词"的说法,如果改用"字组"或者别的说法,就会造成不习惯。因此,本书暂且沿用"词"的说法。只是需要说明:我们所说的"词"是字组(zi-group),而不是与英语 word 相对应的那种"词"。zi-group 和 word 的内涵不完全相同。"字本位"中的"字"相当于迄今通行的语法书上所说的"语素"和"单音节词","词"相当于迄今通行的语法书上所说的"双音节词"、"多音节词"和"词组"(短语)。因为"字"包括一般语法书上所说的"语素",所以把"字"作为基本单位就不需要再使用"语素"的概念。

　　本书放弃语素的概念,就把"字、词、句"作为三级语法单位。就术语本身来说,这跟一般语法书上的说法似乎区别不大;但就"字"和"词"的内涵来说,这三级语法单位却代表了一种新的思路、新的观念和新的方法。正如徐通锵先生所说:"以'字'为汉语基本结构单位的'字本位'理论与现在通行的以'词'为汉语基本结构单位的语言理论是两种不同的理论体系,因而必然会产生尖锐的冲突。'词'是印欧系语言的一种基本结构单位,汉语的'词'是从西方语言学中输入的一种语言结构单位,其内涵与'字'有重要的区别。基本结构单位是统率语言结构的'纲',纲举目张,所以'词'与'字'虽然仅仅是一字之差,但却与两个不同的'纲'相联系,体现语言理论研究的不同走向。"(徐通锵 1994)

　　"词"的内涵改变以后,"词汇"的概念也必须跟着改变。吕叔湘先生说:"汉语里的'词'的问题还是得解决,可是只有把它当作主要是语汇问题来处理,而不专门在语法特征上打主意,这才有比较容易解决的希望。"(吕叔湘 1964)什么是"语汇"?《现代汉语词典》对"语汇"的解释是:"一种语言的或一个人所用的词和短语的总和。"为什么说把"词"作为语汇问题来处理就不是在语法特征上打主意?因为"语汇"是语言单位的概念,而不是语法单位的概念,讲语汇是讲"词"和"短语"的范围,而不是讲它们的语法作用。"字本位"中的"字"和"词"既是语言单位,也是语法单位。从语言单位的角度说,"字本位"理论中的"字"和"词"都可以包括在吕叔湘先生所说的"语汇"之中。因此,对"字本位"理论来说,用"语汇"的概念代替"词汇"的概念可以概括作为语言单位的"字"和"词"。这样,"字本位"中的"字"、"词"、"语汇"与"词本位"中的相关概念就形成了下表所列的对应关系。

| 字本位 | 词本位 |
| --- | --- |
| 字 | 语素,单音节词 |
| 词 | 双音节词,多音节词,短语 |
| 语汇 | 语素,单音节词,双音节词,多音节词,短语 |

根据上面的说明,"字本位"理论认为,所谓语言"四要素",在汉语中就是语音、汉字、语汇和语法。这些语言要素也都存在于言语之中,是对言语中的语音、汉字、语汇、语法的抽象。言语中的语音、汉字、语汇、语法是"言语要素"。也就是说,汉语的"言语要素"就是言语中的语音、汉字、语汇和语法。在语音方面,就是一个个具体音节的结构方式、发音和声调,就是一个个具体的词(字组)和句子的变调、重音和语调等。在汉字方面,就是一个个具体汉字的结构方式、读音和意思等。在语汇方面,就是一个个具体的字和词的结构方式、读音和意思等;在语法方面,就是一个个具体的词和句子的结构方式、意思和用法等。前面谈到,无论是研究语言,还是学习和教授语言,都必须以言语为对象,从言语入手。以言语为对象,从言语入手,首先要以这些"言语要素"为对象,从这些"言语要素"入手。

本书对汉语的语言要素作新的分类和解释,是出于对汉语特点的新的认识,也是出于汉语作为第二语言教学的需要。具体地说,是出于改革现行教学路子和教学方法的需要。现行教学路子和教学方法的语言学基础是"词本位","词本位"不符合汉语的特点,是造成"汉语难学"和汉语教学少、慢、差、费的根本原因。法国白乐桑教授指出:"无论在语言学和教学理论方面,在教材的编写原则方面甚至在课程设置方面,不承认中国文字的特殊性以及不正确处理中国文字和语言特有的关系,正是汉语教学危机的根源。"(白乐桑 1997)对此我们颇有同感。

### 1.3 口语和书面语

语言是人类最重要的交际工具。人们用语言进行交际,有口头交际和书面交际两种方式。一种发达的语言往往有两种不同的语体——口语体和书面语体。人们把口语体语言和书面语体语言简称为口语和书面语。

一般认为:语言是第一性的,文字是第二性的,即先有语言,后有记录语言的文字。对此也有不同的看法。有人认为,后来发展成为文字的某些符号就可能产生在语言之前。不过,我们所说的语言和文字都是指一种系统,作为一种系统,文字系统大概不可能出现在语言系统之前。世界上现存的语言大部分还是没有文字的语言,也许可以证明这一点。

如果先有语言后有文字的说法是正确的,那么,文字产生之前的语言是单纯的口语,文字产生之后才逐渐形成了书面语,形成了书面语与口语的对立。

书面语与口语的区别,可以观察得到的至少有以下几点:

(1)传递和接受信息的载体不同。口语利用语音传递和接受信息,语音就是口语的载体;书面语利用文字传递和接受信息,文字就是书面语的载体。

(2) 结构规则不完全相同。书面表达讲究结构严谨、表述简洁和尽可能优美,而口头表达一般是边想边说,不可能像书面表达那样可以反复推敲和修改,因此常常会出现颠倒、重复,也难免带有冗余成分;书面表达一句话可以长达几十甚至超百个字,口头表达一般不会使用这样的长句。

(3) 语汇和句式的选择不完全相同。例如,汉语书面语中常常出现的"雄伟壮丽"、"光彩夺目"等语汇,"长江流域及其以南地区……"、"黄河流域及其以北地区……"等句式,从口语中一般是听不到的。书面语都是文化程度较高的人写出来的,跟文化程度不高的人说出来的口语相比,所用语汇和句式必然有文白、雅俗之分。

跟某些其他语言相比,汉语的书面语与口语的差别可能更大。这主要是因为历史悠久的汉字长期相对稳定,使现代汉语书面语与古代汉语书面语保持着一定的传承关系。这种传承关系主要表现为现代汉语书面语中还保留着大量的文言成分,历代文化典籍中的名言、成语、典故等文化精粹,都成为语言积淀而在现代汉语书面语中广泛沿用(有些也扩散到口语中)。读书较多的人,因为身在其中,对书面语的特殊性往往习而不察,就是努力用口语写作,有时也会不自觉地流露出书面语痕迹。第二语言学习者的感觉就完全不同,他们甚至觉得说出来的汉语是一个样子,写出来的汉语却是另一个样子。例如,说的时候用"是不是",写的时候却可以用"是否",说的时候用"有没有",写的时候却可以用"有无",说的时候用"但是",写的时候却可以用"但"。"应该"与"应"、"需要"与"需"、"……的时候儿"与"……时"等也是如此。为什么医生说的是"一天吃三次,一次吃两片",而装药的纸口袋却写着"日服三次,每服二片"?为什么大夫说的是"这种药在吃饭的时候吃",说明书上却写着"与餐同服"?为什么朋友对我说的是"美国总统下个月要来中国访问",而报纸上却写着"美国总统将于下月访华"?"看不起人"和"目中无人"又有什么区别?如此等等。所有这些,都体现了书面语与口语的区别。

### 1.4 口头语言和书面语言

口语一般用于口头交际,书面语一般用于书面交际。但是语体的运用往往要随着交际目的、交际内容、交际对象和交际场合的不同而进行变换。也就是说,口头交际一般使用口语,但是也可能使用书面语。例如,讲课、作学术报告、进行专业性谈话等虽然都是口头表达,但是也往往使用书面语,至少带有书面语成分。书面交际一般使用书面语,但是也可能使用口语。例如,给亲人和好友的信函、小说和剧本中的对话等虽然都是书面形式,但一般都使用口语。文化修养高的人,常常把口语和书面语揉在一起,让你分不出到底是口语还是书面语。以费孝通先生的两段话为例:"也正是这种'岁月春水逝'的生命短促感,促使我这10多年来不停地'行行重行行',力求此生能对得住祖祖辈辈的培育和期待。"(费孝通2005a)"85岁以前,我天天在那里忙着做事,不觉得自己老,有点'不知老之将至',这是确实的情形。"(费孝通 2005b)这两段话,前一段是讲课的讲稿,可以看成是由书面到口头;后一段是谈话的记录,可以看成是由口头到书面。无论是前者还是后者,都体现了把口语和书面语揉为一体的特点。这样的例子不胜枚举。因此,我们不能把口头交际使用的语言都叫做口语,也不能把书面交际使用的语言都叫做书面语。为了把口头交际使用的语言跟口语区别开来,把书面交际使用的语言跟书面语区别开来,就需要使用另外的名称。在没有找到更合适的名称之前,我们暂且把口头交际使用的语言叫做口头语言,把书面交际使用的语言叫做书面语言。口头语言就是以口头形式出现的语言,也就是用于口头交际的语言。以口头形式出现、用于口头交际的语言都是说的语言,因此也可以说,口头语言就是说的语言。说的语言以口语为主,但是不限于口语。书面语言则是以书面形式出现的语言,也就是用于书面交际的语言。以书面形式出现、用于书面交际的语言都是写的语言,因此也可以说,书面语言就是写的语言。书面语言以书面语为主,但是不限于书面语。

口语和书面语是从语体的角度提出的概念,所以是语体概念;口头语言和书面语言则是从语用的角度提出的概念,所以是语用概念。

区分语体概念和语用概念也是完全必要的,因为这是不可回避的语言事实。口语和书面语的使用要根据表达时的语境进行语体变换,语体变换能力是语言能力的表现之一。当我们谈论口头表达能力的时候,不仅仅是指口语表达能力;当我们谈论书面表达能力的时候,也不仅仅指书面语表达能力。从汉语作为第二语言学习者的中介语中可以看出,语体变换是学习中的难点之一,在第二语言教学中必须引起足够的重视,不能完全用口语教学代替口头语言教学,也不能完全用书面语教学代替书面语言教学。

## 2. 语言的规则特征

言语必须受一定的规则的支配。支配言语的规则就是语言规则。语言规则至少有以下特征。

### 2.1 音义结合和形音义结合

口头语言都是以声音表示意义的,一定的意义要用一定的声音来表示,一定的声音只能代表一定的意义,声音和意义有固定的对应关系。例如:

| 声音: | 意义: |
|---|---|
| wǒ | 说话人对自己的指称。 |
| hē | 用嘴饮用液体的一种动作。 |
| chá | 用茶叶炮制的饮料。 |
| wǒ hē chá | 说话人通过 hē 这个动作使 chá 这种饮料进入体内。 |

上面的 wǒ、hē、chá 是三个不同的声音,分别代表三个不同的意思。把这三个不同的声音连接起来,就成为 wǒ hē chá 这样的一串声音,这样的一串声音也代表一个意思。这种代表意思的声音在语言学上叫做语音。

人们在研究和教授语言的时候,把 wǒ、hē、chá 这样的形式叫做词(字),把 wǒ hē chá 这样的形式叫做句子。无论是词(字)还是句子,都是一定的语音和一定的意义的结合,都是音义结合体。音和义是不可分割的,离开了语音,意义就无从表达,离开了意义,语音就无以依附。音和义又是一一对应的,一定的意义只能用与其相对应的语音形式来表示,决不能任意用别的语音形式来代替。所以说,语音是语言的物质外壳。

所谓音和义一一对应,指的是一定的"音"总是与一定的"义"相对应,一定的"义"总是与一定的"音"相对应,并不是说一个"音"只能和一个"义"相对应,也不是说一个"义"只能和一个"音"相对应。实际上,"音"和"义"往往是"一对多"的关系,既有一音多义的情况,也有一义多音的情况。例如,我们可以说"Nǐ chī fàn, wǒ chī miàn"(你吃饭,我吃面),也可以说"Búyào guāng chī fàn, bù chī cài"(不要光吃饭,不吃菜),还可以说"Yǒu rén tiāntiān qǐngkè chīfàn"(有人天天请客吃饭)。这三句话中都有一个"fàn"(饭)字,但是这三个"fàn"(饭)字的意思都不相同。一是指米饭,一是指主食,一是指所有吃喝的东西。这就是一音多义。又如,"gòu fáng kuǎn"(购房款)和"mǎi fángzi de qián"(买房子的钱)是同样的意思,其中的"gòu"(购)和"mǎi"(买)、"fáng"(房)和"fángzi"(房子)、"qián"(钱)和"kuǎn"(款)的意思也相同。普通话说的"hē chá"(喝茶),有些方言说"chī chá"(吃茶),这里的"hē"(喝)和"chī"(吃)也是同样的意思。这就是一义多音。

各级语言单位虽然都表示一定的意义,但是有些语言单位只表示概念,有些语言单位则表示概念与概念之间的关系。例如,wǒ、hē、chá 这三个字只表示具体概念,而 hē chá、wǒ hē chá 所表示的是这几个概念之间的关系。可见,不同的语言单位所表示的意义属于不同层面上的意义。为了区别不同层面上的意义,我们把表示概念的意义叫做"字义"或"词义",把表示概念与概念之间的关系的意义叫做"语义"。

上面的例子都是用汉语拼音写的,用汉语拼音写,是为了表示这里指的是口头汉语,汉语拼音代表的是"音",而不是"形"。"音"只能耳听,不能目视。还是以 wǒ hē chá 为例,这句话如果是用于书面交际,就要写成下面的形式:

我
喝
茶
我喝茶。

书面语言以文字为载体,文字代表"形",除了有读音以外,还可以用于目视。由此可见,以用于耳听的语音为载体的口头语言是音义结合体,以用于目视的文字为载体的书面语言是形音义结合体。

2.2　形式结构和语义结构的统一

语言是形式结构和语义结构的统一体。(吕必松 2001)形式结构和语义结构就像一张纸的两面,彼此不可分割。

(1) 形式结构。这里所说的形式结构,是指字与字、字与词、词与词的结合形式。它们的结合形式就是一个词或句子由哪些结构单位组成,什么单位在前,什么单位在后。例如,wǒ hē chá(我喝茶)是一种形式结构,不能把它说成 chá hē wǒ(茶喝我),也不能把它说成 hē wǒ chá(喝我茶)。chá wǒ hē(茶我喝)可以说,但是跟 wǒ hē chá(我喝茶)的意思和用法不同。

因为口头汉语中的字词是音义结合体,书面汉语中的字词是形音义结合体,所以无论是口头汉语还是书面汉语,字词的组合都包括语音形式的组合。但是字词组合后的语音形式并不是字词的语音形式的简单加合。例如,Wǒ hē chá.(我喝茶。)这个句子的语音形式还包括变调、句调和逻辑重音等。wǒ(我)的原调是第三声,跟 hē(喝)这个第一声结合后,就变成半三声。这就是变调。因为 Wǒ hē chá.(我喝茶。)是一个句子,所以说话时要用句调,书面上要用句号。如果是在 wǒ hē chá bù jiǎngjiu cháyè de hǎohuài(我喝茶不讲究茶叶的好坏)这个形式中,wǒ hē chá(我喝茶)就不是句子,也就不能用句调或句号。

汉语的语音形式除了字词的语音形式以外,最重要的是句调和句中的逻辑重音。

句调或句号(以及问号、叹号等)是句子的主要标志。带有句调或句号的言语形式哪怕只用了一个字,也是一个句子;不带句调或句号的言语形式无论由多少个字组成也不是句子。试比较:

① 谁?
　我。
② 谁去上海?
　我去上海。
③ 我去上海的时间……

例①是一问一答的两个句子,虽然问句和答句都只用了一个字,但是它们都带有句号。例②也是一问一答的两个句子,句中同样有"谁"和"我"这两个字,但是这两个字都不带句号,它们只是句子的一部分。从数量上看,例③包括的字数最多,然而这是一个不成句的言语形式,不可能带句号。

逻辑重音用于突出句子的信息焦点。同一个句子如果逻辑重音不同,所表达的信息焦点也不同。例如 Wǒ hē chá 这个句子可以有不同的逻辑重音，逻辑重音不同，信息焦点就不同。如果逻辑重音在 wǒ，回答的问题是"谁喝茶？"如果逻辑重音在 hē，回答的问题是"你喝不喝茶？"如果逻辑重音在 chá，回答的问题是"你喝什么？"又如"我去上海"这个句子，如果回答的问题是"谁去上海？"逻辑重音就要放在"我"上；如果回答的问题是"你去不去上海？"逻辑重音就要放在"去"上；如果回答的问题是"你去哪儿？"逻辑重音就要放在"上海"上。逻辑重音所在，就是句子的信息焦点所在。在回答问题的时候，也可以只用代表信息焦点的字词。把上面的例子换成问答式，就可以看得很清楚。

A：谁喝茶？
B：我。
A：你喝不喝茶？
B：喝。
A：你喝什么？
B：茶。
A：谁去上海？
B：我。
A：你去不去上海？
B：去。
A：你去哪儿？
B：上海。

（2）语义结构。我们所说的语义结构是指语义关系的构成，它反映概念与概念之间的语义关系。例如 Wǒ hē chá 这个句子包括"wǒ、hē、chá"三个概念，从形式结构看，它是"代·动·名"；从语义结构上看，它是"施·动·受"。wǒ 是动作的发出者，也叫施动者；hē 是一种动作，wǒ 与 hē 的关系是施与动的关系，可以叫做施动关系；chá 是 hē 的对象，是受动者，它与 hē 的关系是动作与动作接受者的关系，可以叫做动受关系；wǒ 与 chá 的关系是施受关系。

（3）形式结构和语义结构的统一。所谓形式结构和语义结构的统一，是指形式结构和语义结构有固定的对应关系。例如，Wǒ hē chá 的语义结构是"施·动·受"；Chá wǒ hē 的语义结构是"受·施·动"。这说明，形式结构和语义结构是一一对应的，一定的语义结构要用一定的形式结构来表示，一定的形式结构只能表示一定的语义结构。这就是形式结构和语义结构的统一。

所谓形式结构和语义结构一一对应，是指一种形式结构必然有与其相对应的语义结构，一种语义结构必然有与其相对应的形式结构，而不是说一种形式结构只能有一种语义结构与它相对应,也不是说一种语义结构只能有一种形式结构与它相对应。实际上,就像"音"和"义"往往是"一对多"的关系一样,形式结构和语义结构也存在"一对多"的关系。也就是说,一种形式结构有可能表示多种语义结构,一种语义结构也可以用多种形式结构来表示。例如,我们可以说:"因为交通不方便,所以我们不经常见面。"也可以说:"交通不方便,我们不经常见面。"这两个句子形式结构不同,语义结构却一样,表示的都是因果关系。这说明一种语义结构可以用多种形式结构来表示。又如,"考物理、考老师、考大学、考研究生"等都是"动名"结构,形式完全相同,语义结构却不同。"考物理"中的"物理"是考试的内容,"考老师"中的"老师"是考试的对象,"考大学"是表示考试是为了上大学,"考研究生"是表示考试是为了成为研究生。这说明一种形式结构可以表示多种语义结构。

## 3. 语言的交际特征

这里所说的交际,是指互相传递和接受信息,以达到彼此了解和理解。互相传递和接受信息可以用语言,也可以用别的手段,所以交际可以分为语言交际和非语言交际。面部表情、眼神、身势、手势、信号等都可以传递和接受信息,通过这些手段传递和接受信息属于非语言交际。我们这里只讲语言交际。

### 3.1 表达和理解

语言交际的方式是通过言语进行表达和理解。交际活动不可能是单方面的,必须由交际双方共同参与。当交际的一方进行表达时,交际的另一方就处于理解的地位。表达是输出,要通过说或写;理解是输入,要通过听或读。说和听是口头交际,要用口头语言;写和读是书面交际,要用书面语言。语言交际的具体方式可以用下面的图表来表示:

| 语言＼交际 | 表达（输出） | 理解（输入） |
| --- | --- | --- |
| 口头语言 | 说 | 听 |
| 书面语言 | 写 | 读 |

### 3.2 言语技能和言语交际技能

具体交际活动中的说、听、写、读都是跟具体的人联系在一起的,都是具体人的言语活动。这种言语活动离不开言语要素。言语要素可以传授,但是言语活动的能力不是通过言语要素的传授就能获得的,而是要通过实际练习才能掌握。通过实际练习而掌握的能力属于技能。就像游泳是一种技能一样,言语活动也是一种技能,我们把这种技能叫做"言语技能"。为什么不叫"语言技能"而叫"言语技能"？因为正如前面所说,语言是一种抽象的系统,抽象的系统不是跟具体的人相联系的,所以无技能可言。

言语表达要达到交际目的,就不但要讲究言语的正确性,而且要讲究言语的得体性。所谓言语的正确性,就是言语中的语汇和语法结构（包括形式结构和语义结构）等都符合语言规则；所谓言语的得体性,就是除了语汇和语法结构等都符合语言规则以外,对语音形式、字词、句式、应对方式等等的选择还要符合交际目的、交际内容、交际对象和交际场合的需要。言语的正确性由语言规则决定,言语的得体性由语用规则决定。具体交际活动中的言语表达就是在语用规则的支配下对言语技能的运用。言语交际也是一种技能,我们把这种技能叫做言语交际技能。言语交际技能包括言语技能,言语技能不包括言语交际技能。

## 4. 语言的系统特征

### 4.1 规则系统和约定俗成

（1）规则系统。要进行有效的语言交际,必须利用具有一定内在联系的一系列的规则来支配言语。这种有一定内在联系的一系列的规则是一种系统。凡系统都包括一系列既相对独立而又以一定的方式互相联系的子项。系统由子项组成,又以一定的方式统摄、规约子项。在大的系统中,子项也是系统,作为系统的子项叫做子系统。无论是系统还是子系统,其内部各组成成分之间都有一定的内在联系,并受一定的规则的支配。语言就是一个大的系统,它包括语音系统、文字系统、词汇（语汇）系统、语法系统和语用系统等子系统。

凡系统都有规约性,每一项规约都因与其他规约相关而有它存在的理由。例如汉语的量字（量词）是汉语语汇系统中的子项,有人认为对第二语言学习者来说量字（量词）学起来太难,因此建议把它取消。却不知,取消量字（量词）不但会破坏汉语的语汇系统,而且会破坏整个汉语系统。例如,如果把"一张桌子、一间屋子"说成"一桌子、一屋子",听的人就会以为你是想说"一桌子菜、一屋子人"；如果把"看了一次、去了两趟"说成"看了一、去了两",听的人就更加无法理解。由此可见,汉语的量字是汉语系统不可缺少的组成部分。如果不用量字而用别的办法表示数量,汉语将是另一个样子,即所谓牵一发而动全身。这就是系统的规约力量。

（2）约定俗成。自然语言在形成和发展的过程中,用什么样的声音代表什么样的意义,并没有客观必然性,而是由一定社会集团的成员在共同的劳动、生活和交往中约定俗成的。所谓约定俗成,就是得到使用这种语言的人群的集体认可,成为大家的语言习惯,任何个人都不能随意创造,也不能随意改变。如果随意创造或改变,就会造成语言混乱,使别人无法理解。以汉语的并列结构为例：并列结构就是由两个或多个平等的成分组成的结构，从理论上说，并列成分既然是平等的，它们的位置就可以互换，互换后意思不变。而实际情况却不是这样。有些并列结构并列成分的位置可以互换，互换后意思不变。例如"往来"和"来往"、"互相"和"相互"。有些并列结构并列成分的位置却是固定的，不可互换。例如，如果把"人民、伟大"说成或写成"民人、大伟"，别人就听不懂，也看不懂。有些并列结构并列成分的位置原来不能互换，后来变得可以，互换后意思不变。例如"南北（双方）"和"北南（双方）"。有些并列结构并列成分的位置虽然可以互换，但是互换后意思就发生了变化。例如"语言"和"言语"。组成成分相同而位置不同的结构不都是并列结构。例如"子女"是并列结构，"女子"却不是并列结构，两者的意思也不相同。哪些并列成分的位置可以互换，哪些不能互换，哪些互换后词义就发生了变化，都是约定俗成的。大家都不这样说，你也不能这样说。有些话本来不一定符合语法规则，但是说的人多了，大家都认可了，也就成了符合规则的了。例如"打扫卫生、恢复疲劳"等说法在开始出现的时候，曾被认为是不符合语法规则的，但是由于大家都这样说，也就成了一条语法规则了。"服务"本来是不及物动词，后来出现了"服务人民"的说法，大家也习惯了。现在又出现了"挑战南极"一类的说法，跟"服务人民"相似，可见所谓不及物动词也不是一成不变的。还有一支歌叫"爱你到永远"，按照语法规则，"到"后面只能是表示时间、地点等等的名词性成分，而"永远"却不是名词，是不应该放在"到"字之后的。有关文件中常常出现的"农转非"是"农业人口转成非农业人口"的缩略，也不符合缩略语的缩略规则。"爱你到永远"、"农转非"这类说法只要用的人多了，成了语言习惯，就会取得合法地位。这就是约定俗成。约定俗成可以形成语法规则，也可以补充语法规则，这大概也是语言发展的动力之一。约定俗成的规则还告诉我们：语言的使用不能完全按语言规则类推。如果完全按语言规则类推，说出来的话就可能不符合语言习惯。例如，如果套用"住院"的结构形式，把住在学院里也说成"住院"，就会产生严重的误解，甚至会带来严重的后果。同样，如果套用"外人"的结构形式把本单位的人、家里的人、关系密切的人都说成"内人"，也会闹出笑话。这一点对第二语言学习非常重要。不但学习汉语不能完全用语法规则类推，学习其他语言也不能完全用语法规则类推。要真正掌握一种第二语言，必须通过学习大量的言语材料逐渐形成"语感"。

　　上面说的是音义结合的约定俗成，"形"和音义的结合也有一定的约定俗成性。文字虽然是人工创造的，但是创造文字要有一个积累和完善的过程，这个积累和完善的过程就包括约定俗成的因素。即使为某种语言新造文字，也要考虑科学匹配。考虑科学匹配，就是为了让使用者群体容易认可和接受。汉字简化虽然不是新造文字，但是也经历了一个漫长的过程，至今还有不同的看法。用拼音文字代替汉字的设想估计会落空，这不但是因为汉字历史悠久,早已成为一种文字理念和文字习惯,是中华文化不可分割的组成部分,而且还因为汉字与汉语是一种十分科学的匹配,很难用拼音文字代替。汉字与汉语匹配的科学性在于:口头汉语以音节为基本单位,方块汉字正好与音节相对应;汉语的音节数量有限,大部分音节具有多义性,而汉字除了能够与音节对应以外,还有包括直观表义作用在内的区别性特征,可以把同一个音节的不同的意思区别开来。如果改用单纯记音的文字,就无法区分同一个音节的不同的意思。不要说古代汉语和大量的诗词、对联、标牌等将无法理解,就是现代人日常生活中常用的语汇,例如"食堂"和"食糖"、"石油"和"食油"、"大道"和"大盗"、"向钱看"和"向前看",等等,也难以从意义上加以区分。有一则广告说"药材好,药才好",如果没有"材"和"才"的区别,这则广告谁也看不懂。一种语言的文字当然不会一成不变,但是它的发展变化必然有其自身的规律,包括不能背离与它所承载的有声语言的科学匹配原则。离开其所承载的有声语言而孤立地研究某种文字,并与其他语言的文字比较优劣,恐怕难以得出科学的结论。文字是形音义结合体,定"形"之后读音也会发生变化,读音的变化也是约定俗成的。例如,除了个别地方以外,已经没有人把 lājī(垃圾)说成 lèsè 了。现在有越来越多的人把"度君子之腹"的 duó 念成 dù,把"叶公好龙"shè 念成 yè,把"供给、给予"的 jǐ 念成 gěi,因为不产生歧义,听的人都能理解,所以也有通行的趋势。汉字中的多音字和近形字容易造成"念白字","念白字"是造成语音约定俗成的原因之一。汉语普通话的 w(u)音有分化的趋势,有些年轻人(主要是女孩子)把 wěidà 说成 věidà,把 wèi shénme 说成 vèi shénme,这样的趋势如果发展下去,普通话中辅音 v 空缺的情况就会改变。

4.2 共性和个性

(1)语言的多样性。多数民族都有自己的语言。据不完全统计,世界上现存的语言至少在 2,000 种以上。历史语言学家们经过研究,发现这些语言有不同的来源,并且根据来源的不同把它们分为不同的语系,又根据同一语系中各语言之间的亲疏程度在语系下面划分出语族,在语族下面划分出语支。例如,汉语属于汉藏语系,英语属于印欧语系,阿拉伯语属于闪含语系(又称亚非语系)。汉藏语系语言除了汉语以外,还有壮侗语族、苗瑶语族、藏缅语族。其中壮侗语族又分为壮傣语支(包括壮语、傣语、布依语等)、侗水语支(包括侗语、仫佬语、水语、毛难语等)、黎语支(包括黎语)。印欧语系包括的语种最多,分为印度语族、伊朗语族、斯拉夫语族、波罗的语族、日耳曼语族、拉丁语族等十多个语族,其中日耳曼语族又分为北部语支(包括丹麦语、瑞典语、挪威语、冰岛语、法列尔语等)、西部语支(包括英语、荷兰语、德语等)和东部语支(有关语言已消亡)。印欧语系的俄语属于斯拉夫语族,西班牙语、法语、意大利语、葡萄牙语、罗马尼亚语等属于拉丁语族。闪含语系(亚非语系)分为闪语族和含语族,闪语族的东部语支和北部语支诸语言均已消亡,南部语支包括阿拉伯语、希伯来语等。含语族包括古埃及语、豪萨语、索马里语等语支。

语言谱系的详细情况在许多语言学著作中都可以找到。这里有选择地举些例子,只是为了说明语言的多样性。从这些例子中也可以了解到大部分重要语言的谱系。

(2) 共性和个性。不同的语言既有一定的共性,也有各自的个性。例如,所有的语言都有语音系统、词汇(语汇)系统、语法系统、语用系统,凡有文字的语言都有文字系统,即使没有文字的语言也可以创造文字。这就是不同语言的最大的共性。但是每一种语言的语音系统、文字系统、词汇(语汇)系统、语法系统和语用系统都有自己的特点,特点就是个性。进行第二语言教学不可忽视不同语言的共性,但是更需要注意所教语言与学习者的第一语言的不同的个性,因为个性体现差异,差异中包含着学习的难点。不同语言之间的差异程度不完全相同。大体上说,不同语系的语言差异程度较大,同一语系的不同语言之间的差异程度较小,同一语支的不同语言之间的差异程度最小。第二语言学习中的难易程度,跟目的语与第一语言的差异程度有关。一般说来,差异程度越大,学习的难度也越大;差异程度越小,学习的难度也越小。例如,我们在汉语作为第二语言教学中发现,"ü"的发音是多数第二语言学习者学习中最难的难点之一,这是因为他们的语言中没有"ü"这个音素。"把"字结构也是多数第二语言学习者学习中最难的难点之一,这是因为他们的语言中没有类似汉语"把"字结构的形式结构。外国人认为汉语难学,原因之一是他们拿学习汉语跟学习他们的亲属语言作比较。这样比较,当然会觉得汉语难学。不过这样的比较是不科学的。

4.3 语言系统形成的主观条件和客观条件

人类之所以有自己的语言,首先是由于人的发音器官能够发出各种各样的声音,人的大脑既有形象思维的能力,又有抽象思维的能力。这些就是人的主观条件。动物之所以不能学会人类语言,就是因为不具备这些条件。但是语言离不开人类社会,因为语言是人类交际的工具,是一定社团的成员约定俗成的。离开了人类社会,语言既没有存在的必要,也没有产生和发展的可能。个人语言的发展也离不开社会。狼孩之所以没有学会语言,就是因为脱离了人类社会。语言也离不开大自然,因为语言是人们在集体劳动中,也就是在改造大自然的过程中产生和发展的;语言的词汇(语汇)和语法关系不但是人类社会中各种现象在人们头脑中的反映,而且也是自然界的各种现象在人们头脑中的反映。对每一个具体的人来说,人类社会和大自然都是客观世界。客观世界是语言系统形成的客观条件。

不同民族的语言系统有共性,就是因为各民族成员的主观条件相同,生活环境、所接触到的现象也大部分相同或基本相同。例如,日月星云,山河风雨,饥渴冷热,生老病死,男女婚情,人际交往,社会发展,等等,是所有民族都能见到的普遍现象,这些普遍现象都必然要反映到各民族的语言系统中。这些就是形成各民族语言共性的客观基础。不同民族的语言有自己的个性,是因为不同民族的生活环境、社会和文化背景等不完全相同,因此所接触到的现象不完全相同,观察现象的角度和方法也不完全相同。这些就是形成各民族语言个性的客观基础。

以上情况说明,语言系统是客观世界在人们头脑中的反映,是客观世界与人的主观条件相结合的产物。客观世界是外因,主观条件是内因。无论是一个民族的语言,还是一个社会成员个人的语言,都是客观世界与主观条件相结合的产物,都是外因通过内因起作用的结果。

把上面的讨论归结起来,我们认为:语言是客观世界在人们头脑中的反映,是人类独有的以言语形式进行表达和理解的一种形音义结合的系统。这就是我们对语言的本质和特点的基本认识。

**思考题**

1. 怎样从语言学习和教学的角度去观察和解释语言?
2. 用自己的话说明语言和言语、语言要素和言语要素的区别。
3. 什么是语言三要素?什么是语言四要素?语言三要素论和语言四要素论有什么本质的区别?
4. 用自己的话说明口语和口头语言、书面语和书面语言的区别。
5. 什么是词义?什么是语义?两者的主要区别是什么?
6. 什么是形式结构?什么是语义结构?为什么说形式结构和语义结构彼此不可分割?
7. 什么是言语技能?什么是言语交际技能?为什么不把言语技能和言语交际技能叫做语言技能和语言交际技能?
8. 汉语能不能走拼音化的道路?为什么?
9. 举例说明汉字在汉语约定俗成中的作用。
10. 为什么有不同的语言?不同的语言为什么既有共性,又有个性?

**引文目录**

白乐桑(1997)汉语教材中的文、语领土之争:是合并,还是自主,抑或分离?《第五届国际汉语教学讨论会论文选》,北京大学出版社。

费孝通(2005a)反思·对话·文化自觉,载《费孝通论文化与文化自觉》,群言出版社。

费孝通(2005b)中国文化与新世纪的社会学人类学——费孝通、李亦园对话录,同上。

吕必松(2001)我对汉语特点的几点初步认识,《海外华文教育》第1期;《海外华文教育研究丛书·对外汉语教学论文集》,厦门大学出版社,2003。

吕必松(2006)二合的生成机制和组合汉语,张普等主编《数字化汉语教学的研究与应用》,语文出版社。

吕叔湘(1964)《语文常谈》,《文字改革》1964—1965连载;三联书店,1980;《吕叔湘文集》第五卷,商务印书馆,1993。

石定果(1993)会意汉字内部结构的复合程序,《世界汉语教学》第4期。

王 力(1986)《实用解字组词词典·序》,上海辞书出版社。

徐通锵(1994)"字"和汉语的句法结构,《世界汉语教学》第2期。

赵元任(1975)汉语词的概念及其结构和节奏,《赵元任语言学论文选》,清华大学出版社,1992。

## 第二节 语言与文化

文化是一种十分复杂的社会现象,这也带来了语言与文化的关系的复杂性。我们这一节讨论语言与文化,只是从语言学习和教学的角度对语言与文化的关系做些力所能及的说明,目的是指出第二语言教学中有关文化知识教学的必要性和重要性。

### 1. 什么是文化

讨论语言与文化的关系,必须首先了解什么是文化。然而,文化还是一个内涵不太确定的概念。盛炎指出:有关文化的定义,有的说有一二百种,有的说有上万种。(盛炎1990)对文化的不同的定义反映了观察文化的角度和对文化内涵的理解不完全相同。

(1) 关于文化的内涵。文化的内涵有广义和狭义之分。英国文化人类学家爱德华·泰勒在他的《原始文化》一书中说,"文化是一种复杂体,它包括知识、信仰、艺术、道德、法律、风俗以及其余社会上习得的能力与习惯"。后来美国一些社会学家和文化人类学家,如奥格本、亨根肆以及维莱等人,又补充了"实物"一项内容,把上述定义修正为"文化是一种复杂体,它包括实物、知识、信仰、艺术、道德、法律、风俗以及其余社会上习得的能力与习惯"。(转引自林纪诚 1990)我国著名社会学家、人类学家、民族学家费孝通先生对文化的内涵作了高度概括,他指出:"一切文化只是人类生活的办法。"(费孝通 2005a)苏联哲学家罗森塔尔·尤金编纂的《哲学小辞典》对文化所下的定义是:"文化是人类社会历史实践过程中所创造的物质财富和精神财富的总和。……从比较狭隘的意义来讲,文化就是在历史上一定的物质资料生产方式的基础上发生和发展的社会精神生活形式的总和。"《现代汉语词典》用三个义项解释"文化",其中第一个义项基本上采纳了《哲学小辞典》的定义,指出:文化是"人类在社会历史发展过程中所创造的物质财富和精神财富的总和,特指精神财富,如文学、艺术、教育、科学等"。上述种种定义实际上都是说,"文化"包括物质和精神两个方面的内容,人类创造的、在一定的人类社团中存在过和存在着的一切物质和精神现象都属于文化,只有天然物质除外。这是对"文化"的最广义的解释。但是人们往往从不同的角度对"文化"作狭义的理解。例如,我们常常把"文化"跟科学、教育相提并论,这时所说的"文化"主要是指文学和艺术;当我们说一个人的"文化程度"的时候,是指他受教育的程度;从文化用品商店陈列的商品看,对"文化"内容的理解又不一样。天津有条"文化街",那里的商品有文具、体育用品、艺术品、土特产品等等。《现代汉语词典》解释文化的另外两个义项是:"考古学用语,指同一个历史时期的不依分布地点为转移的遗迹、遗物的综合体。""指运用文字的能力及一般知识。"总之,在不同的语境中所说的"文化"往往有不同的涵义。

(2)关于文化的分类。对文化分类的角度和方法也很不一样。例如,费孝通先生把文化分为物质文化和精神文化两类。"举凡器物、房屋、船只、工具以及武器,都是文化中最易明白,最易捉摸的一面。它们决定了工作的效率。""物质文化需要一相配部分,这部分是比较复杂,比较难于类别或分析,但是很明显地是不能缺少的。这部分是包括着种种知识,包括着道德上、精神上及经济上的价值体系,包括着社会组织的方式,及最后,并非最次要的,包括着语言,这些我们可以总称作精神方面的文化。"(费孝通 2005b)黎天睦教授把文化分为大写字母 C 文化和小写字母 c 文化两类。"从文化人类学的观点看,'文化'有两个意思:一个是大写字母 C 文化,即正式文化,包括文学、历史、哲学、政治等,另一个是小写字母 c 文化,即普通的社会习惯。"(黎天睦 1987)程裕祯教授把文化分为观念文化、制度文化和器物文化三个层次。"一般说来,人们把文化分为三个层次:即观念文化、制度文化和器物文化。所谓观念文化,主要指一个民族的心理结构、思维方式和价值体系,它既不同于哲学,也不同于意识形态,是介于两者之间而未上升为哲学理论的东西,是一种深层次的文化。所谓制度文化是指在哲学理论和意识形态的影响下,在历史发展过程中形成的各种制度,如宗法制度、姓氏制度、婚姻制度、教育制度、科举制度、官制、兵制等等。……所谓器物文化,是指体现一定生活方式的那些具体存在,如园林、住宅、服饰、烹饪、器具等等,它们是人的创造,也为人服务,看得见、摸得着,是一种表层次的文化。"(程裕祯 1989)人们通常把风俗习惯叫做"习俗文化",把在历史上形成、至今仍然保留的文化叫做"传统文化"。此外,还分出"饮食文化"、"酒文化"、"茶文化",等等。张占一教授从语言教学的角度把文化分为"知识文化"和"交际文化"两类。"语言教学(尤其是初级阶段)中的文化内容应分为两种——知识文化(cultural knowledge information)和交际文化(cultural communication information)。所谓知识文化,指的是两种不同文化背景培养出来的人进行交际时,对某词、某句的理解和使用不产生直接影响的文化背景知识。双方或一方不会因为缺少这种文化知识而产生误解。所谓交际文化,指的是两种不同文化背景熏陶下的人,在交际时,由于缺乏有关某词某句的文化背景知识而产生误解。这种直接影响交际的文化知识就属于交际文化。"(张占一 1984)交际文化又包括语言交际和非语言交际中的文化因素。(张占一 1990)"非语言交际文化"实际上是语言以外的传递信息的方式。例如:

体态语:包括手势、身势、眼神、面部表情等。哑语也属于体态语。

信号:例如交通指示灯,红灯表示必须停止前进,绿灯表示可以前进。

标记:如路标、商标等。

## 2. 文化的属性

无论是广义的文化,还是狭义的文化,都具有下列属性:

(1) 社会性。文化是一种社会现象。"只有当个体的文化心理、文化行为成为社会中的普遍观念和行为模式时,或者说成为一定社会和社会群体的共同意识和共同规范时,它才可能成为文化现象。"(林纪诚 1990)偶然发生的个别人的怪异表现虽然有一定的社会或文化根源,但是不能称之为文化。

(2) 多样性。人类文化有许多相同或相似之处。例如,都把语言作为最重要的交际工具,常用的信号和标记各国几乎是通用的,对待客人都有一定的礼节,结婚都要举行婚礼,等等。文化上有相同或相似之处是各国、各民族人民能够互相理解和交往的客观基础。但是文化也有区域和民族特点,文化的区域和民族特点就表现为文化的多样性。例如,中国古代建筑与西方建筑的结构、样式、风格等都有很大的差异,中国的国画与西洋的油画也全然不同。多数国家用点头表示肯定,用摇头表示否定,但是也有一些国家正好相反。我在尼泊尔教书的时候就遇到过这样的情况:上课的时候,发现学生总是不断地摇头,于是就反复解释,可是越是解释学生越是摇头。不得已问他们哪儿不懂,这才发现原来摇头是表示懂了。不同文化的存在总有其存在的理由,因此必须互相尊重,不能用本民族、本区域的文化标准去衡量其他文化,更不能把本民族、本区域的文化强加于其他民族和区域。不同区域和民族的优秀文化可以互相借鉴,这是文化发展的动力之一。借鉴其他区域和民族的文化要有一定的条件,包括要为本国、本民族的社会群体所接受,能够融合到本国和本民族的文化之中而成为本国、本民族统一文化的一个组成部分。例如,佛教之所以能在中国扎根,就是因为它跟中国的儒家思想和民族心理有许多相通之处。

(3) 系统性。文化总是表现为一个个具体的现象,但是各种文化现象并不是孤立的,而是以一定的方式互相联系在一起的。各种文化现象以一定的方式互相联系在一起,才能成为一定社会的统一文化的组成部分。一定社会的统一文化是一种整体文化,整体文化是一种系统,它集中体现社会的经济制度、政治制度以及由此决定的社会价值观,对具体文化具有一定的支配作用。例如,称呼和称谓是一种具体的文化现象,但这种具体的文化现象却跟社会的经济制度、政治制度和由此决定的人们的价值观念密切相关。过去代表尊贵的"太太、小姐"等称谓和称呼,在新中国成立之后都成了贬义词,用来代表四体不勤、五谷不分、只会享受、不能创造的一类女性。而"同志、爱人"等则成了最通用的语汇。改革开放以后又发生了新的变化,人际之间称"同志"的似乎越来越少,称丈夫为"先生"、称妻子为"太太"者似乎越来越多。改革开放初期,有些行业的年轻女士都喜欢别人称她"小姐",后来"小姐"又用于特指某类女性,因此,"小姐"的称呼在有些地方已经不能再普遍使用。

(4)阶段性。任何文化都不是一成不变的,而是要随着社会的发展而发展。科学技术自不必说,就是价值观念、风俗习惯、社会心理等也不可避免地要随着社会的发展而发展。上面列举的称呼和称谓的变化就是突出的例子。还有,过去如果对一个年轻妇女说"你长得很漂亮",很有可能被认为这是别有用心。改革开放以后,大概是因为受到西方文化的影响,称赞年轻妇女漂亮似乎也成了一种礼貌,被赞扬者会表示高兴,并以"谢谢"作答。再一个突出的例子是"胖瘦观"的变化。曾几何时,"胖"还是富裕的象征,"瘦"则是贫穷的标志。短短一二十年之后的今天,随着国家经济的发展和人民生活水平的提高,"减肥"已成了一部分人的时尚,与"减肥"有关的药品和用品也成了广告的热点内容之一。"胖瘦观"的变化不但反映了保健知识的普及,而且也反映了审美观念的变化,尤其是后者。这些都是个别文化现象的例子。即使是个别文化现象,其发展也不是突变,而是经历了一个过程。整体文化的发展更不是突变,而是渐变。所谓渐变,就是一方面继续保留能够保留的文化传统,另一方面又不断地创造或吸收新的文化,以补充传统文化的不足,同时放弃传统文化中不适应社会发展的部分。这种渐变积累到一定的程度,就能显示出某一历史发展阶段的新的整体文化特征。这就是文化发展的阶段性。无论是具体文化,还是整体文化,其发展都是各方面的因素综合作用的结果,其中最重要的因素是生产的发展和科学技术的进步。由于生产总要不断发展,科学技术总要不断进步,而这种发展和进步也是有阶段性的,所以从总体上说,文化的发展及其阶段性是不以人的意志为转移的。人们既不能阻止文化的发展,也不能超越文化发展的阶段性。

## 3. 语言与文化的关系

我们从以下几个方面讨论语言与文化的关系。

（1）语言是文化的一部分。语言和其他文化现象一样，也是一种社会现象，它随着社会的产生而产生，随着社会的发展而发展。语言也具有民族性，各民族一般都有自己的语言；语言也是人类创造的，是人类社会最重要的精神财富。可以说，语言具有文化的一切属性，所以语言也是一种文化，是众多文化现象中的一种。

（2）语言是文化的主要载体。语言既是文化的一部分，又是记载、保存、延续和传播文化的主要工具。其他文化现象多半不能脱离语言而独立存在。

（3）语言是文化发展的基础。当我们说文化发展的时候，是指在原有基础上的发展，而原有基础的保存和传播多半要靠语言；文化发展离不开思维，而思维活动又离不开语言；文化的发展必须依靠社会成员的集体创造，而只有借助于语言这个交际工具，社会成员之间才能进行沟通和达到相互理解；不同民族文化的交流和互相借鉴也要通过语言。由此可见，文化必须借助于语言才能得到发展，所以说，语言是文化发展的基础。

（4）语言是社会及其发展的见证。因为语言是一种社会现象，又是文化的载体和文化发展的基础，所以人们可以通过语言去了解社会及其发展。关于这一点，我国杰出的语言学家罗常培先生在《语言与文化》(1989)一书中有精辟的论述。该书从语词的语源和演变看过去文化的遗迹、从造词心理看民族的文化程度、从借字看文化的接触、从地名看民族迁徙的踪迹、从姓氏和别号看民族来源和宗教信仰、从亲属称谓看婚姻制度，论述了语言与社会发展的关系，堪称语言社会学的开山之作。

以上情况说明，语言不但是人类文化的一个组成部分，而且是最重要的组成部分。

## 4. 语言和语用中的民族文化因素

因为语言是文化的一部分，又是文化的载体和文化发展的基础，所以语言和语言运用也反映民族文化特征。不同的民族在心理状态、价值观念、生活方式、思维方式、道德标准、是非标准、风俗习惯、审美情趣等等方面往往有不同程度的差别，这些差别不但表现在人们的行为之中，而且也隐含在民族的语言系统和语用系统之中。所谓"交际文化"，实际上是指隐含在语言系统和语用系统中的反映一个民族的心理状态、价值观念、生活方式、思维方式、道德标准、是非标准、风俗习惯、审美情趣等等的文化因素。这种隐含在语言系统和语用系统中的民族文化因素对语言和语用有一定的规约作用，但是本族人因为身在其中，往往不易觉察，只有通过对不同民族的语言和语用的对比研究才能揭示出来。下面举例说明。

4.1 语汇(词汇)系统中的民族文化因素

不同民族语言语汇(词汇)的差别是民族文化特征最重要的表现形式之一。这种差别至少表现在以下几个方面：

(1) 对应字词的有无。不同民族语言的语汇(词汇)系统既有共同点，也有不同点。共同点之一就是一种语言里有代表某些现象的字词，在另一种语言里也有代表这些现象的字词。不同语言里代表同一现象或同类现象的字词就是对应字词。例如，汉语的"父亲、母亲"跟英语的 father, mother 所代表的是同样的现象，所以它们是对应词，汉语的"吃、喝"跟英语的 eat, drink 所代表的也是同样的现象，所以它们也是对应词。但不是所有的词都能在其他语言里找到对应词，有的词这种语言里有，那种语言里没有。例如，汉语里有"贫农"这个词，英语里就没有与它相对应的词，因为"贫农"是为农民划分阶级成分时创造的，是一种阶级成分的名称，而以英语为母语的国家没有这样为农民划分阶级成分，所以就没有这种代表阶级成分的词。"贫农"的英语翻译是 poor peasant，说英语的人听到 The poor peasants talked about their happy life today 这样的话就难以理解，因为 poor 有"缺钱、缺物、缺奢侈品"的意思(还有"可怜"的意思)，既然如此，poor peasant 怎么会有幸福生活呢？他们不知道，"贫农"是阶级成分的名称，而不是贫苦农民或可怜的农民的意思。又如，汉语中有个谚语说："夏练三伏，冬练三九。""三伏"的"伏"和"三九"的"九"在英语中也找不到对应词，一个年轻翻译把它们翻译成 three fu 和 three nine，外国人当然听不懂。(以上例子引自邓炎昌、刘润清 1989)"贫农、三伏、三九"等都是汉语中特有的词，这些特有的词所反映的是一种特有的文化现象。汉语中还有"肝胆相照"、"脾胃不和"等说法，如果直译，外国人也无法理解，因为这里面包含着中医知识。为什么不说"肝胃相照"、"胆脾不和"？因为在中医论述的经络系统中，肝和胆、脾和胃都是互相对应的，它们之间的关系都是表里关系，一方受损，另一方必然受到影响。汉语语汇的文化底蕴，由此可见一斑。

(2) 对应词词义范围的大小。不同的语言里虽然有大量的对应词，但是多数对应词的词义范围不完全相同。例如，汉语中亲属称谓很多，仅父母这一辈的称谓就分父系、母系，又分男女长次。父系的有伯父、伯母(大爷、大妈)，叔父、叔母(叔叔、婶婶)，姑父、姑母(姑爹、姑妈)等；母系的有舅父、舅母(舅爹、舅妈)，姨夫、姨母(姨爹、姨妈)等；还要用"大、二、三……老"等表示排行。总之是一长串。而英语不分父系、母系，只用 uncle 和 aunt 两个词区分男女。这两个词的词义范围比汉语中相对应的任何一个词的词义范围都大。汉语中为什么有这么多亲属称谓呢？因为亲属关系对中国人很重要，所以中国人特别重视亲属关系，需要对不同的亲属关系详细分类。这就是一种文化。据说汉语中叫"骆驼"的动物在阿拉伯语中有 400 多种名称。因为骆驼是他们最重要的交通工具，所以他们非常重视骆驼,需要对不同的骆驼详细分类。这也是一种文化。实际上,不同语言中大多数对应词的词义范围都不完全相同。英语中的 intellectual 指的是大学教授等学术地位较高的人,而汉语中与之相对应的"知识分子"通常是指具有中等专业学校毕业以上文化程度的人。这说明"知识分子"比 intellectual 的词义范围要广得多。

(3) 关于引申义和比喻义。词义除了字词的本义以外,许多字词还有引申义和比喻义。不同民族语言中对应词的引申义和比喻义也不一定完全相同。例如,英语可以用 summer 比喻美女,汉语中的对应词"夏天"就没有这样的用法。

(4) 关于对应词词义的褒贬。一种语言中的褒义词、中性词,在另一种语言中可能是贬义词。词义相同而褒贬不同,反映了不同的价值观念、是非标准和审美情趣。例如,汉语中的"狗"的比喻义通常是贬义,很多用"狗"的语汇都是表示贬义的,甚至是骂人的话。例如,走狗、狼心狗肺、狗急跳墙、狗头军师、狗仗人势等语汇中的"狗"都是贬义。英语的对应词 dog 的比喻义有很多是褒义或中性的,例如:a jolly dog(快活人,有趣的伙伴儿),Every dog has his day(人总有得意的时候),Love me, love my dog(爱屋及乌),有时甚至称自己可爱的孩子为 my dog。我们通常把"宣传"翻译成 propaganda,其实 propaganda 常常用于贬义。在说英语的人心目中,propaganda 意味着欺骗。日语用"乌龟"象征长寿,而在汉语中,"乌龟"的比喻义是骂人的话。台湾的陈水扁出访时想从美国过境,而美国政府不予配合,他居然气急败坏地说出了一句"不再做美国人的龟儿子"的话,让不少人为"龟儿子"的确切翻译大伤脑筋。

(5) 关于对应词的语义结构关系。不同语言的对应词语除了有词义范围的大小、引申义和比喻义的褒贬等区别以外,还可能有词义和语义结构关系的区别。词义和语义结构关系的区别往往反映观念或思维方式的不同。例如:同样是上课的屋子,汉语叫"教室",英语叫 classroom。"教室"是教书的屋子,着眼点在教师;classroom 是班级的屋子,着眼点在学生。着眼点不同,反映了对教育主体有不同的认识。英语中显然认为学生是教育的主体,汉语中却认为教师是教育的主体。这反映了中国传统上的尊师重教思想。又如,要使电灯放光,汉语用"开灯",英语却用 turn on the light;要使灯光消失,汉语用"关灯",英语却用 turn off the light。这里的 turn on 是"使合上"的意思,与汉语的"开"正好相反;turn off 是"使脱离"的意思,与汉语的"关"也正好相反。对同一现象用相反的表达方式,也是因为着眼点不同。汉语使用者的着眼点在灯光,使灯亮是"开",使灯灭是关;英语使用者的着眼点在开关,使开关合上则灯亮,使开关脱离则灯灭。电灯是西方人发明的,要使电灯放光必须用开关控制电流,把着眼点放在开关上一点也不奇怪。

4.2 语法系统中的民族文化因素

不同民族语言的语法系统也是既有共同点,又有不同点。语法系统的不同点往往反映不同民族的思维方式的不同,这也是一种文化差异。下面举例说明汉语和英语的语法系统中所反映的文化差异。

(1) 词形变化的有无。许多语言都通过词形变化的方式来表示语法关系。例如,英语中大多数名词加"s"变为复数名词,大多数不定式动词加"ed"变为表示过去时的动词或过去分词,加"ing"变为表示进行时的动词或现在分词。汉语没有这类词形变化,有人认为,这是因为汉语重意念,重逻辑关系,不重形式。恐怕还有更深层的原因:汉语的特点之一是以音节(口头汉语)和汉字(书面汉语)为基本单位的,作为基本单位的音节和汉字是固定的,不可能通过字形或词形变化来表示语法关系。

(2) 句子的组织方式不完全相同。例如,汉语的省略形式很多,在一定的言语环境中,几乎什么句子成分都可以省略,很多句子都没有主语(主体)。英语中可以省略的成分是有限的,没有主语的句子更少;汉语中没有形式标记的被动句即意义上的被动句很多,如"自行车丢了","画儿挂在墙上"等,英语中表达这类意思都要用带形式标记的被动句。对这类区别的一种可能的解释是:汉语除了重意念、重逻辑关系以外,还充分依靠人的理解能力,在不影响理解的前提下尽量考虑语言的节约性。更深层的原因可能是英语动词的形式必须跟主语相一致,如果不出现主语,动词的变化就无所依据。汉语表示时间、地点、方位、数量等的词语都可以放在主体(主语)的位置上作为述体(谓语)陈述的对象,如八点上课、夜里走了一帮客、北京有很多外地人、东边来了一个马队、一万年太久。英语中表示时间、地点、方位、数量等的词语都不能这样用。有学者认为,这代表了汉语使用者的一种思维方式,先想到什么,或者要说明是什么,就把什么放在句首。汉语的主述结构(主谓结构)跟英语的主谓结构有明显的不同。

(3) 方位、数目、顺序等的表达方式不同。汉语的东南、西南、东北、西北,在英语中是 southeast(南东),southwest(南西),northeast(北东),northwest(北西)。汉语的"在床上"在英语中是 in bed(在床里)。汉语从一到万的数字(数词)都是十进制,十个"十"是"百",十个"百"是"千",十个"千"是"万"。英语的基数词 1~12 是一段,13~20 是一段,20 以后又变为十进制。英语没有代表"万"的数词,"万"用"十千"表示。汉语中表示大小的顺序是从大到小,而英语中通常是从小到大,地点和年月日的表示法尤其明显。这些都反映了思维方式的不同。

4.3 语用系统中的民族文化因素

语用系统中的民族文化因素也是无所不在,下面略举数例。

(1) 称呼的使用。对不同的人用不同的称呼,这是各民族语言的共同特点。跟英语相比,汉语称呼的使用更重视长幼尊卑。例如,英语中关系密切的人之间都可以称呼名字,对长辈、长者、老师等叫名字甚至是表示亲切,汉语中对长辈、长者、老师等决不能直呼其名,如果直呼其名,就是表示不尊重、不友好。

(2) 称赞和批评。称赞和批评的用语也有很大的选择性,选择什么样的用语,往往由交际双方的关系、说话人的态度和心理状态等所决定。不同民族语言中这类用语的不同,对称赞和批评的反应的不同,往往反映不同民族的不同的心理特征。我们常常遇到这样的情况:到西方人家里做客,吃饭的时候,男主人一般总要称赞妻子的饭菜做得好;外国人到中国人家里做客,吃饭的时候客人也总要称赞女主人的饭菜做得好,但是男主人一般不但不称赞,而且要故意说几句相反的话,以表示谦虚。对于这样的情况,外国人一般难以理解。在他们看来,丈夫和妻子之间互相称赞,是表示夫妻关系好,如果互相批评,就意味着关系不好;而中国人不会有这样的想法。在中国人看来,丈夫替妻子谦虚,说明丈夫可以代表妻子说话,夫妻如同一人。

(3) 自谦和自尊。不同的人在同样的场合,同一个人在不同的场合,表示自谦和自尊的用语不一定相同,不同语言中表示自谦和自尊的用语也不一定相同。中国人表示自尊的方法很多,但是常常以自谦表示自尊,也就是通过自谦来表示自己具有不骄傲自满、不喜欢炫耀的美德。因此当别人称赞自己时,往往要说一些相反的话,或者把成绩归于集体和他人。也有喜欢夸耀自己的,但是夸耀自己往往遭人背后议论。说英语的人表示自尊的方法也很多,但是在许多情况下是以尊重别人的方式来表示自尊,当听到别人对自己的称赞时,总是首先表示感谢,不说相反的话是为了尊重别人的判断。如果不了解这样的差异,往往会引起误解。中国人以为外国人都不谦虚,而外国人却常常因为中国人的这种谦虚方式而感到扫兴,甚至认为中国人不诚实,有时还产生误解。有一次,一位外国人称赞一位女翻译的英语说得好,这位女翻译马上回答说,"No, not at all!"这样的回答使这位外国人感到很尴尬,因为在这位外国人看来,这等于说"你这个人缺乏判断能力"。

(4) 邀请和应邀。邀请和是否应邀也有一套专门的用语,这类用语同样会因为交际对象和交际场合的不同而有不同的选择,不同民族语言中的应对方式也不完全相同。中国人熟悉的朋友之间的邀请,说话直截了当,不太熟悉的人之间的邀请,或者需要表示特别尊重时,常常要首先征求对方的意见,并且要说一些表示尊敬对方和自我谦虚的话。例如,如果是邀请吃饭,一定会说"吃顿便饭"、"很简单"之类的话。外国人有时感到奇怪,原来说的是吃便饭,结果比宴会还丰盛。外国人请中国人吃饭,如果这个中国人不懂得外国人的习惯,一定不会马上接受邀请,总要说一些推辞的话,这往往使外国人感到很不高兴,以为是看不起他,不愿意接受他的邀请。

(5) 打招呼的话。学习第二语言必须学会打招呼。中国人打招呼的用语很多,城里人最常说的是"你好!"、"你们好!"、"身体怎么样?"老朋友见面,如果已有多日未见,会说

"好久不见了!"但是在不同的时间、不同的地点,还有很多别的说法。例如:早晨见面的时候,可以说"早"或者"早上好"。回答也是"早"或者"早上好"。吃饭的时间见面,可以问"吃了吗?",回答是"吃了"或者"还没有呢"。别人问你是不是吃了的时候,只是在跟你打招呼,不是要请你吃饭。在路上见面,可以问"上哪儿去啊?"这也是打招呼的话,不是在打听你的隐私。你可以回答上哪儿去,也可以说"你好"或者别的。第一次见面,如果要表示热情,可以说"很高兴认识您!"在知识分子中,对身份高的人也说"幸会、久仰、久闻大名",等等。外国人一般不习惯用"你去哪儿?吃饭了吗?"这样的问话打招呼,如果不告诉他们这是打招呼的话,往往会引起误解。曾经发生过这样的情况:一个留学生到学校外事处要求换老师,问他为什么,他说他们的老师是特务。再问他为什么说老师是特务,他说那个老师在监视他,一见面就问他去哪儿。还有一个留学生对老师常常问他"吃了没有"很不满意,有一次甚至发脾气说:"老师,我吃了,我有钱!"他以为老师是在担心他没有钱吃饭,这使他的自尊心受到了伤害。

　　上面这些例子都说明,在第二语言教学中进行第二文化的教学是十分必要的。与第二语言相联系的第二文化主要是指隐含在第二语言的语言系统和语用系统中的民族文化因素,这类民族文化因素往往体现不同民族之间的文化差异。第二语言学习者如果不了解这种文化差异,就不能正确理解所学的语言,也不能正确地用这种语言进行表达,有时甚至会引起误解和带来不良后果。因此,在第二语言教学中,决不可忽视语言系统和语用系统中的民族文化因素的教学。

**思考题**

1. 什么是广义的文化?什么是狭义的文化?
2. 什么是物质文化?什么是精神文化?
3. 什么是整体文化?什么是具体文化?
4. 为什么说语言是社会及其发展的见证?
5. 语言和语言使用中的民族文化因素表现在哪些方面?
6. 研究语言和语用系统中的民族文化因素对第二语言教学有什么意义?

**引文目录**

程裕祯(1989)《中国文化揽萃》,学苑出版社。
邓炎昌、刘润清(1989)《语言与文化——英汉语言文化对比》,外语教学与研究出版社。
费孝通(2005a)从"社会进化"到"社会平衡"(1934),《费孝通论文化与文化自觉》,群言出版社。
费孝通(2005b)文化的物质面与精神面(1946),同上。
黎天睦(Timothy Light)(1987)《现代外语教学法—理论与实践》,北京语言学院出版社。

林纪诚(1990)语言与文化综论,载顾嘉祖等主编《语言与文化》,上海外语教育出版社。

罗常培(1989)《语言与文化》,语文出版社。

盛  炎(1990)《语言教学原理》,重庆出版社。

张占一(1984)汉语个别教学及其教材,《语言教学与研究》第3期。

张占一(1990)试议交际文化和知识文化,《语言教学与研究》第3期。

# 第三章 语言学习

从事语言教学必须遵循语言学习规律。这一章专门讨论语言学习问题,就是为了阐明我们对语言学习规律的认识,并以此作为讨论语言教学问题的理论依据之一。

刘珣(1993)教授指出:"有关第二语言学习研究在最近三十年有了很大的发展,据统计现在西方至少有四十种有关第二语言学习的理论。但西方学者同时也告诫大家,对语言学习理论研究的深度目前还不能期望过高,这些理论所引起的争议有时甚至大于所达成的共识。即使根据那些为较多的人所接受的理论,人们也只能在一定程度上了解到第二语言学习者在做什么,他们掌握了些什么,还不能肯定地说他们是怎么做的,是怎么掌握语言的。至于把这些有关语言学习理论的研究成果运用到教学实践中去,指出如何教第二语言,恐怕就为期更远了,还有一段艰巨的路程要走。"我国汉语教学界研究语言学习理论的历史还很短,虽然发展迅速,但是还不能说已经取得了突破性的成就。(吕必松 1998)对一些最基本的问题,例如所谓第一语言、第二语言和双语的界限是什么,语言学习和习得有什么联系和区别,应当如何对待国外的语言学习和习得理论,等等,还存在着不同的认识;实质性的研究工作只不过刚刚开始,研究的队伍还很小。因此,要取得突破,恐怕还需要走很长的路。本章关于语言学习问题的讨论,基本上属于笔者个人的感性认识。

## 第一节 语言学习和语言习得

"语言学习"和"语言习得"对应于英文的 language learning 和 language acquisition,其中的"习得"是 acquisition 的直译,也有译为"获得"的。我们对"语言学习"和"语言习得"的认识跟有些学者的解释不完全一致。

## 第三章  语言学习

### 1. 什么是语言学习

　　每一个语言器官健全的人都至少会说一种语言,有的人因为有一定的客观条件,会说两种甚至多种语言。这说明,凡是语言器官健全的人都具有获得一种或多种语言的能力。但是具有获得语言的能力不等于就能获得语言,要获得语言就必须学习语言。我们把学习语言的行为叫做语言学习。

　　语言学习包括在自然环境中学习和在学校里的课堂上学习。例如,人们学习第一语言首先是在自然环境中学习,上学以后才在课堂上继续学习;学习第二语言有的是在自然环境中学习,但是多数人是在学校里学习,在学校里学习主要是在课堂上学习。在学校里的课堂上学习,要在一定的计划和组织下进行,一般都要程度不同地学习语言规则,特别是语法规则,所以是有计划的学习。在自然环境中学习语言则是无计划的学习。

　　有一种语言学习理论认为,在自然环境中学习语言是无意识的学习,在学校的课堂上学习语言因为要学习语言规则,所以是有意识的学习。我们暂且不采用这样的说法,只区分有计划的学习和无计划的学习。

### 2. 什么是语言习得

　　我们对"语言习得"的解释是:"习得"就是"学会"或"获得","语言习得"就是通过学习而学会或获得语言。人们学习语言必须从言语开始。从言语开始,就是从具体的字词和句子开始。学会了一个字词或一个句子,就是对这个字词或这个句子的习得。具体的字词和句子都是言语现象,习得的言语现象积累到一定的程度,就能用这种语言进行思维,也就能自由运用这种语言。只有形成了用这种语言进行思维和自由运用这种语言的能力,才算习得了这种语言。

　　人们学习语言时,一种言语现象并不是一学就会的,而是要经过反复练习和实际运用才能真正学会。也就是说,习得一种言语现象要经过一定的过程。习得的言语现象由少到多,更是一个逐渐积累的过程。由此可见,无论是就一种言语现象而言,还是就一种语言而言,从学习到习得都要经过一定的过程。

　　把上面的意思归结起来,我们对学习和习得的解释是:学习是一种行为,习得是一种过程。这种过程是特指学习行为中的一种过程。无论是习得第一语言还是习得第二语言,都需要一个通过学习而习得的过程,这样的过程就是语言习得过程。因为习得要通过学习,所以习得就包含在学习之中。因此,我们所说的语言学习在总体上也包括语言习得。

## 3. 关于"有意识的学习"和"无意识的学习"

心理语言学家克拉申(S. D. Krashen)(1980)用"有意识的学习"和"无意识的习得"来区分"语言学习"和"语言习得"。他指出：语言习得是一种下意识的过程(a subconscious process)，语言习得者通常并没意识到他们是在学习语言，而只是意识到他们是在用特定的语言进行交际；语言学习是有意识地(consciously)学习第二语言的知识，知道特定的规则，感觉到这些规则并能够谈论这些规则。克拉申认为不但幼儿有语言习得，成年人学习外语也有语言习得，因为成年人学习外语有两种过程，一种是在老师的辅导下有系统地学习，这种学习是有意识的，从学习中获得的语言知识虽然储存在左半脑，但是不在管语言思维的部位；另一种是在自然环境中习得语言，这种语言能力的习得是无意识的，习得者主观上没有作任何努力，这样习得的语言储存在左半脑管语言思维的部位。

克拉申认为"学习"和"习得"是两种互相独立、毫不相干的过程，同时认为在第二语言学习中这两个过程都是不可缺少的，通过"学习"获得的语言知识的作用是用来监控自己的语言，也就是在说话时用来编辑、调节、检查、纠正自己的语言。克拉申认为成年人语言学习成绩的差别在很大程度上取决于如何运用监控方法。可能的监控方法有三种：第一种是过度地使用，这样往往会使语速放慢，表达不流畅，破坏语言思维的正常进行；第二种是很少使用，这主要是因为学习者不太懂得语法规则，改正自己的错误时全凭感觉。在目的语国家学习的学生有机会接触自然的语言环境，往往采用这种方法，他们出错的机会可能要多一些。第三种是使用适当，语流仍然是通畅的，但是由于使用了自动监控的方法，出现错误的机会并不多。上述理论就是有名的"监控假说"(The Monitor Hypothesis)，也称"监控模式"(The Monitor Model)。

克拉申关于有意识的学习和无意识的习得的观点，关于成年人掌握外语不但要通过学习而且要通过习得的观点，实际上已被广泛地接受。但是他关于学习和习得是两种完全独立的、毫不相干的过程的观点以及通过这两种方法所掌握的语言知识是不可互换、不能互相作用的观点，却受到了不少批评。有些学者认为，有意识地学习语言有利于无意识地习得语言，通过学习获得的语言知识在语言练习中会自然地转化为习得的知识，在课堂里学到的知识会自然地被运用于语言交际中，会自然地变为习得的语言知识。（温晓虹、张九武 1992）

我们没有用"有意识的学习"和"无意识的习得"来区分"学习"和"习得"，也没有用"学习"和"习得"来区分第二语言学习和第一语言学习。原因是：所谓"有意识的学习"和"无意识的习得"并没有绝对的界限，在自然环境中获得第一语言是不是都是无意识的习得也还有待于进一步论证。我多年以前在美国遇到的一件事至今还记忆犹新。当时我在街上行走,人行道旁突然停下了一辆车,开车的女士走出来对我说,她的车出了毛病,问我能不能帮她检修一下。有个看起来像两三岁的男孩显然是她的儿子,坐在车上帮腔说:It didn't work。忽然觉得这句话说得不对,就改口说:It don't works。最后才肯定地说:It doesn't work。这是他自己连续说出的三句话,对他前两句话的语法错误谁也没有挑剔。很明显,他是在自己纠正错误。自己纠正错误是有意识的还是无意识的?这样的情况属于语言学习还是属于语言习得?如果留心一下幼儿和儿童的言语行为,类似的情况并不难发现。此外,第一语言的发展除了在自然环境中学习以外,也需要在课堂上学习,书面语言的学习多半离不开课堂教学。而第一语言是"习得"的理论会使人觉得,这种理论立论的前提似乎是不承认书面语言也是语言,也不承认第一语言的发展还需要课堂教学。用"有意识的学习"和"无意识的习得"的来区分"学习"和"习得",还会导致这样的结论:只有在目的语的环境中才能学会第二语言。但实际情况并非如此。中国大学英语专业的毕业生,多数人英语说得相当好,特别优秀说出来的英语,听起来跟英语母语者几乎没有什么区别。有些外国人得知他们完全是在中国的学校里学的,从来没有离开过中国,就觉得很奇怪。如果认为只有无意识的学习才能习得语言,对在非目的语的环境中也能习得第二语言必然会觉得不可思议。

当然,在自然环境中学习和习得语言的方法和过程跟在学校里的课堂上学习和习得语言的方法和过程不完全相同,幼儿学习和习得第一语言的方法和过程跟成年人学习和习得第二语言的方法和过程也不完全相同。我们的任务就是研究在自然环境中学习和习得语言跟在学校的课堂上学习和习得语言有什么相同和不同之处,第二语言学习和习得与第一语言学习和习得有什么相同和不同之处。我们认为,不同之处不在于"有意识的学习"和"无意识的习得",也不在于是不是在目的语的环境中学习。

**思考题**

1. 什么是语言学习?什么是语言习得?
2. 语言学习和语言习得有什么联系和区别?
3. 你怎样看待有意识的学习和无意识的学习?

**引文目录**

刘珣(1993)语言学习理论的研究与对外汉语教学,《语言文字应用》第4期。

吕必松(1998)对外汉语教学学科地位的确立和学科理论研究,载陆俭明主编《二十世纪的中国语言学》,北京大学出版社。

吕必松(2005)《语言教育与对外汉语教学》,外语教学与研究出版社。

温晓虹、张九武(1992)语言习得研究概述,《世界汉语教学》第2期。

Krashen, S. 1980. The monitor model for adult second language performance. In K. Croft(Ed.), *Readings of English as a second language*, Boston, Little, Brown and Company.

## 第二节 语言能力和语言交际能力

一个人习得了一种语言,就意味着具备了这种语言的语言能力和语言交际能力。语言学习理论研究的任务之一,就是揭示语言能力和语言交际能力的构成因素及形成过程,因为只有对语言能力和语言交际能力的构成因素和形成过程有了全面的认识,才能在语言教学中更加自觉、更加有计划地培养学生的语言能力和语言交际能力。

### 1. 语言能力和语言交际能力

语言能力指的是一个人掌握语言知识、语用知识和相关文化知识的能力。一个人掌握语言知识、语用知识和相关文化知识的能力是一种内在的能力。

语言交际能力指的是一个人用语言进行交际的能力。语言交际能力是一种外在的能力,是语言能力的外化。

区分语言能力和语言交际能力,是为了说明它们是两种不同性质的能力。语言能力属于语言范畴,语言交际能力属于言语范畴。它们的构成因素和形成过程不完全相同。

### 2. 语言能力的构成因素

范开泰(1992)指出:运用语言的能力要包括语言系统能力、得体表达能力和文化适应能力。这几个方面的能力实际上是指一个人掌握语言知识、语用知识和相关文化知识的能力,所以语言能力的构成因素就包括语言知识、语用知识和相关文化知识。

语言知识主要包括语音、文字、词汇(语汇)、语法等语言要素,有时也包括关于语言和语言要素的理论知识。

语用知识是语言理解和表达都不可缺少的语言要素之外的知识。语言表达离不开一定的语境(我们所说的语境,包括交际目的、交际对象、交际内容和交际场合等),必须根据不同的语境对表达的内容和言语的语音形式、语汇、句式以及应对方式等进行适当的选择。语用知识就是根据一定的语境对表达的内容和言语的语音形式、语汇、句式以及应对方式等进行选择的知识。语言理解也需要懂得语用知识。

## 3. 语言交际能力的构成因素

前面谈到,语言交际能力包括口头交际能力和书面交际能力。进行口头交际和书面交际都是言语行为,都需要具备一定的言语技能和言语交际技能。也就是说,语言交际能力是由言语技能和言语交际技能构成的。

言语技能就是说、听、写、读的技能,说、听用于口头交际,写、读用于书面交际。言语技能必须以言语要素为基础,但是言语要素不等于言语技能。言语要素可以传授,而言语技能是不能传授的。要习得言语技能,除了要学习言语要素以外,还必须进行操练。例如,我们教学生"我们学习汉语"这句话,通过展示,可以让学生理解这句话中的每一个字或词的读音和意思,知道这几个字或词的排列顺序和全句的意思。这些都属于言语要素的传授。通过这样的传授,学生可能理解并记住了有关的言语要素,但是这并不等于就习得了这句话。要习得这句话,也就是要具备这句话的言语技能,还必须进行反复操练和实际运用。由此可见,从言语要素到言语技能有一个转化的过程。

言语交际技能就是用言语进行交际的技能。言语交际技能必须以言语技能为基础,但是言语技能不等于言语交际技能。人们用语言进行交际,不但要求言语的正确性,而且要求言语的得体性。言语技能受语言规则的制约,保证言语的正确性;言语交际技能除了要受语言规则的制约,保证言语的正确性以外,还要受语用规则的制约,保证言语的得体性。因此,一个人要习得言语交际技能,除了要掌握言语技能以外,还必须懂得语用规则。语言规则是语言的内部规则,语用规则是语言的外部规则。(吕必松 1994)例如,问别人的年龄,有"你几岁?"、"你多大?"、"您多大岁数?"等不同的表达方式,这几种表达方式都是正确的,都符合语言的内部规则。但是这几种不同的表达方式在使用时不能任意选择。如果问一个老人"你几岁?"或者问一个小孩儿"您多大岁数?"虽然语法正确,但是不得体,因为这不符合交际对象的身份,也就是不符合语言的外部规则。由此可见,从言语技能到言语交际技能也有一个转化的过程。

## 4. 语言能力和语言交际能力中的文化因素

我们在第一章谈到,语言的词汇(语汇)系统、语法系统和语用系统中都含有一定的文化因素。语言和融合在语言中的文化因素必须同时习得。习得了一种语言,就意味着也习得了这种语言中的文化因素。由此可见,语言系统中的文化因素也是语言能力和语言交际能力的构成因素之一。

综上所述,一个人的语言能力属于语言范畴,由语言知识、语用知识和有关的文化知识构成;一个人的语言交际能力属于言语范畴,由言语要素、言语技能、言语交际技能、语用规则以及有关的文化知识构成。从言语要素到言语技能,从言语技能到言语交际技能,都有一个转化的过程。

## 5. 临时语言能力和永久语言能力

一个人学习语言的能力是先天具有的,而语言能力本身只有通过学习才能获得。我们认为,通过学习而获得的语言能力实际上可以分为高低两个不同的层次。低层次的语言能力主要是通过言语要素的传授而获得的,这样的语言能力是不全面的,也是不巩固的。我们把这样的语言能力叫做临时语言能力。高层次的语言能力是通过言语技能和言语交际技能的操练而获得的,是言语技能和言语交际技能的内化。这种内化积累到一定的程度并得到巩固,就成为全面的、巩固的语言能力。我们把这样的语言能力叫做永久语言能力。

如果上面的分析是正确的,我们就可以得出这样的结论:无论是习得一种言语现象,还是习得一种语言,都需要经过外化和内化的反复过程。首先是临时语言能力的外化,转化为言语技能和言语交际技能;进而是言语技能和言语交际技能的内化,转化为永久语言能力。

上面就是我们对语言能力和语言交际能力的构成因素及形成过程的基本认识,这样的基本认识可以用下面的图表来表示。

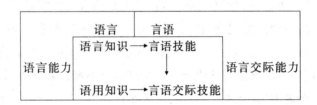

从上面的图表中看不到文化因素,因为文化因素就融合在语言要素和语用知识之中。

**思考题**

1. 什么是语言能力?什么是语言交际能力?
2. 语言能力和语言交际能力的构成因素是什么?
3. 谈谈语言能力和语言交际能力的形成过程。

**引文目录**

范开泰(1992)论汉语交际能力的培养,《世界汉语教学》第 1 期。

吕必松(1994)关于语法研究和语用研究的一些想法,载《吕必松自选集》,河南教育出版社。

## 第三节　第一语言学习和第二语言学习

第二语言学习和第一语言学习既有共同点,也有不同点。这一节专门讨论它们的共同点和不同点,主要是拿成年人学习第二语言跟幼儿和儿童学习第一语言作比较。

### 1. 第二语言学习和第一语言学习的共同点

我们认为,第二语言学习和第一语言学习的最重要的共同点有以下几点:

（1）学习口头语言都需要建立声音和意义的联系。

我们在第一章谈到:口头语言是一种音义结合体。一种语言在它发展的一定的阶段上,一定的意义要用一定的声音来表示,一定的声音只能代表一定的意义,声音和意义之间有一定的对应关系。人们说话时所用的字词和句子都是言语现象,作为言语现象的字词和句子都是音义结合体。人们学习口头语言,无论是学习第一语言还是学习第二语言,特别是在初级阶段,都是一个字词一个字词、一句话一句话地学习,这一个一个的字词和一句一句的话都是言语现象,都需要首先听到这种言语现象的声音,同时了解这种声音所代表的意义。如果听不到声音,当然就不知道意义;如果只听到声音而不知道这个声音所代表的意义,就不可能习得这种言语现象,最终还是不可能习得这种语言。

（2）都需要建立形式结构和语义结构的联系。

我们在第一章也谈到:语言是形式结构与语义结构的统一体。形式结构与语义结构是一一对应的,一定的语义结构必须用与它相对应的形式结构来表示,一定的形式结构只能表示一定的语义结构。人们学习语言,无论是学习第一语言还是学习第二语言,也无论是学习口头语言还是学习书面语言,都要通过形式结构了解语义结构,都要掌握形式结构与语义结构的对应关系。这就是建立形式结构和语义结构的联系。如果不了解一种言语现象的形式结构,即不了解这种言语现象中字词与字词的结合关系和字词与字词结合后的语音形式,当然就无法了解这种言语现象的语义结构;即使了解了字词与字词的结合形式和字词与字词结合后的语音形式,如果不了解其中的语义关系,也不可能习得这种言语现象。人们学习第一语言的过程是概念与声音直接联系的过程,因此形式结构和语义结构是同时习得的。学习第二语言也只有同时学习一种言语现象的形式结构和语义结构,才能习得这种言语现象。

下面以"把"字句的教学为例,说明同时学习形式结构和语义结构的必要性。这是一个真实的例子。

老师在黑板上写好下面的公式和例句:

　　公式:主语 +"把"+"把"的宾语 + 谓语动词 + 其他成分
　　例句:我　　　把　　书　　　　放　　　　在桌子上

展示公式和例句之后,就进行学生早已熟悉的替换练习。先用"你、你们、大家"等替换"我",再用"本子、铅笔、饮料"等替换"书",最后用"椅子上、抽屉里"等替换"桌子上"。接着再用"挂"(我把画儿挂在墙上)、"写"(老师把汉字写在黑板上)等进行同样的练习。练习在顺利地进行,学生几乎毫不费力。忽然,一个学生用"吃"造了一个句子:"我把饺子吃在五道口食堂"。老师愣住了。这句话的结构与上面的公式完全符合,却显然是个"病句"。错在哪里呢?后来经过研究才发现,这句话错就错在形式结构与语义结构脱节。形式结构与语义结构脱节是由上面的公式造成的,这个公式只表示形式结构,而不表示语义结构。在"我把书放在桌子上"这样的"把"字句中,"在 + 表示地点或方位的词语"是表示位置关系的,是受动者由于某动作的作用发生位移后所处的新的位置。"我把饺子吃在五道口食堂"这句话的错误就在于"五道口食堂"不是饺子经过"吃"以后所处的新的位置。可以说"我把饺子吃在肚子里",但这句话不提供新的信息,所以一般不说。这个例子说明,建立形式结构和语义结构的联系是习得一种言语现象的必要条件。

(3) 习得一种言语现象都需要经过感知、理解、模仿、记忆、巩固和运用这样几个过程。

感知就是听到或看到,这是学习一种言语现象的前提条件。

理解就是懂得感知的言语现象的意思,就是明白这种言语现象的形式结构和语义结构。这是习得一种言语现象的前提条件。无论是学习第一语言还是学习第二语言,不理解的言语现象一般是学不会的,即使暂时学会了,也不能算真正习得了这种言语现象。

模仿就是照着某种样子做。幼儿开始学习语言的时候,首先是重复别人的话,别人怎样说,他也跟着这样说,这就是模仿。学习第二语言也需要模仿,主要是模仿老师的发音和话语,模仿课本上的话语。老师发一个音,学生跟着发,老师说一个字词或一个句子,学生跟着说,照老师说的句子或课本上写的句子造一个同样类型的句子,等等,都属于模仿。

能够理解和模仿的言语现象不一定能够记住,如果记不住,还是不能学会。我曾经遇到过这样的情况:上课时我指着一个学生问他旁边的一个学生:"他在你的哪边?"那个学生回答说:"他在我的上边。"听到别人大笑,他马上改口说:"他在我的下边。"最后又说:"他在我的里边。"这里的错误就是记忆上的问题,分不清"左边、右边、上边、下边、里边"的不同的意思。由此可见,记忆也是习得一种言语现象的必要条件。

记忆有长时记忆和短时记忆之分,短时记忆很容易遗忘。所谓巩固,就是使短时记忆发展为长时记忆。巩固的主要方法是反复练习和运用。

运用就是把学过的言语现象用于交际。这既是学习语言的目的,也是巩固所学言语现象和最终习得所学语言的一种手段。也就是说,学习语言是为了运用,也只有通过运用才能把"学习"转化为"习得"。幼儿之所以能学会第一语言,原因之一就是他们总是在不停地运用学到的言语。学习第二语言也要经常运用。运用往往不是照搬已经学过的句子,而是把学过的语言知识和语用知识综合起来,进行灵活运用。因此,运用也就是活用。

(4) 语法习得都有一定的顺序。

儿童语言研究的结果证明,幼儿习得第一语言的语法有一定的顺序。也就是说,有些语法结构先学会,有些语法结构后学会,先后顺序不是任意的。中介语(interlanguage)研究的结果也证明:成年人习得第二语言的语法结构也有一定的顺序,据认为,这种顺序与儿童习得第一语言的顺序相似。

(5) 语言习得都是主观条件和客观条件相结合的结果。

每一个语言器官健全的人都有习得第一语言的能力,也都有习得第二语言的能力。也就是说,习得语言的能力是先天具有的。但是语言本身不是先天具有的,例如狼孩虽然跟其他人一样,本来就具有习得语言的能力,但是他在回到人类社会之前却未能学会说话。这说明习得语言需要一定的客观条件,这个客观条件就是语言环境。这里所说的语言环境,主要是指目的语的输入和输出的环境。如果没有一定的语言环境,任何人也不能习得语言。习得第二语言也需要一定的目的语环境,如果没有目的语环境,同样不能习得第二语言。由此可见,无论是习得第一语言还是习得第二语言,都是主观条件和客观条件相结合的结果。主观条件是内因,客观条件是外因,习得第一语言和第二语言都是外因通过内因起作用的结果。

第二语言学习和第一语言学习的共同点也就是语言学习的特点,这些特点说明学习语言跟学习其他文化科学知识有不同的规律。

## 2. 第二语言学习和第一语言学习的不同点

第二语言学习和第一语言学习的不同点至少有以下几点:

2.1 学习环境和学习方式不同

人们学习第一语言,可以分为两个时期:自然学习时期和学校教育时期。

基本的口语能力是在自然学习时期习得的。在自然学习时期学习口语,有天然的学习环境。学习者同时也是交际活动的积极参加者,他们总是在现实的交际环境中和参加交际活动的过程中学习语言。在现实的交际环境中,学习者可以听到各种各样的谈话,但是他们对各种各样的谈话并不能全部理解,更不能全部吸收,而只能按照由近及远、由具体到抽象、由简单到复杂的顺序,从无限丰富的言语材料中有选择地吸收他们能够吸收的东西。

　　学校教育要在学生具备了基本的口语能力的条件下进行。在学校里学习第一语言,是为了继续提高语言能力(包括说、听、写、读的能力)和用语言进行交际的能力,同时学习跟语言理解和语言使用密切相关的文化知识,相应地提高思维能力。也就是说,在学校里学习第一语言一般不需要从学习发音和学习基本字词、基本语法开始。(方言区的儿童除外)学校教育是有计划、有组织的教育活动,在学校里学习第一语言也要在一定的计划和组织下进行,在老师的指导和帮助下学习,因此计划和组织的科学化程度以及老师的业务水平和教学能力等对学习效果有决定性的作用。人们学习第一语言的特点容易使人产生这样的误解:以为到了学校教育时期就不需要继续提高语言能力;即使需要提高语言能力,也主要是提高读和写的能力;提高读、写能力的主要方法是传授和学习语言知识。这样的误解必然要导致忽视言语技能和言语交际技能的训练。我国多数中小学语文教学中目前存在的问题之一就是不重视言语技能和言语交际技能的训练。实际上,学前儿童的语言能力还是有限的,就是成年人,包括受过高等教育的人,第一语言能力也不是一点问题都没有。例如,现在普遍反映学生——包括一部分硕士和博士研究生——汉语水平低下;社会上语言混乱的现象普遍存在,广播、电视中读音、停顿和逻辑重音等方面的错误屡见不鲜;人们的口头表达能力,特别是即兴讲话的能力普遍较差,在某些场合说话不得体的现象更为严重。用人单位很难找到口头笔头表达能力都很理想的人才。这正是不重视言语技能和言语交际技能训练的结果。

　　人们学习第二语言,可以在自然环境中学习,也可以在学校里学习。我们是从第二语言教学的角度讨论第二语言学习的,所以这里所讨论的第二语言学习主要是指在学校里的第二语言学习。

　　在学校里学习第二语言,也只能在一定的计划和组织下学习,并且主要是在课堂上学习。而课堂不同于现实环境,不可能让学生像在自然学习时期学习第一语言那样,随时随地接触各种各样的语言环境;课堂教学也不同于现实交际,不可能让学生像学习第一语言那样随时随地根据自己的需要和可能参加各种各样的交际活动。

　　在学校里学习第二语言,一般不是在具备了第二语言的口头语言能力的条件下进行,而是要从学习发音开始,要从学习最基本、最常用的字词和基本语法开始。学习发音、字词和语法等,都要在老师的指导和帮助下,按照一定的计划,有步骤地学习,因此教学计划和教学组织的科学化程度、老师的业务水平和教学能力等对学生学习的效率和成功率有决定性的作用。

2.2 学习目的和学习动力不同

幼儿学习第一语言是出于人的本能,是出于生存和发展的需要。要得到爸爸、妈妈的帮助,就必须学会叫"爸爸、妈妈";要吃牛奶,就必须学会"牛奶"这个词;要玩儿玩具,就必须学会玩具的名称。如此等等。总之,想求得生存和发展,非学会语言不可。此外,幼儿有一种天然的好奇心和自我表现的欲望,他们急于通过学习语言来了解这个陌生的世界,并力求表现自己。这也是他们学习语言的动力之一。例如,当他们看到新鲜事物时,总要问"这叫什么?那叫什么?"听大人讲故事,总是迫不及待地问:"后来呢?"正因为如此,幼儿学习第一语言有一种天然的动力,这种天然的动力使他们的语言学习成为一种主动的行为,不需要任何人进行检查和督促。

在学校里学习第二语言,往往是出于不同的目的。第二语言学习大体上有以下几种目的:

(1)受教育目的。例如为了升学(包括用目的语学习某种专业)或提高文化素养,或准备条件以求得将来职业上更大的发展。

(2)学术目的。例如为了用目的语阅读科技文献或从事某一领域的研究工作等。

(3)职业目的。例如学习汉语是为了担任汉语教师、汉语翻译或从事汉语和汉学的研究工作等。

(4)职业工具目的。例如学习汉语是为了直接用汉语从事外交、外贸工作或其他有关的工作等。

(5)临时目的。例如为了到目的语国家短期旅行或临时居住,或为了社交应酬,或出于好奇心等。

就第二语言学习者个人来说,学习目的不一定限于一种,也不一定是固定不变的。例如,我国中小学生学习外语是出于受教育目的,但是也有人准备毕业后到大学学习外语、外交、外贸、对外汉语教学等专业,这里面就包含着职业目的和职业工具目的;有些外国人学汉语起初是出于好奇,但是在学习过程中逐渐对汉语和中国文化发生了兴趣,就改为专攻汉语或汉学。由此可见,学习第二语言的目的有多样性和可变性的特点。尽管如此,人们学习第二语言在一定的学习阶段总有一定的学习目的。由于学习目的不同,学习者的年龄不同,产生的学习动力也不同。幼儿和儿童往往不理解学习第二语言的必要性,甚至会产生被迫学习的感觉,而且自我控制能力差,所以如果感到枯燥或遇到困难,就会影响学习情绪。就是成年人学习第二语言,多数人也缺乏像学习第一语言那样的天然的动力。因为学习某种第二语言对个人的发展和实现某种理想虽然有重要的意义,但是这不一定是个人发展的唯一选择,要通过学习第二语言实现的理想也不一定是唯一的理想,能否学以致用也不能完全由自己决定,所以如果遇到困难就有可能放松甚至放弃学习。在第二语言教学中,为了不让学生放松和放弃学习,就需要对他们的学习加以检查和督促,特别要注意帮助他们明确学习目的,设法提高他们的学习兴趣,并帮助他们掌握正确的学习方法,克服学习中遇到的困难。

### 2.3 理解和接受能力不同

人出生几周以后就有了听觉(有些研究认为,婴儿出生以前就有了听觉,能听到母亲说话的声音和其他声音),整天可以听到别人说话的声音。但是到一岁左右才开始练习说话,最初只能说一些形象鲜明、发音简单、反复出现、跟自己关系最为密切的字词(有的研究认为,这时所说的字词实际上是独词句),在语汇不断增加的同时,逐渐学会词语和句子,逐渐掌握语法规则并形成创造性地使用语言的能力。到三四岁的时候才能较为自由地用语言进行表达。如果有学习条件,大约到两三岁的时候才能学习认字,再晚一些时候才能学习写字。由此可见,幼儿习得第一语言要经过一个漫长的过程,听、说、读、写这几项言语技能是逐项习得的,习得这几项言语技能的顺序是不能改变的,每两项言语技能的习得,中间还要间隔一定的时间。代表抽象概念的字词和复杂的句子很晚才能学会,抽象的概念往往还需要进行专门的解释,有些要到学校教育时期才能学会。这主要是因为幼儿的智力还没有得到充分的发展,理解能力有限,不可能同时习得几种言语技能。成年人学习第二语言时,由于已经掌握了一种语言,智力已经得到了比较充分的发展,因此都具有较强的理解和接受能力。他们不像幼儿学习第一语言那样在一个时期内只能学习一种言语技能,也不像幼儿学习第一语言那样,每两种言语技能的习得必须间隔一定的时间,而是可以在一段时间内同时学习和习得几种言语技能。代表抽象概念的字词也可以在开始阶段习得。

### 2.4 语言习得过程不同

幼儿学习第一语言,总是从学习单字(或称独字句)开始,然后学习词和句子。无论是学习单字(独字句),还是学习词和句子,都必须借助于实物和实情。字词是代表概念的,他们看到某种实物或实情的形象并听到表示这种实物或实情的声音,经过多次反复而把两者联系起来,就获得了以字词为代表的这种实物或实情的概念。经过模仿和记忆,逐渐学会发出表示这一概念的声音,这样就学会了一个字词。再经过反复运用,就达到了巩固和熟练。这就是习得一个字词的过程。词语和句子表示概念与概念的关系,要理解词语和句子的意思,也必须借助于实物或实情。借助于实物或实情了解概念与概念的关系,听到由表示这些概念的词语和其他有关的言语成分组合起来的一连串声音,经过多次反复而把看到和听到的联系起来,就理解了一个词语或一个句子的意思。经过模仿和记忆，逐渐学会按照一定的方式把有关的词语组织起来，发出代表这个词语或句子的一连串声音，这样就学会了一个词语或句子。再经过反复运用，就达到了巩固和熟练。这就是习得一个词语或一个句子的过程。人的大脑具有对现象进行分类和归类的能力，随着习得的字词和句子的增加，幼儿就能对它们进行分类和归类，这样就逐渐形成了创造性地使用语言的能力。

从上面的叙述可以看出，幼儿学习第一语言是把言语和概念以及概念与概念的关系结合在一起学习的。学习和习得语言的过程，也是建立概念、形成思想和思维能力的过程，是从模仿到创造的过程。幼儿的语言能力和思维能力是同时形成和发展起来的。

习得第二语言的过程跟习得第一语言的过程有根本的区别。成年人在学习第二语言时，头脑中已经贮存了大量的概念，而且已经形成了一个跟思维能力紧密地联系在一起的完整的语言系统，能够按照一定的规则把有关的字词组织起来，表达各种复杂的思想。不同民族的语言既有各自的特点，又有一定的共性，从不同民族的语言中，往往可以找到反映同样的概念以及概念与概念之间的关系的相对应的字词和语法关系。因此，在学习第二语言的过程中，虽然还会遇到一些第一语言中没有或虽有但是自己还没有接触过的新概念，也还需要形成新的思想，继续提高思维能力，但是在多数情况下，特别是在经过教师精心安排的初级阶段，一般不需要或不完全需要从建立概念开始，也可以不包括或不完全包括形成思想和思维能力的过程。

学习第二语言也需要借助于实物和实情，但是，特别是初级阶段，学习者不能建立实物和实情与目的语的直接联系，而是习惯于首先拿目的语跟自己原有的语言相对照。例如：目的语的某个声音所表示的是一个什么样的已知概念，某种结构形式所表示的意思相当于原有语言中什么样的结构形式所表示的意思，某个已知概念或意思在目的语中用什么样的声音和结构形式来表达，等等。只有在这个基础上，才能进而通过模仿和记忆逐渐学会用这种跟第一语言不同的声音和结构形式来表达已知的概念和已有的思想。这就是说，人们习得第一语言的过程，是实物、实情与语言和思维建立直接联系的过程，而在开始学习第二语言时，总要自觉不自觉地用第一语言进行思维活动。例如，以英语为母语的学生听到 shū 这个声音并看到"书"这个实物的时候，他们不能把两者直接联系起来，而是首先把"书"这个实物与 book 这个概念联系起来。只有到了中高级阶段，才能逐渐学会直接用目的语思维，逐渐摆脱用第一语言思维的习惯。可见，习得第二语言的过程是由借助于第一语言建立实物、实情与第二语言的联系逐渐向建立实物、实情与第二语言直接联系过渡的过程。第二语言教学的任务之一，就是设法帮助学生尽快缩短这个过程。

第一语言习得过程和第二语言习得过程的区别可以用下面的示意图表示：

**第一语言习得与第二语言习得的不同过程**

从上面的叙述可以看出,习得第一语言是建立概念与声音的直接联系,而习得第二语言却需要通过第一语言这个"中介"来建立概念与声音的联系。这一点对第二语言习得既有有利的一面,也有不利的一面。有利的一面是:可以节省大量建立概念、形成思想和思维能力的时间;第一语言的某些结构特点和使用第一语言的某些经验,对第二语言的习得和使用也有一定的启发作用。成年人在学习第二语言时之所以有较强的理解能力,就是因为头脑中已经贮存了大量的概念,已经形成了一定的思想和思维能力,并且已经形成了一种语言系统,积累了使用语言的经验。所有这些,对第二语言习得都有积极作用,这样的积极作用就叫做正迁移作用。不利的一面是:第一语言的某些特点、原有的生活经验和文化习惯在某些方面、某种程度上对习得第二语言有干扰甚至抗拒作用,这就是第一语言对第二语言习得的负迁移作用。在第二语言教学中,要积极利用第一语言的正迁移作用,设法排除其负迁移作用的干扰。

前面谈到:语言也是一种文化现象,它既是文化的一部分,又是文化的载体和发展的基础。人们在学习第一语言时,语言和文化是同时习得的。学习和习得第二语言的过程也只能是同时学习和习得目的语文化即第二文化的过程,因为只有同时习得目的语的文化,才能真正习得这种语言。不同民族的语言所包含的文化现象既有共同点,也有不同点,这些共同点和不同点对习得第二文化也同时产生正迁移和负迁移作用。因此在第二语言教学中,不但要积极利用第一语言的正迁移作用,逐渐排除第一语言负迁移作用的干扰,而且要积极利用第一文化的正迁移作用,逐渐排除第一文化负迁移作用的干扰。

## 3. 中介语和中介语研究

中介语(interlanguage)是指第二语言学习者特有的目的语系统。中介语理论认为,第二语言学习者在学习过程中所掌握和使用的目的语是一种特定的语言系统,这种语言系统在语音、文字、语汇、语法、语用、文化等方面既不同于自己的第一语言,也不同于目的语,而是一种随着学习的进展而向目的语的正确形式逐渐靠拢的一种动态的语言系统。因为这是一种介于第一语言和目的语之间的动态的语言系统,所以被称为"中介语",也有人称之为"中间语"。

中介语理论的理论基础是转换生成语法和认知心理学,是在批判结构主义语言学和行为主义心理学的基础上,于20世纪60年代末提出来的一种新的语言习得理论。结构主义语言学和行为主义心理学认为,第二语言学习过程中出现"偏误"是由于母语的干扰(负迁移),因此只要通过语言对比研究找出母语和目的语之间的差异,就可以预测学习的难点和可能出现的偏误,对出现的偏误也可以用语言对比的方法加以解释和分析。中介语理论则认为,第二语言学习中出现偏误的原因是多方面的,包括:第一语言的干扰(负迁移),本族或外族文化因素的干扰,学习或交际方式、态度等的影响(如避免使用某些难音、某些难用的词和语法形式),有限的目的语知识以及教师或教材对目的语的不恰当或不充分的讲解和训练的误导等。(鲁健骥 1984)

中介语研究是在批判语言对比研究理论和偏误分析理论的基础上发展起来的,但是中介语研究也离不开语言对比研究和偏误分析,所以我们不应当把中介语研究看成是对语言对比研究和偏误分析的全面否定,而应当把它看成是对语言对比研究和偏误分析的发展。我们重视中介语研究,并不是因为看重这种研究的某些结论,而是因为这种研究已经成了语言研究和语言教学研究之间的一个十分重要的结合点。它把语言研究、语言对比研究、偏误分析、语言学习研究和语言教学研究紧紧地联系在一起,是一种综合性的研究。这种综合性的研究对每一个单项研究都有促进作用,同时能揭示孤立的单项研究所难以发现的规律或问题。所以无论"中介语系统"的假设最终能不能被证实,这种研究的视角和方法都值得高度重视。我们应当把中介语研究作为语言学习理论研究的突破口,因为它可以促使我们对学习者的语言表现进行全面、系统的调查和研究,对语言习得的条件进行全面、系统的调查和分析,从中探索语言学习和教学的客观规律;中介语研究要结合偏误分析和对比分析,这有助于开阔语言研究、语言对比研究、文化对比研究的视野,成为连接这些研究的纽带,使这几个方面的研究能够互相补充和互相促进。

(温晓虹教授对本章初稿提出过宝贵的修改意见,特此致谢。)

**思考题**

1. 第二语言学习和第一语言学习有哪些共同点?
2. 第二语言学习和第一语言学习有哪些不同点?
3. 第二语言学习和第一语言学习为什么既有共同点又有不同点?
4. 在第二语言教学中怎样帮助学生建立形式结构和语义结构的联系?
5. 在第二语言教学中怎样帮助学生排除第一语言负迁移作用的干扰?
6. 什么是中介语?为什么要把中介语研究作为第二语言学习理论研究的突破口?

**引文目录**

鲁健骥(1984)中介理论与外国人汉语学习的语音偏误分析,《语言教学与研究》第3期。

# 第四章　语言教学

我们在前两章分别讨论了语言和语言学习,目的是为讨论语言教学提供理论依据。语言教学是开展语言教育的基本手段,不但要遵循语言规律和语言学习规律,而且要受语言教育规律的规约和支配。为了明确语言教学在语言教育中的地位,把语言教育作为讨论语言教学问题的背景框架,这一章将首先讨论语言教育的重要性,然后再讨论语言教学的具体问题。

## 第一节　语言能力的社会效应与语言教育

### 1. 语言能力的社会效应

语言不但是交际的工具,而且也是思维和学习的工具,同时又是文化和信息的载体。一个人语言能力的强弱直接关系到他的学习效率和工作效率,当然也直接关系到他的交际效果。而学习效率、工作效率和交际效果对一个人其他能力的形成和发展,对一个人的工作业绩和事业成就,都具有关键性的作用。因此,语言能力是一个人必须具备的最基本的能力,也是一个人诸种能力中的核心能力。

一个人语言能力的强弱不但对他个人的生存和发展十分重要,而且会产生强大的社会效应。因为每个人都生活在一定的社会群体之中,所以个人的学习效率、工作效率和交际效果必然会对相关的社会群体产生影响。我们把这种对社会群体的影响叫做社会效应。一个显而易见的事实是,学习效率、工作效率和交际效果都跟时间有关,而时间就是财富和生命。例如,一个十分钟就能讲清楚的问题,他讲了一个小时还没有讲完,这就造成了他自己和听众的时间浪费;一份几个小时就能写完的工作总结,他写了几天还没有写完,甚至还要别人修改或重写,这也造成了他自己和相关人员的时间浪费。这样的例子并非凭空设想,而是社会现实中普遍存在的现象。"时间就是财富和生命"的说法并非对时间价值的夸张。由于语言能力强而节约时间,就等于增加财富并延长寿命;由于语言能力弱而浪费时间,就等于减少财富并缩短寿命。这就是语言能力的社会效应。在这瞬息万变的信息时代,时间对每个人都更加宝贵,时间的价值已大大提高,语言能力的社会效应也更加突出。

社会是由一个个群体组成的,一个群体的学习效率、工作效率和交际效果不可避免地要对相关群体产生影响。各个群体的学习效率、工作效率和交际效果互相影响,就构成了整个社会的学习效率、工作效率和交际效果,无形中形成了一种连锁效应。也就是说,语言能力的社会效应除了表现为群体内部的社会效应以外,还进一步表现为群体之间的社会效应,这就是连锁社会效应。对于语言能力的这种社会效应及其在国家建设和发展中的作用,怎么强调也不为过分。

在政治多极化和经济全球化的当今世界,一个国家若想求得经济发展和社会进步,就必须加强国际交流,参与国际竞争。而任何领域的交流和竞争都离不开语言。如果不能直接用外语进行交际和获取信息,事事都要依靠翻译,就不但会造成极大的浪费,而且会延误甚至丧失时机。由此可见,语言能力的社会效应是全球性的。

我们提出语言能力的社会效应,是为了说明提高国民语言素养的必要性和重要性。我国是一个具有五千年文明、正在进行现代化建设的泱泱大国,对国民的语言素养理应有较高的要求。但是现实情况并不尽如人意。正如前面说过的:不少宣传媒体语言文字水平低下;社会上的语言文字混乱现象随处可见;用人单位很难找到口头笔头表达能力都很理想的人才;即使是受过高等教育的人,包括一部分硕士、博士研究生,语言文字的应用也不是无可挑剔的;能够用外语工作的人在总人口中所占比例极小。国民语言素养不高,对加快国家的建设和发展极为不利。

我国是一个多民族的国家,各民族的成员除了要学好本民族的语言以外,还应当尽可能学习其他民族的语言,少数民族成员更要学好汉语。各民族成员互相学习对方的语言,有助于加强民族团结和促进各民族的共同繁荣。

汉语是世界上使用人口最多的语言,也是现存语言中历史最为悠久、文化底蕴最为深厚的语言。但是在国际上,汉语却是弱势语言。在国外,除了华人占多数的新加坡以及其他国家的华人社区以外,几乎没有什么地方通行汉语。在联合国,很少有人用汉语发言。中国人写的科技文献,在知名的国际刊物上只能用英文或其他比较通行的语文发表。我们在文学作品、科技文献和情报资料等方面要做双向翻译,既要把外国的东西翻译成中文,也要把中国的东西翻译成外文,能直接把中文翻译成外文或把外文翻译成中文的外国人极少。不但中国代表团出国访问要带翻译,有些外国代表团到中国访问也要我们配备翻译。近年来才有一些国家开始在中小学开设汉语课程，但是跟英语相比，学的人还是很少。汉语在国际上的弱势地位跟我国迅速提高的国际地位和汉语本身的优势极不相称，也妨碍了其他国家和人民与中国的交流和合作。不懂汉语就不可能了解中华文化，不了解中华文化就不可能真正了解中国。因为不懂汉语和不了解中华文化，多数外国人对中国的真实国情所知甚少，至今还存在不少误解。别看来华投资的外国人日益增多，也别看中国已成了国际贸易大国，这些领域的交流与合作多半离不开华人。多数外国人还是觉得中国过于神秘，总担心坠入陷阱，如果没有华人的帮助，他们就不敢轻易踏入。汉语在国际上的弱势地位对加强中外交流与合作、对通过交流与合作创造和平发展的国际大环境也极为不利。

## 2. 语言教育与语言教学

　　发展语言教育和语言教学是提高国民语言素养和帮助更多的外国人学好汉语的唯一途径。要提高汉语为母语者的汉语能力，就必须发展作为第一语言的汉语教育和教学；要帮助国内各民族互相学习对方的语言，就必须发展以各民族语言为内容的第二语言教育和教学；要满足外国人学习汉语的需要，就必须发展作为外语和第二语言的汉语教育和教学；要提高国民的外语水平，就必须发展外语教育和教学。发展语言教育和教学，对提高国民的语言素养、促进国内各民族的团结和共同繁荣、加强中外交流与合作以创造和平发展的国际大环境，具有极其重要的意义。

　　语言教育和语言教学是两个不同的概念。

　　语言教育是国家教育事业的重要组成部分，要在语言教育理论的指导下通过语言教育规划来实施。语言教育理论和语言教育规划至少要包括下列内容：

　　（1）语言教育在国民教育中的地位；
　　（2）语言教育的目的和目标；
　　（3）语言教育的主要途径和实施办法；
　　（4）语言教育科目的设置和布局；
　　（5）语言教育课程以及有关教材的编写和出版；
　　（6）语言教师的培养和培训；
　　（7）语言教育和教学评价；
　　（8）语言教育和教学管理；
　　（9）语言教育计划；
　　（10）语言教育学科建设和语言教育理论研究。

　　学校是实施语言教育规划和直接从事语言教育的主要基地。学校的语言教育要通过一定的课程来进行,必须开设语言课程(例如中小学的外语课,大学的公共外语课,语言培训课)和语言专业课程(例如大学的语言专业课程)。语言专业课程既包括语言课程,也包括为完善学生的知识结构和能力结构所开设的非语言课程。语言专业中的非语言课程跟语言教育的目的和目标有关,也属于语言教育方面的课程,但不属于语言课程。

我们通常所说的语言教学,是指语言课程的教学。通过语言课程进行语言教学,是学校进行语言教育的主要手段,也是国家实施语言教育规划的主要途径。本书的主要内容是讨论作为第二语言的汉语课程的教学。

通过语言课程进行语言教学的直接目的是培养学生的目的语能力——包括理解能力和表达能力,同时培养良好的语言心理和语言习惯,提高思维能力。语言课程教学的基本内容是语言知识、语用知识、相关的文化知识以及言语技能和言语交际技能,基本的教学方法是在激发学习兴趣、指导学习方法和培养学习习惯的过程中传授语言知识、语用知识、相关的文化知识,训练言语技能和言语交际技能。语言课程教学的全过程和全部教学活动包括总体设计、教材编写、课堂教学和语言测试。

语言课程也要进行文化知识的教学,但是必须教授的文化知识主要是跟语言理解和语言表达相关的文化知识,即所谓"交际文化知识"或"跨文化交际知识",而不是泛指的文化知识。泛指的文化知识的教学是非语言课程教学的任务。对外汉语教学中在如何处理语言教学和文化教学的关系的问题上一直存在着分歧,产生分歧的原因之一就是没有分清语言教育和语言教学,也没有分清语言课程和非语言课程。在语言教育中进行文化知识的教学是完全必要的,但是一般文化知识的教学要通过非语言课程进行,不是语言课程教学的任务。

语言教育中的语言课程和非语言课程都要承担思想品德教育的任务,并注重培养创新思维能力。但是各门课程的思想品德教育都不应远离本课程教学内容的科学体系,创新思维能力的培养更应与本课程的教学内容紧密结合。

语言课程教学的任务必须由语言教师承担。语言教师的业务素质和教学能力对语言课程教学的质量有决定性的作用,而语言课程教学的质量直接决定语言教学的效率和成功率,从而影响语言教育事业的发展。例如,对外汉语教师的业务素质和教学能力对对外汉语教学的质量有决定性的作用,对外汉语教学的质量直接决定对外汉语教学的效率和成功率,并在一定的程度上影响国际汉语教学的发展。

我国改革开放以后迅速兴起的国际"汉语热"令人鼓舞。我们讲"汉语热",是说以前学习汉语的外国人很少,我国改革开放以后,学习汉语的外国人忽然多起来了。由学习者很少转变为学习者迅速增加,就是由冷变热。这是拿自己跟自己作比较,而不是跟学习英语等其他语言的人数作比较。讲"汉语热"是为了强调对外汉语教学要适应形势的发展,要在理论、课程、师资、教材等方面加强建设,以满足国际汉语教学发展的需要。"汉语热"为国际汉语教学的发展带来了前所未有的大好机遇,但机遇往往与挑战相伴。由于存在着"汉语难学"的心理障碍,仍然有很多人对汉语学习望而生畏。怎样使汉语学习变得更加容易,以便让更多的人不再产生学习汉语的畏难情绪,并且能用最短的时间达到他们预期的学习目标,就是一种挑战。现在虽然有越来越多的国家和地方在中小学开设了汉语课程,但是这些新开设的汉语课程多半还是选修课。大学的汉语课程多半也是选修课。由于担心汉语难学,有些学校的学生选修汉语并不十分踊跃,尽管有强烈的学习愿望。所谓汉语难学,已成了国际汉语教学发展的一大障碍。不使汉语学习变得更加容易,就只能让一代又一代想学汉语而又害怕学习汉语的人感到失望。

所谓汉语难学,实际上是出于误解。误解有两种。

第一种误解是拿学习非亲属语言跟学习亲属语言作比较。例如,说英语的人学法语,说法语的人学英语,所学的都是亲属语言,学起来相对容易。说英语和说法语的人学汉语,因为汉语不是他们的亲属语言,学起来相对较难。拿亲属语言和非亲属语言比较学习的难易,并由此认定汉语难学,显然是不科学的,因此属于误解。如果换一种比法,就会觉得汉语不是难学,而是易学,至少比英语和法语易学。例如,大量的事实证明,中国儿童完全可以在学前养成独立阅读的能力,而英语国家和法语国家的儿童不一定都能做到这一点。人们说汉语难学,首先是说汉字难学。如果真像人们所说的那样汉字比拼音文字难学,为什么中国儿童能在学前养成独立阅读的能力而有些拼音文字国家的儿童反而不能呢?这是拿第一语言学习的情况相比。拿第二语言学习的情况相比,例如拿说英语的学生学习汉语跟说汉语的学生学习英语相比,也是汉语比英语易学。中国人学英语,有的从小学开始,有的从初中开始,一直学到大学毕业,有多少人能达到熟练掌握的程度?外国人学汉语,肯像中国人学英语那样花费时间和精力的不多。如果也像中国人学英语那样舍得花费时间和精力,用同样多的时间,达到的汉语水平肯定高于说汉语的学生达到的英语水平。这样的例子并不少见。

指出上述误解是为了说明,对语言学习的难易要有清醒的认识,要客观看待,以便形成正确的舆论导向,增强学习者的信心。

第二种误解是汉字和汉语教学不得法所造成的负面效应。汉字和汉语本来并不难学,之所以让人觉得难学,是因为我们对汉字的特点以及汉字与汉语的关系在认识上有误,没有形成与汉字的特点以及与汉字和汉语的特殊关系相一致的教学路子和教学方法。这就是教学不得法。由于教学不得法,就使学生误认为汉字和汉语难学。(吕必松1999)虽然并不是所有的人都赞成这一看法,但是我坚信,只要重新审视汉字的特点以及汉字与汉语的特殊关系,并据此设计出新的教学路子和教学方法,就一定能使汉字和汉语学习变得更加容易。我坚持认为,通过改革现行的教学路子和教学方法使汉字和汉语学习变得更加容易,从而大幅度提高汉语教学的效率和成功率,是完全可能的。当然,要做到这一点,必须依靠专家和教师们的共同努力。关于如何根据汉字的特点和汉字与汉语的特殊关系设计新的教学路子和创造新的教学方法,我们将在以后的章节中陆续讨论。

**思考题**

1. 为什么说语言能力是一个人诸种能力中的核心能力?
2. 什么是语言能力的社会效应?
3. 为什么说汉语在国际上是弱势语言?
4. 什么是语言教学?语言教学的直接目的是什么?
5. 为什么说认为汉字和汉语难学是出于误解?
6. 谈谈发展语言教育和语言教学的现实意义。

## 第二节 语言教学的性质和特点

无论做什么事情,都要首先了解要做的事情的性质和特点。而一种事物的性质和特点,总是在跟相关事物的比较中显现出来的,只有通过跟相关事物的比较,才能看清这种事物的性质和特点。许多人不了解语言教学的性质和特点,特别是不了解第二语言教学的性质和特点,又特别是不了解汉语作为第二语言教学的性质和特点,主要是因为他们往往把语言教学跟其他文化科学知识的教学混同起来,特别是跟语言学教学混同起来;把第二语言教学跟第一语言教学混同起来,特别是跟对本族人的语文教学混同起来。因此,我们讨论语言教学的性质和特点,就要拿语言教学跟语言学教学作比较,拿第二语言教学跟第一语言教学作比较,拿汉语作为第二语言教学跟其他第二语言教学作比较。通过这样的比较,首先把语言教学跟语言学教学区别开来,在此基础上,再把第二语言教学跟第一语言教学区别开来,最后把汉语作为第二语言教学跟其他第二语言教学区别开来。

### 1. 语言教学与语言学教学

语言教学和语言学教学是两种不同性质的教学,后者属于文化科学知识的教学。它们之间的区别至少表现在以下几个方面：

（1）教学目的不同。语言学教学对不同的教学对象有不同的教学目的。例如，为了提高学生的文化素养和逻辑思维能力（对中学生）；为了培养学生从事语言研究和语言教学的能力（对大学生和研究生）；为了提高学生的语言文字应用能力（对中学生和大学生）等。语言教学虽然也有不同的目的（我们在第三章说明了第二语言学习的目的，学习目的也就是教学目的），但是从根本上说都是为了培养学生的语言能力和语言交际能力。无论是第一语言教学还是第二语言教学，都不能背离这样的目的。有些地方的汉语教学——包括作为第一语言的汉语教学和作为第二语言的汉语教学——存在着一个严重的问题，就是不注重培养学生的语言能力和语言交际能力，尤其不注重训练学生的言语技能和言语交际技能。例如，教材不适合培养语言能力和语言交际能力的需要，上课的时候过多地讲解语言知识，或者只是教学生认字、写字，把"命题作文"作为培养学生写作能力的主要手段。这样做，正是受了语言学教学和传统语文教学的影响，也说明教学目的不明确，或者虽然有明确的教学目的，但是教学内容和教学方法与教学目的不一致。

（2）教学内容不同。教学内容是由教学目的决定的，教学目的不同，教学内容自然也不同。语言学教学的内容是语言理论知识和语言研究方法等。这些教学内容有一定的系统性，这种系统性体现语言知识的科学系统。语言教学的基本内容是语言知识、语用知识、相关的文化知识以及言语技能和言语交际技能。这五个方面的内容都要以言语材料的形式加以展示，言语材料的选择和编排必须以学生的程度和交际的需要为根据，必须遵循由易到难、循序渐进的教学原则。言语材料的选择和编排也要形成一定的系统，不过这是由易到难的言语系统，而不是按照例如语音、文字、词汇（语汇）、语法等语言要素分类的语言知识系统。按照语言要素分类的语言知识系统是语言的科学系统，由易到难的言语系统是语言的教学系统。这是两种性质完全不同的系统。当然，语言的教学系统要受语言的科学系统的指导，但同时还要受语言学习理论和语言教学理论的指导，是语言规律、语言学习规律和语言教学规律的综合体现，而不仅仅是语言规律的体现。

（3）教学的原则、方法和技巧不同。关于什么是教学原则，什么是教学方法，什么是教学技巧，我们将在以后的章节中专门讨论。为了跟语言学教学的教学原则、教学方法和教学技巧作比较，我们这里先作些初步说明。

语言学教学的原则主要是教学内容的科学性和系统性以及理论联系实际。语言教学的原则必须在综合考虑语言规律、语言学习规律和语言教育规律的基础上制定。例如，要根据教学对象的特点选择和编排教学内容，要正确处理语言与文化的关系，要正确处理知识传授与技能训练的关系，要正确处理语言的形式结构与语义结构的关系，等等。这些都是语言教学所必须遵循的原则。

语言学教学的教学方法主要是讲授和设法使学生理解、掌握、应用有关的理论知识，一部分教学内容（如方言调查、实验语音学、语言信息处理等）也需要指导学生进行实际操作。语言教学的教学方法要复杂得多，早已成为一个专门的研究领域。例如，要根据学生的需要和由易到难、由浅入深的原则选择和编排言语材料，这些言语材料要便于根据学生的接受程度对有关的言语现象加以分割、排列和组合；对所教的内容要有计划地安排重现；课堂教学的大部分时间要用于技能训练，对不同的技能要采用不同的训练方法；理论讲解也要根据不同的内容和不同的教学对象采用不同的方法。

从事语言教学要特别讲究教学技巧。怎样引进一个新的言语现象，怎样使学生容易理解，怎样创造生动活泼的课堂气氛，怎样让所有的学生都轻松愉快地积极参加操练，甚至怎样板书、怎样提问，等等，都有很多技巧问题。语言学教学也需要一定的技巧，但是语言教学对教学技巧的要求更高。同样的言语现象，不同老师的教学效果全然不同，这里面就有教学技巧问题。

我们通过上面的比较说明了语言教学和语言学教学在目的、内容、原则、方法和技巧等方面都有显著的不同，语言教学的性质和特点就体现在这些不同于语言学教学的特定的教学目的、教学内容、教学原则、教学方法和教学技巧之中。

## 2. 第一语言教学与第二语言教学

语言教学的性质和特点是由语言和语言学习的性质和特点决定的。我们在前面分别讨论了第一语言学习和第二语言学习的异同，上面谈到的语言教学的目的、内容、原则、方法和技巧，都是以第一语言学习和第二语言学习的共同点为依据的，所以它们既适用于第二语言教学，也适用于第一语言教学。但是正如前面所指出的，因为第二语言学习与第一语言学习存在着一些根本性的区别，所以第二语言教学和第一语言教学是两种不同性质的语言教学。它们的区别至少有以下几点：

（1）第二语言教学要从培养学生最基本的言语能力开始。从培养最基本的言语能力开始，就是要首先教发音，教最常用的语汇和最基本的语法规则。进行第一语言教学时，因为学生已经具备了一定的口语能力，所以不需要从培养最基本的言语能力开始。学生一入学，就可以教他们认字、写字和阅读。对课本上的内容，如果念给他们听，他们完全听得懂，如果让他们说，他们也会说，只是由于不识字或识字不多而看不懂或者不能完全看懂。人们在学校里学习第二语言，多数人开始的时候什么也不会，课本上写的，他们既听不懂，也不会说，更看不懂，因此要教他们每一个字词的发音和意思，要教他们每一句话的语音和意思，而且要进行大量的操练才能学会。所以无论从幼儿园开始教还是从小学、中学甚至大学开始教，都要从教发音、认字和说话开始。由于要从培养最基本的言语能力开始,就带来了教学内容和教学方法上跟第一语言教学的一系列的区别。

(2) 第二语言教学要面对第一语言正迁移和负迁移作用的影响。我们在第二章和第三章都谈到,因为不同的语言既有共同点,也有不同点,所以第一语言对第二语言学习既有正迁移作用,也有负迁移作用。在第二语言教学中既要充分利用第一语言的正迁移作用,也要设法逐渐排除第一语言负迁移作用的干扰,逐渐培养学生用目的语思维的能力。第一语言教学不存在这样的问题。

(3) 第二语言教学要面对第二语言学习中的文化障碍和文化冲突。人们在学习第一语言的时候,同时形成了跟这种语言紧密地联系在一起的文化心理和文化习惯。学习第二语言不可避免地要遇到目的语中存在的与第一语言不同的文化现象,对其中的某些文化现象,学习者不容易理解和接受,从而形成了语言学习中的文化障碍,甚至产生文化冲突。因此,在第二语言教学中,必须结合有关的言语材料进行文化背景知识的教学,以消除语言学习中的文化障碍,避免引起文化冲突。第一语言教学也不存在这样的问题。

## 3. 汉语作为第二语言教学

我们前面谈到,语言教学的规律是由语言规律、语言学习规律和语言教育规律共同决定的,而每一种语言除了跟其他语言有一些共同的特点以外,都还有各自的特点,这些特点对语言教学也会产生影响。汉语也有自己的特点,汉语的特点必然会对汉语作为第二语言教学产生影响,使汉语作为第二语言教学也有不同于其他第二语言教学的地方。举例如下:

(1) 教学的重点不同。例如,英语的名词有单数和复数的区别,人称代词除了单数和复数以外,还有阴性、阳性和主格、宾格的区别,动词有人称的区别和时态的变化,等等。中国人学英语,这些都是难点。例如,常常忘记在第三人称单数现在时动词后面加 s,也常常把 she 说成 he,完成式也不好掌握。对中国人进行英语教学,应当把这些作为教学的重点。汉语的名字没有单数和复数的区别;代字没有阴性、阳性和主格、受格的区别,虽然有单数和复数的区别,但是很容易记住;动字也没有人称和时态的变化。所以在作为第二语言的汉语教学中,根本不存在性、数、格和时态变化等方面的问题。但是语音中的声调,语法中的量字、"把"字句和被动句等,都是多数学生的难点,因此都应当作为教学的重点。汉语虽然没有动字的时态变化,但是它有自己特定的时态范畴和时态表示法。汉语的时态范畴和表示法有什么规律,我们自己还没有完全研究清楚,学生学起来也感到非常头痛,需要结合有关言语现象的教学进行专门的解释和练习。

(2) 教学内容的编排顺序不同。在不同的语言中,表示同一个意思一般都有互相对应的表达方法,而同一个意思的互相对应的表达方法的难易程度往往不同。例如英语的

"open the door"是一个很简单的表达方式,在教学初期就可以教给学生。与这个意思相当的表达方式,汉语中有"开门,开开门,开一下门,把门开开"等,其中除了"开门"跟英语的表达方式基本相同以外,其他几种表达方式都跟英语不同,有的带补语,有的用"把"字句,"把"字句中又有补语。对多数学生来说,汉语的补语很难,"把"字句更难,所以这些表达方式都不能在开始的时候教给学生,就是教了,他们也学不会。

(3) 处理听说和读写的关系的原则和方法不一定相同。有些语言的教学采用"听说领先"的方法,就是先教听说,到一定的阶段再教读写。国内外有些学校的汉语教学也采用这样的方法。但是国内多数教学单位基本上是采用听、说、读、写同步发展的方法。采用这样的方法有几个原因:一是因为教学对象是成年人,成年人的理解能力强,可以在同一个阶段同时学习几种言语技能;二是课时多,初级阶段每天至少要上四节课,这四节课如果全部用来练习听说,师生都会感到口干舌燥,还不如用一两节课教汉字和阅读,调节一下,学生也感兴趣,愿意学;三是因为多数成年人学习第二语言不能完全依靠听觉,还要同时借助于视觉,通过汉字教听说,可以帮助他们记住所学的内容。最后,也是最重要的,是多数人觉得汉字难,既然难,就要多接触、多练习,同时教读写,就是为了多接触、多练习。

在作为第二语言的汉语教学中,如何进行汉字教学是教学路子设计的问题。怎样根据汉字的特点以及汉字与汉语的特殊关系设计教学路子,一直在进行讨论和试验,至今还没有形成统一的认识。这方面的情况和问题在《对外汉语教学发展概要》(北京语言学院出版社,1990)一书中有详细的介绍,我们在本书以后的章节中还将进一步讨论。

**思考题**

1. 为什么要区分语言教学和语言学教学?语言教学和语言学教学有什么不同?
2. 为什么要区分第二语言教学和第一语言教学?第二语言教学和第一语言教学有什么相同和不同之处?
3. 作为第二语言的汉语教学跟作为第二语言的英语教学有什么不同?

## 第三节 第二语言教学的结构

### 1. 什么是第二语言教学的结构

任何现象都有自己特定的结构,第二语言教学也不例外。无论研究什么现象或从事什么工作,都需要了解研究对象或工作对象的结构。例如,盖房子要研究房子的结构,有了设计图纸才能施工;治病要研究人体的结构,知道人体结构才能发现病区,找到病因。要进行第二语言教学,要使第二语言教学真正走上科学的轨道,也必须研究第二语言教学的结构。只有了解第二语言教学的结构,才能从整体上把握第二语言教学的全过程和全部教学活动,才能正确处理教学本体与其他相关因素的关系。

什么是第二语言教学的结构呢?我们知道,第二语言教学要涉及许多方面的因素。这许多因素之间有一定的内在联系,它们互相作用、互为条件,每一个因素都是决定教学效率和成功率的一个变因。这些因素实际上就构成了使第二语言教学能够正常运行的一种统一体,这种统一体的构成方式就是一种结构。也就是说,所谓第二语言教学的结构,就是由第二语言教学本体以及与本体密切相关的各种因素所构成的一种统一体的构成方式。这种统一体中的每一个因素都好比这个结构中的一个构件,由这些构件构成第二语言教学的整体结构。我们用下面的图形来代表第二语言教学的整体结构。

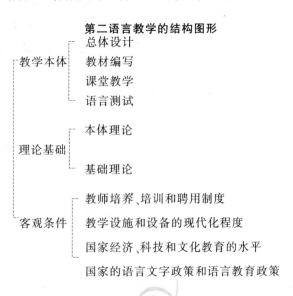

第二语言教学的结构图形

**2. 第二语言教学结构分析**

上面的结构图形由教学本体、理论基础和客观条件三部分组成,每个部分又都包括若干细目。对现代语言教学来说,这三个部分和它们的细目缺一不可。

(1) 教学本体。上图中的教学本体包括总体设计、教材编写(或选择)、课堂教学和语言测试。这些就代表第二语言教学的全过程和全部教学活动,叫做第二语言教学的四大环节。我们研究第二语言教学及其结构,首先要抓住由这四大环节组成的教学本体,否则就是没有抓住问题的中心。

(2) 理论基础。第二语言教学的理论基础包括本体理论和基础理论。本体理论的研究对象是教学本身,所以也就是教学理论。我们对本体理论即教学理论作广义的理解,它不但包括第二语言教学的基本理论,而且也包括关于第二语言教学的教学路子、教学方法和教学技巧的理论说明。前面谈到,语言教学规律是由语言规律、语言学习规律和语言教育规律共同决定的,是语言规律、语言学习规律和语言教育规律的综合体现,因此,揭示这些规律的理论——语言理论、语言学习理论和语言教育理论——就是语言教学研究的基础理论。基础理论的主要作用是指导本体理论的研究。本体理论必须以一定的基础理论和教学经验为依据,它不能脱离基础理论和教学经验而独立发展。我国对外汉语教学的本体理论还不太成熟,究其原因,首先是由于我们对有关基础理论的综合应用不够,对已有的教学经验缺乏全面系统的总结,同时也是由于我们的基础理论还有一些薄弱环节,还不能完全满足本体理论发展的需要。

(3) 客观条件。任何教学都要受到客观条件的支配。第二语言教学的客观条件包括教师培养、培训和聘用制度,教学设施和设备的现代化程度,国家经济、科技和文化教育的水平,以及国家的语言文字政策和语言教育政策等。

第二语言教学结构中的各构成成分之间存在着一定的内在联系,每一个构成成分都是决定教学效率和成功率的一个变因。我们研究第二语言教学,就是要研究第二语言教学结构中各构成成分之间的相互关系,分析每一个成分在整个结构中的作用,促使每一个变因向着有利于提高教学效率和成功率的方向转化。

**3. 第二语言教学的变因**

为了便于研究和分析,我们把第二语言教学的变因分为直接变因、根本变因和条件变因。直接变因就是直接影响教学效率和成功率的因素,根本变因就是影响直接变因的根本因素,条件变因就是影响直接变因和根本变因的客观条件。

### 3.1 直接变因

大致说来,第二语言教学至少有以下几个方面的直接变因:

(1) 教学计划和教学组织工作的科学化程度。第二语言教学是有计划、有组织的教学活动,计划和组织工作的主要任务是进行总体设计并加以落实。总体设计是否科学、合理,能不能完全落实,对教学的效率和成功率有直接的影响。

(2) 教材的适用程度。教材是课堂教学的基础和直接依据,要提高课堂教学的质量,就必须有理想的教材。如果教材不理想,甚至根本不适用,也会直接影响教学的效率和成功率。

(3) 课堂教学质量的高低。课堂教学是帮助学生学习和掌握目的语的主要场所,因此,课堂教学的质量能够直接决定第二语言教学的效率和成功率。课堂教学质量跟教材有一定的关系,但主要是由教师的业务素质和教学能力所决定的。如果教师的业务素质和教学能力达不到要求,再好的教材也不能保证课堂教学的质量。

(4) 考试制度、考试内容和考试方法的有效程度。我们知道,学生和教师没有对考试漠不关心的。考什么,怎样考,对学生的学习和教师的教学都会产生影响,因此人们把考试比喻为学习和教学的"指挥棒"。考试制度、考试内容和考试方法是否科学、合理、有效,对教学的效率和成功率也有直接的影响。

以上四个因素在教学中互相作用、互为条件,任何一个因素的积极作用的发挥都要靠其他因素的配合,任何一个因素的消极作用都会对其他因素的作用产生制约。这四个方面的因素集中体现在第二语言教学的本体结构中,它们之间的相互关系是本体结构的内部关系。其中,以总体设计为中心的计划和组织工作是其他教学活动的前提和主要依据;教材编写或选择是课堂教学的基础;课堂教学是中心环节,其他环节都必须为它服务;测试是检验的手段,它不但检验学生的学习成绩和达到的水平,而且检验包括测试本身在内的全部教学活动是否科学、合理、有效,并且会对其他环节产生反馈作用——不是产生积极的反馈作用,就是产生消极的反馈作用。

### 3.2 根本变因

第二语言教学的根本变因是教师素质和学生素质。

(1) 教师素质。上述直接变因的优化程度从根本上说来都是由教师素质决定的。计划和组织的科学化程度,教材的适用程度,课堂教学质量的高低,考试制度、考试内容和考试方法的有效程度,都跟教师的业务素质和教学能力成正比。

教师素质的问题,是第二语言教学中普遍存在的问题。一种出于想当然的观念无所不在,这就是认为只要懂得某种语言,就能教这种语言。这种观念产生的直接结果是:第二语言教学的专业性被严重忽视,专业人才的培养和培训似乎是可有可无的事情;在聘用第二语言教师时,只要他懂得所教的语言,就算具备了基本条件;因此在第二语言教师队伍中受过系统的专业训练的人才为数甚少,许多人虽然懂得所教的语言,但是实际上并不会教这种语言;更有甚者,有些人对所教的语言也是似懂非懂。这也是第二语言教学普遍存在的消极因素和弊端之一。不改变这种状况,就无法提高第二语言教学的效率和成功率。

(2)学生素质。任何教学都要包括"教"和"学"两个方面,所以教学是师生双方的事情。学生的素质对教学质量也有决定性的作用。学生素质包括学习目的、学习动力和学习第二语言的生理和心理条件等。教师的任务之一就是帮助学生明确学习目的、增强学习动力、改善心理条件。但是有些素质方面的问题教师也无能为力,例如有些跟语言学习有关的生理和心理缺陷很难在短期内修复。不应当强迫具有这类缺陷的学生去学习第二语言,如果强迫他们去学,不但不会取得好的效果,而且会影响班集体的学习效率。

3.3 条件变因

第二语言教学结构中的"客观条件"都是条件变因。

(1)教师培养、培训和聘用制度。前面谈到,教师素质是第二语言教学的根本变因之一。只有形成一套合理的培养、培训和聘用制度才能全面提高教师的素质。我国在对外汉语教师的培养、培训和聘用方面已经采取了一些有力的措施。例如,在部分高等院校开设了以培养对外汉语师资为主要任务的本科专业,有些高等院校已开始培养以对外汉语教学为研究方向的硕士和博士研究生;同时设立了专门的培训机构,负责对在职对外汉语教师或准备从事对外汉语教学的人员进行培训;国家教育委员会(现为国家教育部)于1990年颁布了《对外汉语教师资格审定办法》,开始进行资格考试,对考试合格者,颁发对外汉语教师资格证书。(现已改为汉语作为第二语言教学能力考试和汉语作为第二语言教学能力证书)这些措施对提高对外汉语教师的素质有明显的促进作用。

(2)理论研究的广度和深度。跟教学有关的理论首先是本体理论。无论是教学本体的发展,还是教师素质的提高,都要靠本体理论的推动和指导。本体理论是教学发展的火车头和推进器。但是本体理论离不开一定的基础理论。现存的各种语言教学理论和语言教学法流派,无一不是在一定的基础理论的指导或影响下形成和发展起来的。

(3)教学设施和设备的现代化程度。现代化设备的出现为语言教学提供了新的手段,对提高语言教学的质量无疑有促进作用。在现代化设备的配置和使用方面,现在似乎存在着两种互相矛盾的情况。一方面是所需的设备配置不足;另一方面是已经配置的设备并没有得到充分的利用。后一种情况又影响了必要设备的配置。出现后一种情况有多种原因,一是软件建设跟不上需要,二是部分教师不了解现代化设备在语言教学中的作用,三是有些教师嫌麻烦,总觉得还是靠一支粉笔一张嘴更方便。

(4)国家经济、科技和文化教育的水平。一个国家如果经济比较发达,科技和文化教育水平较高,就不但会吸引众多的外国人学习这个国家的语言,而且会使学生产生强大的学习动力。这就是说,一个国家的经济、科技和文化教育的发达程度能够决定她的语言在国际上使用范围的大小,从而决定学习这个国家语言的人数的多少和学习动力的大小。为用而学,才不得不学。过去,有些外国人学习汉语是因为景仰中国的古老文化,对他们眼中的这块"神秘"大地有浓厚的兴趣,希望通过汉语去进行研究,因此主要的兴趣在阅读古代文献。也就是说,他们学习汉语是出于学术目的。后来,随着中国的发展变化,尤其是随着中国改革开放政策的实施和经济的迅速发展,有越来越多的人学习汉语是为了了解和研究现代中国,在贸易、文化、科技等方面跟中国交流。到中国高等学校学习专业者也越来越多。这样,学习汉语就从以学术目的为主转向以实用目的为主。转向以实用目的为主,就不但要求提高书面交际能力,而且也要求提高口头交际能力,多数人对后者的重视程度更高。现在还可以看到一种新的动向:因为有越来越多的国家和地方在中小学开设了汉语课程,为学术和实用而学习汉语的人都在增加。当然,在世界各地学习汉语的人数仍然远远比不上学习英语的人数,这正是由于这两种语言在国际上的使用范围有明显的差别。这种差别是由复杂的历史原因造成的。我们相信,随着中国经济、科技和文化教育事业的发展,这样的情况也会逐渐改变。

(5)国家语言文字政策和语言教育政策。如果采取鼓励学习某种语言的政策并采取相应的措施,包括提供足够的经费,就会对这种语言的教学产生全面的促进作用。仍以中国对外汉语教学为例:由于国家高度重视发展对外汉语教学,成立了专门的领导机构,就使对外汉语教学的科学研究、教材建设和教师队伍建设等项工作得到了加强。这就是国家的语言文字政策和语言教育政策对作为第二语言的汉语教学所发挥的积极作用。

从上面的叙述可以看出,各种条件变因之间也有一定的内在联系,这些变因也在不同程度上互相作用、互相影响。

## 思考题

1. 什么是第二语言教学的结构?为什么要研究第二语言教学的结构?
2. 第二语言教学的教学本体包括哪些内容?它们之间有什么关系?
3. 什么是第二语言教学的本体理论?什么是第二语言教学的基础理论?
4. 决定第二语言教学的效率和成功率的直接变因是什么?根本变因是什么?
5. 发展第二语言教学需要哪些客观条件?

## 第四节 第二语言教学的教学类型和课程类型

第二语言教学的教学类型和课程类型都处于发展的过程中,并不是固定不变的。我们这里讨论的教学类型和课程类型基本上是举例性的,并不是说第二语言教学只能有这些教学类型和课程类型。

### 1. 教学类型

教学类型是指教学组织形式的类别。例如,按教学内容可以分为专业班和专修班,按教学期限可以分为常规班和短期班,按授课方式可以分为班级教学、个别教学、函授、刊授和远程教学等。由此可见,所谓教学类型,就是根据不同的教学内容、教学期限、授课方式等划分出来的教学组织形式的类别。

1.1 按教学内容划分的教学类型

根据教学内容,可以分为专业班、专修班和普通班等不同的教学类型。

(1) 专业班。这里所说的"专业"是指语言专业,是为了使学生具备较为全面的目的语能力而设立的第二语言教学类型,主要适用于学术目的、职业目的和职业工具目的。我国高等院校中的外语专业和为来华留学生开设的现代汉语专业都属于这种类型。

(2) 专修班。这是针对特殊需要而设立的第二语言教学类型,可以适应各种学术目的、职业目的、职业工具目的和其他目的。跟专业班相比,专修班的教学目的和教学目标更具体,针对性更强。我们对外国留学生开设的汉语预备教育和商务汉语、以提高学生的汉语水平为主要目标的汉语教师培训班(注:汉语教师培训班的主要任务是对在职的汉语教师和准备从事汉语教学的人员进行培训,教学内容一般以跟汉语教学有关的理论和知识为主;对某些特殊的对象则以提高汉语水平为主)以及专对外国驻华机构工作人员及其家属的汉语教学等都属于这种类型,为帮助学生准备出国留学的外语强化班等也属于这种类型。

(3) 普通班。这是一种为了培养和提高第二语言的一般能力、不针对某种特殊学习目的的教学类型。这种教学类型主要适用于受教育目的,也适用于为其他目的者打语言基础。

1.2 按教学期限划分的教学类型

根据教学期限,可以分为常规班和短期班等不同的教学类型。

按照我国学制,教学期限在一学年和一学年以上的是常规班,不到一学年的算短期班。上面所说的专业班一般都要学习一学年以上,所以都属于常规班;中小学的外语课程也属于常规班;专修班有的要学习一学年或一学年以上,有的只需学习数周或数月,所以要分别属于常规班和短期班。短期班具有更明显的速成性质。

### 1.3 按授课方式划分的教学类型

根据授课方式,除了班级教学以外,还可以分出个别教学、函授、刊授和远程教学等不同的教学类型。按教学内容和教学期限划分的各种教学类型,除了采用班级教学以外,都还可以采用个别教学、函授、刊授和远程教学等不同的授课方式。班级教学是最普通的授课方式,适用于所有的学习目的者。个别教学是一种一对一的教学类型,这种教学类型一般是根据学生的特点、学习目的和学习时间,由师生双方共同商定教学内容、教材、上课的时间和教学进度。这种个别教学有更大的灵活性,能够适应各种学习目的,也能够满足不能加入班级教学或者希望加快或放慢学习进度的各种教学对象的特殊需要。远程教学有多种形式,例如函授、刊授、广播教学、影视教学、多媒体教学等。多媒体教学是随着多媒体技术的发展而兴起的一种新型的教学方式,人们对它的发展前景持乐观态度。多媒体教学有明显的特点和优势,例如:虽然是远程,但师生可以直接互动;就像个别教学那样,学习者可以根据需要和可能自由选择学习的时间和内容;可以利用影视、动画等技术手段使教学变得更加直观、生动,教学模式和教学方法都有更多的创新空间。多媒体技术与广播、影视教学有相通之处,可以涵盖广播、影视教学,并有可能使函授、刊授教学的作用受到限制。当前发展多媒体教学的关键,一是要进行有效的组织,包括配备合适的教师,以加强师生的互动性。二是要制作出一批能体现多媒体教学特点的软件和课件,这些软件和课件有些也可以用于广播和影视教学。如果照搬课堂教学的模式或只是课本搬家,就不能发挥多媒体教学的优势,也不会取得预期的教学效果。

前面谈到,人们学习第二语言的目的大体上可以分为受教育目的、学术目的、职业目的、职业工具目的和临时目的等,划分教学类型的基本原则是在充分考虑学习者的学习目的的同时,还要考虑学习者的学习时间,并且尽可能做到同一种教学类型可以为不同的学习目的服务,不同的教学类型也可以为同一种学习目的服务。我们用下面的图表说明教学类型与学习目的的对应关系。

**教学类型与学习目的对应表**

| 教学类型 \ 学习目的 | | 受教育目的 | 学术目的 | 职业目的和职业工具目的 | 临时目的 |
|---|---|---|---|---|---|
| 按教学内容划分 | 专业班 | | ∨ | ∨ | |
| | 专修班 | ● | ∨ | ∨ | |
| | 普通班 | ∨ | ● | ● | ● |
| 按学习期限划分 | 常规班 | ∨ | ∨ | ∨ | |
| | 短期班 | ● | ● | ● | ∨ |
| 按授课方式划分 | 个别教学 | ● | ∨ | ∨ | ∨ |
| | 函授 | ● | ∨ | ● | ∨ |
| | 刊授 | ● | ∨ | ● | ∨ |
| | 多媒体教学 | ● | ∨ | ∨ | ∨ |

注:"∨"表示适用,"●"表示可作为补充。其中按教学内容划分的普通班和按学习期限划分的常规班互相重叠。

从上面的图表可以看出,不同的教学类型所针对的学习目的有:

专业班:针对学术目的、职业目的和职业工具目的。

专修班:针对学术目的、职业目的和职业工具目的,可作为受教育目的的补充。

普通班:针对受教育目的,可以作为其他目的的补充。

常规班:针对临时目的之外的所有学习目的。

短期班:针对临时目的,可作为其他学习目的的补充。

班级教学:针对所有的学习目的。

个别教学:针对所有的学习目的,或作为所有学习目的的补充,对受教育目的只能作为补充。

函授、刊授:针对学术目的和临时目的,可以作为其他学习目的的补充。

多媒体教学:针对所有的学习目的,或作为所有学习目的的补充,对受教育目的只能作为补充。

上面的图表也说明,不同的学习目的可选择的教学类型有:

受教育目的:最适合编入常规班、普通班。专修班、短期班、个别教学和函授、刊授、多媒体教学等可以作为补充。

职业目的和职业工具目的:可任意选择任何一种教学类型,其中短期班和函授、刊授只能作为补充。

学术目的:可任意选择任何一种教学类型。

临时目的:最适合加入短期班,个别教学、函授、刊授、多媒体教学等均可。

## 2. 课程类型

### 2.1 课程和课型

课程和课型是两个不同的概念。有独立教学内容的叫课程,属于一门课程分支的叫课型。例如,"现代汉语"是一门课程,如果要分别进行听力、说话、阅读、写作训练,听力课、说话课、阅读课、写作课等就是课型。第二语言教学要开设不同的课程,有些课程还要划分不同的课型。

### 2.2 课程类型

课程类型是课程性质的类别。课程的性质是由教学内容的性质决定的,所以课程类型直接反映教学内容的性质。例如,语言课和语言知识课是不同的课程类型,前者的教学内容是语言,后者的教学内容是语言知识。

第二语言教育的课程类型主要包括语言课、翻译课、语言知识课和背景知识课。

(1)语言课。语言课是第二语言教学的基本课程,汉语作为第二语言教学的语言课就是汉语课。汉语又可分为现代汉语和古代汉语。古代汉语有相对独立的语汇和语法系统,不能跟现代汉语完全混同起来,应作为一门独立的课程,但不是对所有的学生都必须开设。古代汉语课的教学目的是培养阅读理解能力,实际上是一门阅读课。现代汉语课是基本课程,教学目的是培养学生的汉语能力和汉语交际能力——包括口头汉语交际能力和书面汉语交际能力。

(2)翻译课。这也是一种语言课,但是它的基本教学内容是两种语言的对比和对译,有自己相对独立的系统,教学目的是培养翻译能力和翻译技巧,所以不同于一般的语言课。翻译课有不同语种之间的翻译,例如有汉英、汉法、汉俄、汉西、汉日、汉韩、汉阿拉伯、等等。就像不同语言的语言课都有各自相对的独立系统,因此都是独立的课程一样,不同语种的翻译课也都有各自相对独立的系统,因此也都是独立的课程。翻译课也是只适用于学术目的者、职业目的者和职业工具目的者,对其他教学对象可以在汉语课中做一些对译练习。

(3)语言知识课。语言知识课属于语言学课程,主要内容是系统地介绍语言知识,教学目的是帮助学生加深对目的语的认识,提高目的语的理解和表达能力,为学习语言学和开展相应的理论研究打下基础。就汉语作为第二语言教学而言,可以分别开设汉语语音、汉字、汉语语法、汉语方言等课程。这类课程只适用于学术目的者、职业目的者和职业工具目的者。对其他学生不必专设汉语知识课,必要的汉语知识可以在汉语课中介绍。

(4) 背景知识课。背景知识课的范围很广,有文学、艺术、历史、地理、政治、经济、法律、哲学,等等。教学目的是帮助学习者增加目的语知识和目的语文化知识,加深对目的语和目的语文化的理解。跟语言课和翻译课不同,这些课程的教学内容是有关的知识而不是语言本身,教学方法都是着眼于知识传授,而不是着眼于技能训练。但是也不能忽视第二语言教学的目的,教学内容和教学方法都要兼顾提高学生的语言能力和语言交际能力,特别是听、读、写的技能。背景知识课的开设要从教学对象的实际需要和接受程度出发,对不同教学对象的教学内容有所区别。对目的语程度较高的学术目的者、职业目的者、职业工具目的者可以比较系统地开设,对目的语程度不高的其他学习者可以用他们的母语或媒介语开设概论性质的课程。

2.3 课型

我们这里只讨论语言课的课型。语言是一种复杂的系统,有关的内容可以分解,在教学上也必须分解;人们学习第二语言的目的和要求不完全相同,教学上必须根据学生的需要加强针对性。因此,一门语言课程的教学往往要通过不同的课型来进行。课型设计必须从语言规律(例如可分解性、语言要素和言语技能的关系以及不同语体的特殊性等)、语言学习规律(例如交际的需要和习得规律等)和语言教学规律(例如便于实际操作等)出发。根据语言规律、语言学习规律和语言教学规律,课型可以从不同的角度划分。例如,可以从技能训练的角度划分,也可以从语体教学的角度划分,还可以从语言要素教学的角度划分。我国对外汉语教学中汉语课的课型设计,主要是从技能训练和语体教学的角度划分,同时开设一些从语言要素教学的角度划分出来的课型。这些不同课型的教学内容和训练方法也有重叠和交叉。下面分别介绍。

(1) 综合课。综合课也叫精读课,主要特点是综合教学,主要任务是全面进行语言要素、语用规则和文化背景知识的教学,全面进行言语技能和言语交际技能的训练,把语言要素、语用规则和相关文化知识的传授与言语技能和言语交际技能的训练揉在一起,进行综合教学。

(2) 专项技能课。这是从技能训练的角度划分出来的课型,已经开设或曾经开设的有听说、读写、听力、口语(说话)、视听、视听说、热门话题、阅读、写作等。这类课型的特点是侧重于某一项或某两项技能训练,多半是与综合课同时开设。

(3) 专项语体课。这是从语体教学的角度划分出来的课型,已经开设或曾经开设的有口语(作为口语体的口语)、外贸(商务)口语、文学阅读、报刊阅读、新闻听读、商务(经贸)汉语、科技汉语等。这类课型除了侧重于某一项或某两项技能训练之外,更侧重于特殊语体和专业语汇的教学。其中商务汉语和科技汉语等也可以作为综合课开设。

(4) 以专项语言要素为中心的技能训练课。这是从语言要素教学的角度划分出来的课型,已经开设或曾经开设的有汉字、语音练习、语法练习等。这类课型的特点是针对学生的难点进行专门的训练,基本上是作为其他课型教学的补充,属于辅助课型。

**思考题**

1. 什么是教学类型?汉语作为第二语言教学有哪些教学类型?
2. 什么是课程?什么是课程类型?汉语作为第二语言教学有哪些课程类型?
3. 什么是课型?汉语作为第二语言教学有哪些课型?
4. 某外国大学要派12名学生到中国X大学学习8周商务汉语,下面是X大学对外汉语教学的教学类型表,你是教学负责人,请在表中合适的空格内打勾,把这批学生归入适当的教学类型。

| 专业班 | 专修班 | 常规班 | 短期班 | 个别教学 | 函授 | 刊授 | 多媒体 |
|--------|--------|--------|--------|----------|------|------|--------|
|        |        |        |        |          |      |      |        |

5. X大学为这批学生开设一门商务汉语课,每周上课20学时,根据综合教学和专项技能训练相结合的原则划分课型。作为教学负责人,你负责课程设计和教学组织工作,请在下表内填写有关内容。

| 课型名称 | 教材名称 | 周课时 | 总课时 | 任课教师 |
|----------|----------|--------|--------|----------|
|          |          |        |        |          |
|          |          |        |        |          |
|          |          |        |        |          |
|          |          |        |        |          |

## 第五节 教学原则、教学路子、教学方法、教学技巧

第二语言教学与其他文化科学知识教学的区别之一,就是它有自己特定的教学原则以及相应的教学路子、教学方法和教学技巧。全面理解和熟练掌握第二语言教学的教学原则、教学路子、教学方法和教学技巧,是第二语言教学工作者必须具备的基本条件之一。

## 1. 教学原则

语言教学的教学原则是教授语言的法则。它反映语言规律、语言学习规律和语言教学规律,用以指导和规约总体设计、教材编写、课堂教学和语言测试等全部教学活动。既然是法则,自然是不可违背的。但是不同的语言教学法流派对语言规律、语言学习规律和语言教学规律的解释不一定相同,所以提出的教学原则也不一定相同。我们认为,在总体设计、教材编写、课堂教学和语言测试中必然要遇到的主要问题是如何处理对教学全局有重要影响的各种关系。因此,反映语言规律、语言学习规律和语言教学规律的教学原则要能对正确处理这些关系给予全面的指导和规约。下面提出的是我们认为对教学全局有重要影响的几种关系,处理这些关系的原则也就是我们所主张的教学原则。

(1)教师与学生的关系。涉及的主要问题是:以教师为中心还是以学生为中心?我们赞成"以教师为主导、以学生为中心"的提法。教学计划的制订,教学路子的设计,教学类型和课程类型的划分,教材的编写和使用,教学方法和教学技巧的创造和运用,等等,都要由教师来决定,这些都体现为教师的主导作用。但是上述教学活动都必须从学生的特点出发,要充分考虑学生的年龄特征、文化程度、第一语言跟目的语的关系、学习目的和实际需要;在课堂上,主要的活动者是学生而不是教师,就好比演戏,学生是演员,教师是导演。这些都体现为学生的中心地位。与此相反的做法是:不考虑学生的特点,根据主观设想和传统习惯决定教学内容和教学方法;在课堂上,教师唱独角戏,一个人包揽整个课堂活动。这些做法实际上就是以教师为中心。以教师为中心是一种落后教育思想的表现,不可能取得好的教学效果。

(2)语言教学与文化教学的关系。涉及的主要问题是,语言教学要不要与文化教学相结合?我们认为,语言教学必须与文化教学相结合。这是语言与文化的关系以及第二语言习得的特点所决定的。不过这里所说的文化不是指广义的文化,而是指跟语言理解和语言表达密切相关的文化知识,即所谓"交际文化"。因为交际文化就存在于语言和语言交际之中,所以交际文化的教学要从属于语言要素的教学以及言语技能和言语交际技能的训练。在语言教学与文化教学的关系问题上要避免两种片面性。一种片面性是只教语言,不介绍跟语言理解和语言表达有密切关系的文化知识;另一种片面性是把语言教学跟一般文化知识的教学等同或并列起来。我们之所以不赞成把语言教学跟一般文化知识的教学等同或并列起来,是因为语言教学有自己特定的教学系统,这种特定的教学系统跟文化科学知识的教学系统不能兼容。当然,因为语言是文化的载体,所以语言教学的内容不可能脱离一般文化知识。但是在组织教学内容时有一个谁服从谁的问题。所谓谁服从谁,就是要建立的教学系统是语言教学系统还是文化教学系统。语言课程的教学只能建立语言教学的系统,一般文化知识的教学必须服从于语言教学系统。文化教学也需要建立自己的系统,这样的教学系统要通过开设非语言课程才能建立起来。跟语言教学有关的非语言课程是语言教育范围内的课程。我们不赞成把语言教学跟一般文化知识的教学等同或并列起来,并不是反对在语言教育中进行文化教学,而是更重视文化教学的系统性。

（3）教学内容与教学方法的关系。涉及的主要问题是:根据教学内容决定教学方法还是根据教学方法决定教学内容？我们认为应当根据教学内容决定教学方法。正如前面所指出的,语言教学至少要包括五项内容,即语言知识、语用知识、相关文化知识、言语技能和言语交际技能。对这些不同的教学内容要采用不同的教学方法。我们研究教学,首先要研究怎样把这五个方面的内容组织起来,然后再研究每一项内容怎么教,而不应当首先考虑采用什么样的教学方法,然后决定安排什么样的教学内容。就是具体项目的教学,对不同项目的处理方法也不能完全相同。以语法教学为例,有些语法点的讲解适合于采用归纳法,有些语法点的讲解适合于采用演绎法。采用演绎法还是采用归纳法,要看是什么样的语法点,不应当首先认定语法知识的教学只能用归纳法,然后根据这样的思路编写教材。当然,教学内容并不是决定教学方法的唯一因素,因为同样的内容也可以用不同的方法来教。决定教学方法的另一个最重要的因素是语言习得规律。此外,教学内容跟语言的特点有关。不同语言教学的内容,其总的范围是一致的,但是具体的教学内容不一定相同。例如,跟英语等印欧系语言不同,汉语是缺少形态变化的语言,教学内容中就不存在性、数、格、时态等方面的形态变化。但是声调、汉字、量字、无标记被动句、把字句等却是必须突出的教学重点。这些不同的教学内容对教学方法也有一定的决定作用。由此可见,所谓教学内容决定教学方法,也包括教学方法要根据所教语言的特点来决定,教授不同的语言不一定采用相同的教学方法。

（4）知识传授与技能训练的关系。前面谈到:语言教学的直接目的是培养学生的语言能力和语言交际能力。语言能力的构成因素是语言要素、语用规则和相关文化知识,这些都属于知识范畴;语言交际能力包括口头交际能力和书面交际能力,其构成因素除了语言要素、语用规则和相关文化知识以外,还包括言语技能和言语交际技能。言语技能和言语交际技能属于技能范畴。语言能力和语言交际能力的构成因素表明,言语和言语交际都是知识和技能的结合。在语言教学中,知识可以传授,技能却需要训练。也就是说,语言教学既要传授知识,也要训练技能,并且要把两者有机地结合起来。只传授知识而不训练技能就不是真正的语言教学,不能把两者有机地结合起来就不是科学的语言教学。

（5）理论讲解与言语操练的关系。语言教学中的知识传授也包括理论讲解。需要强调说明的是：语言教学中的理论讲解是为了帮助学生正确理解和正确使用所学的言语材料，使他们能够举一反三。因此理论讲解必须服从于言语操练。这跟语言学教学中的理论讲解有严格的区别。语言教学中的理论讲解还要从实际出发，对小学生以及文化程度较低的学生不宜介绍理论知识，只能结合实物和实情，结合语言环境和上下文进行言语操练。对中学生可以适当介绍一些理论知识，但是占用的时间不宜过多，一般不宜超过课堂教学时间的四分之一，最多不能超过三分之一。对文化程度较高的学生，特别是职业目的者，可以多介绍一点理论知识，但是对职业目的者要专门开设语言知识课或语言理论课，所以在语言课上讲解理论知识的时间最好也不要超过课堂教学时间的三分之一。

（6）目的语与媒介语的关系。我们原则上不反对在第二语言教学中使用媒介语，但是主张把媒介语的使用减少到最低限度。在课堂上，媒介语的使用要严格控制，只能在不得已的时候适度使用。负责任的教师不会把课堂教学当成练习外语的场所。

我们认为，正确处理这些关系的原则，即：以教师为主导、以学生为中心的原则，语言教学与交际文化教学相结合的原则，教学内容决定教学方法的原则，知识传授与技能训练相结合的原则，理论讲解服从于言语操练的原则，适度使用媒介语的原则，反映了语言和语言学习的客观规律，因此是语言教学普遍适用的原则。在总体设计、教材编写、课堂教学和语言测试等整个教学过程和全部教学活动中都应当贯彻这些原则。

## 2．教学路子

我们所说的教学路子有特定的涵义，是指经过人工设计的为实现某种教学目的而进行知识传授和技能训练的途径和方式。（吕必松 2003）以汉语作为第二语言教学为例：以"字"为基本教学单位和以"词"为基本教学单位就属于不同的教学路子；综合教学、分技能教学、综合教学与分技能教学相结合也属于不同的教学路子。

教学路子的主要作用是指导课程设计和教材编写，对课堂教学和语言测试也有规约作用。语言学习和教学也好比走路，存在着走近路还是走远路的问题。从出发点到目的地，走直线就是走近路，走曲线就是走远路。正确的教学路子就等于让学生和教师走近路，错误的教学路子就等于让学生和教师走远路。走远路当然要多花时间和气力。由此可见，教学路子直接影响语言教学的效率和成功率。

教学路子是由所教语言的特点和语言习得规律所决定的，设计什么样的教学路子，必须以所教语言的特点和语言习得规律为根据。同一种语言的教学之所以会出现不同的教学路子，就是因为对所教语言的特点和语言习得规律有不同的认识。因此，研究教学路子必须与研究所教语言的特点和语言习得规律相结合。

教学路子不同于教学原则。它们之间的主要区别是：

（1）教学路子是相关教学原则的具体化。例如，"知识传授与技能训练相结合"是一条教学原则，而怎样使两者有机地结合起来，却是教学路子设计要解决的问题。

（2）教学原则全面反映语言规律、语言学习规律和语言教学规律，在语言教学中具有普遍意义。它只能通过理论研究去加以揭示，而不能由任何个人进行创造。教学路子虽然也要反映语言规律、语言学习规律和语言教学规律，但是要经过人工设计，在设计过程中要更加重视针对所教语言的特点。

## 3. 教学方法

教学方法是在教学原则的指导下，在教材编写和课堂教学中进行知识传授和技能训练的具体方法，其中包括组织教学内容的方法（例如按结构法还是按功能法组织教学内容），讲解语言点的方法（例如采用演绎法还是采用归纳法），训练听、说、读、写等言语技能和言语交际技能的方法（例如采用什么样的练习方式），等等。

教学方法不同于教学路子，它们之间的主要区别是：

（1）教学路子指导教学内容的分类和组织，并通过课程设计和教材编写加以落实。教学方法则如同上面所说，是在教材编写和课堂教学中进行知识传授和技能训练的具体方法。

（2）教学路子对教材编写、课堂教学和语言测试的指导和规约具有统一性。也就是说，一种教学路子确定之后，就要在教材编写、课堂教学和语言测试中贯彻始终。教学方法则具有较大的灵活性，可以根据教学需要进行选择和创造。一种教学路子可以容纳不同的教学方法，采用什么样的教学方法，往往取决于教师的教学经验。

## 4. 教学技巧

教学技巧是指任课教师在课堂上进行教学的技巧，也可以叫做课堂教学技巧。课堂教学技巧只能由任课教师个人掌握，虽然要受教学原则、教学路子和教学方法的制约，但是比教学原则、教学路子和教学方法具有更大的灵活性，能够充分体现教师个人的教学艺术和教学风格。教学技巧贯穿在整个课堂教学的组织中，例如，怎样引进一个新的语言点，怎样板书，怎样使用直观教具，怎样运用表情动作帮助学生加深印象和吸引学生的注意力，怎样启发学生思考问题，怎样调动学生学习的主动性和发挥全班每一个学生的积极性，怎样掌握语速和教学节奏，怎样调节课堂气氛，等等，都属于教学技巧方面的问题。一定的教学原则、教学路子和教学方法必须通过一定的教学技巧才能得到有效的贯彻，否则，再好的教学原则、教学路子和教学方法也只能成为死板的教条。熟练而得当地运用行之有效的教学技巧对提高教学质量有决定性的作用。语言教学既是一门科学,又是一门艺术。这种教学的艺术性最终要体现在课堂上,只有把一定的教学原则、教学路子、教学方法和教学技巧巧妙地结合起来,才能显示教学的艺术性。语言教师的教学技巧就好比演员的表演技巧。演员演戏固然要有好的剧本,但是如果没有表演技巧,再好的剧本也不能吸引观众。教师上课固然要有体现科学的教学原则、先进的教学路子和教学方法的理想的教材,但是如果没有好的教学技巧,再好的教材也不能吸引学生。演员以自己表演的艺术魅力吸引观众,语言教师则必须以自己教学技巧的艺术魅力吸引学生。当然,教学技巧也不能背离教学原则,就像演员的表演技巧不能脱离剧情和人物性格一样。例如:"以教师为主导、以学生为中心"是一条教学原则,如果教师只顾自己的表演而把学生撂在一边,表演得再好也算不上教学艺术。又如:我们主张把媒介语的使用降低到最低限度,如果教师在课堂上大量使用媒介语,课堂气氛再活泼也算不上教学艺术。

**思考题**

1. 什么是教学原则?教学原则能不能创造?为什么?
2. 为什么说"语言教学与文化教学相结合"是语言与文化的关系以及第二语言习得的特点所决定的?
3. 为什么要把"知识传授和技能训练相结合"作为一条教学原则?
4. 语言课中的理论讲解为什么必须服从于技能训练?
5. 什么是教学路子?为什么要研究教学路子?
6. 什么是教学方法?教学方法与教学原则和教学路子有什么不同?
7. 为什么说同样的教学路子可以容纳不同的教学方法?
8. 什么是教学技巧?教学技巧在教学中有什么作用?

**引文目录**

吕必松(1999)汉字教学与汉语教学,《汉字与汉字教学研究论文选》,北京大学出版社。

吕必松(2003)汉语教学路子研究刍议,《暨南大学华文学院学报》第1期。

# 第五章  教学过程和教学活动

我们把语言教学的全过程和全部教学活动分为四大环节，即：总体设计、教材编写、课堂教学和语言测试。本章依次对这四项内容分别进行讨论。

## 第一节  总体设计

### 1. 什么是总体设计

总体设计是针对既定教学对象的一种教学设计。教学设计包括语言专业的教学设计和语言课程的教学设计，语言专业的教学设计要包括非语言课程的设计，所以是语言教育的任务。作为教学设计的总体设计是指语言课程的教学设计。

人们学习第二语言的时间有限，都希望能在最短的时间内得到最大的收获。因此，语言教学必须争取用最短的时间取得最好的教学效果。然而，第二语言教学既要受语言规律、语言学习规律和语言教学规律的支配，又要受各种主客观条件的制约。要提高第二语言教学的效率，用最短的时间取得最好的教学效果，就必须全面理解反映语言规律、语言学习规律和语言教学规律的各项教学原则，全面分析自己的主客观条件，综合考虑各种可能的教学措施并进行比较和优选，在此基础上，设计出一种整体教学方案。这样的整体教学方案及其设计的过程就是总体设计。

上面所说的各种主客观条件是指执教者条件、教学对象的条件、教学设施和设备以及经费保障等，所说的教学措施是指怎样确定教学目标、教学内容、教学路子和课程设置，采用什么样的教学方法，编写或选择什么样的教材等。这些措施中的每一项都可以有多种选择，需要根据自己的主客观条件并针对教学对象的特点进行比较和优选。总体设计的任务就是在全面分析各种主客观条件、对各种可能的教学措施进行比较和优选的基础上提出整体教学方案。这种整体教学方案要能全面贯彻体现语言规律、语言学习规律和语言教学规律的各项教学原则;确定的教学目标、教学内容、教学路子、课程设置、教学方法等都符合有关教学对象的特点;能够指导教材编写(或选择)、课堂教学和语言测试,使各个教学环节成为一个互相衔接的、统一的整体,使全体教学人员明确自己的任务,并根据不同的分工在教学上进行协调行动;最后,也是最重要的,就是在同等条件下能够取得最佳教学效果。

第二语言教学中有多种设计,例如有课程设计、教材设计、考试试卷设计等。这些设计都是单项设计,而不是总体设计。我们把上面的设计叫做总体设计,就是为了把它跟课程设计、教材设计、考试试卷设计等单项设计区别开来。

根据上面的叙述,我们可以把第二语言教学的总体设计定义如下:

第二语言教学的总体设计是以反映语言规律、语言学习规律和语言教学规律的各项教学原则为指导,在全面分析自己的主客观条件的基础上,针对既定教学对象的特点,对各种可能的教学措施进行比较和优选的过程和结果。总体设计的主要内容包括针对既定教学对象特点的教学目标、教学内容、教学路子、课程设置和教学方法,这些内容对教材编写(或选择)、课堂教学和语言测试等有指导和规约作用,能够使各个教学环节成为一个互相衔接的、统一的整体,使全体教学人员根据不同的分工在教学上进行协调行动。

## 2. 总体设计的任务和作用

上面的定义已经包含了总体设计的任务和作用。为了进一步说明总体设计的必要性,需要对几个有关的问题作些专门的说明。

### 2.1 关于设计整体教学方案

总体设计的任务是提出整体教学方案。为什么要通过总体设计来提出整体教学方案呢?

我们知道,语言是一种极其复杂的社会现象,我们对语言规律的认识还十分有限;语言学习和习得是一种极其复杂的心理过程,第二语言学习和习得尤其是如此,我们对这种心理过程的研究才刚刚开始;第二语言教学是一种相当复杂的系统工程,它包括多种教学环节,每个教学环节都要由不同的人员进行分工合作;它既要遵循语言和语言学习的客观规律,又要受到各种主客观条件的制约,因此必然要反映语言、语言学习和语言教学中的各种矛盾。第二语言教学本体中比较突出的矛盾至少表现在以下几个方面:

(1)教和学的矛盾。学习一种语言,由不会到会,需要师生双方的共同努力。人们学习第二语言的具体目的不完全相同,认知风格和学习策略也有一定的差异。因此,同一个教学单位的课程和教材往往不能适应所有学生的要求,同一个教师的业务素质、教学方法和教学风格等也往往不能适应所有学生的要求。这样就出现了教和学的矛盾。

（2）教学内容和教学方法的矛盾。前面谈到，语言教学的基本内容包括知识和技能两个方面。人们获得知识和获得技能的心理和生理过程不完全相同，所以传授知识和训练技能的方法也不应当相同。在同一门课中既要传授知识，又要训练技能，就必然会出现教学内容和教学方法的矛盾。课堂教学中常常出现的教师讲得多、学生练得少的情况，就是这种矛盾反映的一个侧面。

（3）语言要素教学和言语技能训练的矛盾。语言学习和教学的过程，归根结底，就是把客观存在的语言要素转化为学习者个人的言语技能和言语交际技能的过程。不同的语言要素都有自己的科学系统，而要进行言语技能训练，就必须首先把语言要素的科学系统"改组"成特定的教学系统。这种"改组"工作要涉及很多方面的复杂因素，这样就出现了语言要素教学和言语技能训练的矛盾。举一个简单的例子：从言语技能训练的角度说，"谢谢"这个词应当早出，因为它常用，学生也容易掌握；但是从汉字教学的角度说，"谢"这个字是由三个部件组成的合体字，难写，又不常用，因此不应当早出。这种字和词的矛盾首先是语言要素内部的矛盾，同时也表现为语言要素教学和言语技能训练的矛盾。

（4）不同语言要素教学的矛盾。就个人语言发展规律来说，对语音、文字、词汇（语汇）、语法这四种不同的语言要素的掌握有相辅相成的连带关系，这就要求在教学中力求使学生在这几个方面得到均衡发展。但是学习和习得不同语言要素的心理过程和生理过程不完全相同，不同的学习者由于具体的学习目的不同，对不同的语言要素在范围、数量和熟练程度等方面的要求也不完全相同，因此实际上很难达到均衡发展。在语言教学中，必须根据教学对象的具体学习目的和要求确定语言要素教学的重点、范围和数量，必须根据语言、语言学习和语言教学的规律对不同的语言要素进行科学的搭配和合理的编排。重点、范围和数量的控制要涉及很多复杂的因素，尤其是在初级阶段，要编写一段意思完整的对话或一篇意思完整的短文，常常要在汉字、语汇、句子等方面进行反复推敲，推敲的结果往往还是不能令人满意，原因就在于语音、汉字、语汇、语法等方面的搭配不能做到尽如人意。这就是语言诸要素教学的矛盾。

（5）不同言语技能训练的矛盾。在语言学习和习得的过程中，听、说、读、写这四项言语技能之间也存在着相辅相成的连带关系。其中听和说的关系更为密切，读和写的关系更为密切；听和读属于输入，说和写属于输出。但是不同的教学对象对各项言语技能是全面要求，还是有所侧重，往往因具体学习目的的不同而有所区别，学习和习得这四种言语技能的心理过程和生理过程也有根本的不同，因此，在语言教学中，既要针对不同教学对象的不同的学习要求选择言语技能训练的重点，又要根据不同言语技能之间的相互关系和习得顺序有计划地组织教学，力求使相关的言语技能得到相对均衡的发展。在选择训练重点和确定各项技能训练的比重时,难免会出现矛盾,这就是各项言语技能训练的矛盾。

(6)言语技能训练和言语交际技能训练的矛盾。如何正确处理言语技能训练和言语交际技能训练的关系,也是语言教学中必须引起高度重视的一个问题。语言教学的直接目的是培养学生使用语言的能力,这种能力就表现为言语交际技能。因此,语言教学的中心内容就是进行言语交际技能的训练。但是,言语交际技能是建立在言语技能的基础之上的,不存在没有言语技能的言语交际技能,所以言语交际技能的训练又必须以言语技能的训练为基础。这种现象很容易使人产生误解,以为掌握了言语技能,就自然会用这种语言进行交际。实际上,言语交际要根据不同的交际目的、交际对象、交际内容和交际场合等对语音形式、语汇、句式、语体和应对方式等进行正确的选择。由此可见,跟言语技能的训练相比,言语交际技能的训练涉及的内容更加广泛,这就决定了语言教学中的技能训练不能把言语技能的训练作为终极目标。现在我们仍然会看到两种截然相反的现象:一种是把言语技能的训练作为技能训练的终极目标,实际上是以言语技能训练代替言语交际技能训练;另一种是为了迅速提高学生的交际能力而忽视言语技能基本功的训练。这两种现象正好反映了言语技能训练和言语交际技能训练的矛盾。这种矛盾在许多技术性处理上也会遇到。例如,从言语交际技能训练的角度说,"把"字句的使用频率很高,应当早一点教给学生,但是从言语技能训练的角度说,学习"把"字句的难度很大,即使早出,学生也难以掌握。

上述种种矛盾并不是互相平行的,而是互相交叉的。这些矛盾交织在一起,互相作用,就形成了第二语言教学中各种错综复杂的矛盾。第二语言教学既有普遍性的矛盾,不同语言的教学、同一种语言在不同条件下的教学,又都有一些特殊性的矛盾。第二语言教学的过程,实际上就是不断地分析和解决这些矛盾的过程。正是为了解决这些矛盾,人们才设计出了不同的教学路子和不同的教学方法。但是用不同的路子和方法所取得的教学效果可能不同。即使同样的路子和方法,用来教某一种语言效果可能很好,用来教另一种语言效果就可能很差。就是教同一种语言,在某种情况下效果可能很好,在另一种情况下效果就可能很差。由此可见,语言教学的路子和方法既是在发展中的,又是有针对性的。要取得理想的教学效果,就必须根据特定的条件,在综合分析各种矛盾的基础上,提出解决普遍性矛盾和特殊性矛盾的最好的办法,设计出能够有效地解决这些矛盾的最好的方案。这样的教学方案应当能够把教和学统一起来,把语言规律、语言学习规律和语言教学规律统一起来,把教学需要和客观条件统一起来。要做到这一点,就必须对整个教学过程和全部教学活动进行系统的精心设计。

## 2.2 使各个教学环节成为一个互相衔接的、统一的整体

第二语言教学的四大环节是各自相对独立的,但是它们不应当互相脱节,而必须成为一个能够体现语言规律、语言学习规律和语言教学规律的互相衔接的、统一的整体。怎样才能使四大环节成为一个统一的整体呢？

前面提到,在第二语言教学的四大环节中,课堂教学是中心环节。课堂教学是最直接的教学实践活动,必须有固定的教学对象、教学目标和教学内容；课堂教学必须有适用的教材,编写或选择教材也必须针对一定的教学对象,围绕一定的教学目标,遵循一定的教学路子和教学方法；语言测试的内容和方法也要由教学目标、教学内容、教学路子、课程类型和教学方法来确定。由此可见,教材编写、课堂教学和语言测试等不同的教学环节都要针对一定的教学对象和教学目标,选择与教学对象和教学目标相适应的教学内容,遵循一定的教学路子和教学方法；只有保持教学对象、教学目标、教学内容、教学路子和教学方法这几者之间的统一和一致,才能使四大环节成为一个互相衔接的、统一的整体。这种统一和一致是联系各个环节的纽带,必须靠总体设计来实现。

## 2.3 使全体教学人员能够根据不同的分工在教学上进行协调行动

从总体上说,语言教学活动不可能是某一个教师的个人行动。只要有两个以上的教师共同承担某一项教学任务,就必须进行分工合作。编写教材、上课和测试试卷的设计等工作往往要由不同的教师分别承担,这是纵向的分工合作；这几项工作中的每一项工作也往往要由两个以上的教师共同承担,这是横向的分工合作。从纵向看,各个教学环节既相对独立,又是一个统一的整体；从横向看,每个教师都要独立承担一部分任务,但相互之间又要保持连贯和一致。这就要求全体教学人员必须既有分工,又协调行动。只有通过总体设计确定统一的教学目标、教学内容、教学路子、课程类型和教学方法,才能使全体教学人员明确教学过程中的各种纵横关系,明确自己在各种纵横关系中的地位和作用,明确分工的形式和具体内容,明确自己应该做什么,怎么做,从而能够自觉地承担自己的任务,并能主动地跟其他教学人员进行配合。

# 3. 总体设计的内容和程序

一般说来,总体设计应包括下列内容和程序。

## 3.1 分析教学对象的特点

总体设计要针对一定的教学对象,教学目标、教学内容、教学路子和教学方法的确定都必须从教学对象的特点出发,因此,分析教学对象的特点是进行总体设计的基础性工作。教学对象的特点包括自然特征、学习目的、学习的起点和学习时限等方面的内容。

（1）自然特征。包括年龄、文化程度、第一语言和第一文化与目的语和目的语文化的

关系等。这些自然特征对确定教学内容、教学路子、教学方法等有决定性的作用。例如，对儿童的第二语言教学和对成年人的第二语言教学，教文化程度较低的人和教文化程度较高的人，教与第一语言有亲属关系的语言（例如教英国人法语或教法国人英语）和没有亲属关系的语言（例如教中国人英语或教英国人汉语），教学内容、教学路子和教学方法等就不能完全相同。

（2）学习目的。人们学习第二语言有不同的目的（我们在第二章把第二语言学习的目的概括为五种，即受教育目的、学术目的、职业目的、职业工具目的和临时目的），针对既定教学对象的总体设计必然要针对特定的学习目的。学习目的是确定教学目标和教学内容的依据，只有了解学生的学习目的，才能确定教学目标和教学内容。

（3）学习的起点。是指从零开始还是在某种已有的目的语的基础上进行。

（4）学习时限。包括学习期限（例如一年、两年等）和周课时、总课时。学习时限也是确定教学目标和教学内容的依据。也就是说，教学目标和教学内容除了要与学习目的相一致以外，还要与学习时限相一致。教学目标代表必要性，教学时限代表可能性。

### 3.2 确定教学目标

教学目标是指要使学生具备什么样的知识结构和能力结构，具备什么样的语言能力和语言交际能力，能够用目的语从事什么样的工作，可以在什么样的范围内进行交际活动等。

教学目标一般要包括以下两个方面的内容：

（1）使用目的语的范围。例如作为职业内容还是作为职业工具；如果作为职业工具，还要明确作为哪一类职业的工具。使用目的语的范围不同，对教学内容的要求也不同。例如学习文学专业和学习经济专业对语汇范围的要求就有很大的不同；学习理工专业和学习医学专业对语汇范围的要求也有很大的不同。

（2）目的语水平的等级。在同样的范围内进行交际，可以有不同的水平。例如担任翻译工作，可以是初级翻译，也可以是中级或高级翻译。教学目标也要包括培养学生达到什么样的水平等级。教学中要区分的目的语水平的等级一般为初级、中级和高级，如有必要，还可以把每一个等级再分为若干个小的等级。

规定目的语水平的等级，首先要有划分等级标准。如何确定第二语言水平等级的标准，还是一个亟待研究解决的问题。就对外汉语教学而言，目前最权威的是《汉语水平考试（HSK）》规定的水平等级。

### 3.3 确定教学内容

第二语言教学内容的总的范围包括语言知识、语用知识、相关文化知识、言语技能和言语交际技能。总体设计要针对具体的教学对象并规定具体的教学目标，因此，所谓确定教学内容,就是确定教学内容的具体范围和指标。例如:语汇属于总的范围,哪些领域的语汇是具体范围,语汇的数量就是指标。言语技能属于总的范围,其中的听、说、读、写是具体范围,每一项技能达到什么等级水平就是指标。进行总体设计不但要确定教学内容的具体范围,而且要确定每一项内容的指标。教学内容的范围和指标要与一定的水平等级相对应,在取得新的研究成果之前,只能以汉语水平考试大纲为依据。

3.4 确定教学路子

我们在第四章谈到,教学路子就是经过人工设计的为实现某种教学目的而进行知识传授和技能训练的途径和方式。所谓确定教学路子,就是对知识传授和技能训练的途径和方式做出具体规定。就汉语作为第二语言教学而言,确定知识传授和技能训练的途径和方式主要包括下列内容:

(1) 在知识传授方面,要确定是以"词"为基本教学单位,还是以"字"为基本教学单位?是把口头汉语和书面汉语合在一起教,还是把它们分开来教?迄今占主流地位的教学路子都是以"词"为基本教学单位,基本上不区分口头汉语和书面汉语。但是以"字"为基本教学单位的主张也值得重视。"字"包括音节和汉字。音节是口头汉语的载体,汉字是书面汉语的载体,因此,以"字"为基本教学单位必然要区分书面汉语教学与口头汉语教学。(吕必松 2005,2006)

(2) 在技能训练方面,要确定是采用综合训练的方式,还是采用分技能训练或综合训练与分技能训练相结合的方式?当前占主流地位的教学路子多半采用综合训练与分技能训练相结合的方式,这跟以"词"为基本教学单位的路子是一致的。如果以"字"为基本教学单位,因为要区分书面汉语和口头汉语,就需要把听说和读写分开来训练。这是就常规汉语教学而言,短期汉语教学和速成汉语教学不在此列。

知识传授和技能训练是两种不同的教学系统,在进行总体设计时,要通过制定教学大纲设法把这两种不同的教学系统统一起来,做到有机结合。(吕必松 1997)

3.5 进行课程设计

前面提到,作为总体设计的教学设计是指语言课程的教学设计,因此,这里所说的课程设计是指语言课程的设计,包括语言课程的课型设计。语言课程的课程设计必须与教学路子保持一致。例如,如果以"词"为基本教学单位,把口头汉语和书面汉语放在一起教,采用综合训练和分技能训练相结合的方式,就必须既开设综合课,也开设专项技能课;如果以"字"为基本教学单位,把口头汉语和书面汉语分开来教,就只能开设专项技能课,是否要把听和说、读和写的训练再分开,要根据具体情况来决定。

课程设计是总体设计的中心任务。教学目标、教学内容、教学路子等要通过一定的课程来贯彻,教材编写是编写具体课程或课型的教材,课堂教学是具体课程或课型的教学。由此可见,课程设计是连接总体设计、教材编写和课堂教学的纽带。

进行语言课程的设计,就是根据既定的教学目标、教学内容和教学路子制订出课程设置计划,包括规定每一门课程和每一种课型的周课时和总课时。课程设置计划的制定还要从教学条件出发,教学条件包括教学规模的大小。例如,初级阶段的预备教育一般只需开设现代汉语课,此外最多再开设一门用媒介语讲授的文化知识课;如果教学规模较小,可以只开设一门综合课;如果教学规模较大,可以开设几门专项技能课,或同时开设一门综合课和几门专项技能课。对一个科学的课程设计的基本要求是:能够使规定的教学内容合理地分布到有关的课程和课型中去,使各门课程和课型之间有合理的横向和纵向关系,能够使学生形成合理的知识结构和能力结构。

3.6　划分教学阶段

划分教学阶段是为了明确阶段性教学目标和教学内容,突出每一个阶段教学的特点和重点。这对教材编写和课堂教学都有一定的规约作用。教学阶段可以从不同的角度划分。例如:

(1) 从语言习得规律的角度划分。这是根据语言习得的阶段性划分教学阶段的方法。无论是学习第一语言,还是学习第二语言,一定的语言现象只能在一定的阶段习得,这就是语言习得的阶段性。把语言习得的阶段作为教学阶段,是一种客观和科学的划分教学阶段的方法,因此也是一种理想的方法。但是,因为我们至今对汉语习得的阶段性还缺少全面的研究,所以现阶段还无法用这样的方法来划分汉语教学阶段。

(2) 从语言要素教学的角度划分。如何从语言要素的角度划分教学阶段,还是一个值得研究的问题。以前的基础汉语教学一般分为语音教学阶段、语法教学阶段和短文教学阶段(实际上是词汇教学阶段)。这是结构主义语言学在对外汉语教学中的应用,曾经给教学带来了一些不利的影响,例如语音和语法教学不能贯彻始终,交际性原则被严重忽视,语用规则的研究和教学几乎是一片空白。如果继续从语言要素教学的角度划分教学阶段,就需要研究改进的办法,克服结构主义语言学带来的缺点。

(3) 从教学期限的角度划分。就是按学年、学期划分教学阶段,这是至今普遍使用的方法。但是不同教学单位一学年和一学期的教学周数不一定相同,一周的周课时不一定相同,同样课时内的教学进度也不一定相同。因此,这样划分出来的教学阶段跟教学目标和教学内容不能形成对应关系。例如,某人即使说明他学了几年或几个学期,别人也无法断定他学到了什么,已经达到了什么样的水平。教学阶段跟教学目标和教学内容不能形成对应关系,就缺乏普遍意义。

(4) 从教学目标的角度划分。教学目标已如前述,包括使用目的语的范围和目的语水平等级。就划分教学阶段而言,从教学目标的角度划分,主要是按水平等级划分。目前比较通行的水平等级是《汉语水平考试(HSK)》的等级。因为我们对水平等级的划分还缺乏足够的研究,对水平等级的界定还带有相当程度的主观性,所以按水平等级划分教学阶段的方法并不是最科学的方法。但是这种方法在现阶段具有现实性和可操作性。

教学阶段的划分和每个阶段的教学目标和教学内容也要体现在教学大纲中。

### 3.7 规定教学方法

我们在第三章谈到,教学方法具有较大的灵活性,可以根据教学的需要进行选择和创造。教学方法跟教学路子和课程类型没有必然的联系,同样的教学路子和课程类型可以容纳不同的教学方法。但是教学方法有不同的层次,高层次的教学方法对教材编写和课堂教学具有一定的规约作用,不同于课堂教学的具体方法,因此需要在总体设计中加以规定。总体设计中规定的教学方法在教材中要贯彻始终,否则就不能保持教材在教学方法上的统一。一种教材如果在教学方法上不统一,就会给课堂教学带来困难。

现代语言教学中影响最大的高层次的教学方法大体上可以分为结构法和功能法两大派系。在功能法问世之前,主要是结构法的天下。以直接法、听说法、视听法等命名的教学方法都属于结构法,这种教学方法的主要倾向是根据语法结构(主要是形式结构,下同)的难易程度编排教学内容的先后顺序,围绕精心设计的语法项目组织语言材料和进行技能训练。功能法的主要倾向是根据交际的需要确定功能项目,围绕精心设计的功能项目组织语言材料和进行技能训练,重视有关文化现象的解释。我国对外汉语教学中普遍流行的口号是"结构与功能相结合"或"结构、功能、文化相结合",希望兼采两家之长。结合的方式有结构—功能和功能—结构两种模式。结构—功能模式的主要特点是按语法结构的难易程度编排教学内容的先后顺序,以功能项目为中心组织语言材料;功能—结构模式的主要特点是以功能项目为纲编排教学内容的先后顺序,在围绕功能项目组织语言材料时兼顾语法结构的难易程度。中高级阶段也有采用纯功能方式的。功能法中还有一种话题教学模式,其特点是以话题为中心组织语言材料,在选择、编写和编排话题时充分考虑话题的常用性和语法点的难易程度,同时注意从结构、功能、文化等不同的角度解释有关的语言现象。

以上教学方法在总体设计中具有可选择性。也就是说,无论采用什么教学路子,也无论是什么课程类型,都可以从以上教学方法中选择最适合的一种。

不过,以上教学方法都是根据西方语言的特点和西方语言学理论提出来的。各种语言具有一定的共性,西方语言教学的方法当然值得我们借鉴。但是不同的语言又有各自的个性,汉语的特点要求有更符合汉语特点的教学方法。这需要汉语教学工作者在研究汉语特点的基础上进行创造。

最近提出的"组合汉语"理论包含了一种全新的教学方法——组合法。(吕必松

2006)"组合汉语"理论是根据汉语的"字本位"(即以"字"为基本单位)特点提出来的,它把汉语理论、汉语教学路子和汉语教学方法联系在一起,对汉语作为第二语言教学来说,这是一种一体化的理论。这种一体化理论的主要内容是:

作为一种汉语理论,"组合汉语"包括以下要点:

1. 字本位。即以字为基本结构单位。基本结构单位也就是最小的语言单位和最小的语法单位。"字"包括音节和汉字,是音节和汉字的合称,不仅仅是指汉字。

2. 组合生成。字和字以上的结构单位——词和句子——都是由小到大逐级组合生成的。以下面的句子为例,句子下面的线条就代表由小到大逐级组合生成的过程。

我 们 学 习 汉 语

3. 二合法。各级语法单位的组合生成,基本上都遵循"1＋1＝1"的组合方法。"1＋1＝1"就是合二为一,这种合二为一的组合方法叫做"二合法"。例如:

我 + 们 = 我们
学 + 习 = 学习
汉 + 语 = 汉语
学习 + 汉语 = 学习汉语
我们 + 学习汉语 = 我们学习汉语

作为一种教学路子,"组合汉语"包括以下要点:

1. 以字为基本教学单位,而不是以词为基本教学单位。

2. 区分书面汉语教学和口头汉语教学,按照口头汉语教学和书面汉语教学的不同要求设计课程和课型。

作为一种教学方法,"组合汉语"包括以下要点:

1. 按照二合法,由字的生成元素到字,由字到词(字组),由词到句子,逐级组合生成。

2. 书面汉语教学从汉字教起;汉字教学从笔画教起,注重形、音、义、用的结合。

3. 各级语法单位的结构分析都遵循形式结构和语义结构相统一的规则。

作为一种全新的教学方法,"组合法"还在试验的过程中,需要通过教学试验进行总结和完善。

3.8 规定教师分工和对教师的要求

在语言教学中,教师分工的必然性已如前述。教师分工很重要,承担不同任务的教师之间的互相配合更重要。这里所说的对教师的要求主要是在互相配合方面的要求,又主要是任课教师在互相配合方面的要求。就是说,任课教师必须明确自己所任课程或课型的性质、应当达到的教学目标和对教学的具体要求。在课堂教学方面,目前还存在着这样的现象:把阅读课上成会话课,口语课中学生很少有开口的机会,不按照教材的要求进行教学而埋怨教材不好用(当然,教材不好用的情况也是有的),这就不符合互相配合的要求。只有在课程设计中结合每门课程和课型的性质、特点和教学目标对教师的分工和合作提出明确的要求,才能避免上述情况的发生。

把上面的意思归结起来,汉语作为第二语言教学总体设计的内容和程序是:在分析教学对象的基础上确定教学目标、教学内容和教学路子;进行课程设计、规定教学方法、划分教学阶段;规定教师分工和对教师的要求。这些内容之间有一定的内在联系,是一个环环相扣的连续体,前项对后项有决定性的作用,所以设计的程序也不能颠倒。

**思考题**

1. 什么是总体设计?
2. 进行第二语言教学为什么要有总体设计?
3. 总体设计包括哪些内容?为什么说这些内容是一个环环相扣的连续体?
4. 总体设计要遵循什么样的程序?为什么要遵循这样的程序?
5. 既然已经明确了第二语言教学内容的范围,即语言知识、语用知识、相关文化知识、言语技能和言语交际技能,为什么还要在总体设计中确定教学内容的范围?
6. 课程设计跟教学路子有什么关系?
7. 课程设计跟教材编写和课堂教学有什么关系?
8. 在总体设计中应当怎样根据"教学内容决定教学方法"的原则规定教学方法?

**引文目录**

吕必松(1997)汉语教学中技能训练的系统性问题,《第五届国际汉语教学讨论会论文选》,北京大学出版社;吕必松《语言教育与对外汉语教学》,外语教学与研究出版社,2005。

吕必松(2005)汉语的特点与汉语教学路子,载吕必松著《语言教育与对外汉语教学》,外语教学与研究出版社。

吕必松(2006)二合的生成机制和组合汉语,载张普等主编《数字化汉语教学的研究与应用》,语文出版社。

## 第二节　教材编写

教材是课堂教学的基础和主要依据。要提高课堂教学的质量,就必须有理想的教材。对理想教材的最基本的要求是:教材的内容与教学目标相一致,能够激发学生的学习兴趣和学习热情,易教易学。达到这样的要求决不是一件轻而易举的事情。正因为如此,怎样编写理想的第二语言教材就成了第二语言教学中一个十分重要和亟待解决的问题。

第二语言教学要面对不同的教学对象,要针对不同教学对象划分教学类型。同样的教学类型有不同的教学目标和教学时限,要设置不同的课程和课型,还可以采用不同的授课方式和教学方法。因此,需要编写不同类型的教材。每一种类型的教材都有自己的特点,各种类型的教材也有一些共同的特点。我们这一节首先讨论第二语言教材的类型,在此基础上,再讨论各类教材共同的编写原则以及练习的类型和教材编写的前期准备工作等。当然,并不是所有的教学单位都要自己编写教材,在多数情况下,是选择已经出版的教材。这里谈到的有关内容也可以作为选择教材时的参考。

### 1. 教材的类型

讨论第二语言教材的类型,是为了研究第二语言教材的针对性。

第二语言教材的类型就是根据教学类型、教学目标、课程和课型以及教学方法等划分出来的教材的种类。从这些不同的角度划分出来的教材类型是不同层次下的类型。下面就根据从高到低的层次顺序讨论教材的类型。

1.1　从教学类型的角度分类

我们在上一章讨论了第二语言教学的教学类型,在"教学类型与学习目的对应表"中,我们列举了八种教学类型与五种学习目的的 18 种对应关系(以 √ 表示对应关系)。如果决定为每一种对应关系编写一种教材,就需要编写 18 种教材。这是最低限度的教材类型。

1.2　再从教学目标的角度分类

教学目标以水平等级为代表。假设上述 18 种教材都分为初、中、高三个等级,就需要编写 54 种教材。即使临时目的只需要一个等级,减去两种,也需要编写 52 种,这恐怕也是起码的要求。

1.3　再从课程和课型的角度分类

每一个水平等级都可以设置不同的课型,不同的水平等级要设置的课型数不一定相等。假设平均设置三种课型,就需要编写 156 种。就作为第二语言的汉语教学而言,从总体上说这样的要求也不为过分。

1.4　再从教学方法的角度分类

上述 156 种教材都可以用不同的教学方法编写。假设分别用功能法、结构—功能法、功能—结构法、话题法、组合法这五种不同的教学方法编写,就可以编出 780 种。当然,并不是所有的教学方法都适用于上述 156 种教材。不过,即使平均使用两种不同的方法,也需要编写 312 种。如果要推动对外汉语教材的发展,这是应当争取达到的目标。

1.5　再从国别语种的角度分类

针对不同的国别语种编写作为第二语言的汉语教材是加强教材的针对性和发展汉语作为第二语言教学的必要措施。如果针对的国别语种平均为七个,上述 312 种教材就要发展成 2,184 种。从长远看,这也是应当达到的目标。针对国别语种的汉语作为第二语言教材最好由中国同行跟相关国家的同行合作编写。

以上说的基本上都是成人教材和课堂用教材,还没有包括幼儿、小学、中学和自学教材,也没有包括受教育目的、学术目的、职业目的和职业工具目的中针对不同专业和职业需要的教材以及教学指南和各种类型的课外阅读、课外练习等。如果把这些都包括进去,需要编写的教材就难以计算。

这里提出教材的类型和数量,首先是为了说明现有作为第二语言的汉语教材离客观需要还有很大的差距,同时也是为了进一步明确编写作为第二语言的汉语教材的思路。所谓明确思路,就是在编写教材时首先要明确教材的定位,准备编写的是针对什么教学类型、教学目标、课程和课型的教材,准备采用什么教学方法。明确教材的定位也就是明确教材编写的指导思想,这不但是教材编写的需要,而且也是教材选择的需要。

## 2. 教材编写的一般原则

第二语言教材的编写原则必须以总体设计中规定的教学原则为依据,但是总体设计规定的教学原则不能完全代替教材编写原则。第二语言教材有不同的类型,类型不同,编写的原则也不能完全相同。但是不同类型的教材也需要遵循一些共同的原则。我们这里要讨论的教材编写的一般原则,就是对各种类型的教材编写普遍适用的原则。

2.1　针对性原则

编写第二语言教材要首先明确所编的教材适用于哪一种教学类型、哪一种教学对象等。我们这一节首先讨论教材的类型,强调教材定位,就是希望贯彻针对性原则。针对性原则是编写第二语言教材的首要原则,没有针对性的教材不可能得到广泛的认同。

2.2 实用性原则

实用性包括教材内容的实用性和教学方法的实用性。首先,教材的内容必须是学生需要的、常用的。这一点不但跟实现教学目的有关,而且跟调动学生的学习积极性有关。学生学习积极性的高低跟教学内容的实用性是成正比的,跟教学效果也是成正比的。教学内容符合学生的交际需要,就可以激发他们的学习积极性;他们在课堂上学到的内容能够在课外及时应用,就能在应用中得到巩固。教学方法的实用性就是所采取的教学方法便于教师在课堂上使用,能够使学生容易掌握所学的内容,也就是易教易学。

2.3 交际性原则

交际性原则是指教学内容的选择和语言材料的组织要有利于培养学生的语言交际能力。首先,选择的语言材料要有交际价值。我们过去的教材中有"这是书,那是报"这样的句子,虽然语法完全正确,但是这样的话语实际上不提供新的信息,人们一般不这样说,所以没有交际价值。其次,语言材料的组织要尽可能接近生活真实,使学生感到身临其境,并且要便于学生在课堂上扮演角色,使他们感到课堂就是交际的场所,学习就是参与交际,自己就是交际的一方。即使选用名著,也要充分考虑作品语言的现实交际价值。

2.4 知识性原则

知识性原则就是教学内容要包含学生感兴趣的新知识,使学生感到不但能学到语言,而且能增长知识。保证教材的知识性是激发学习热情的一个重要手段。

2.5 趣味性原则

趣味性原则就是教材的内容和形式生动有趣,不至于使学生感到枯燥乏味。学习第二语言本来是一件十分枯燥的事情,又不像学习第一语言那样有天然的学习动力,所以教材的趣味性非常重要。有些"小人书"不仅能使儿童,有时甚至能使成年人废寝忘食,是什么原因呢?就是因为有吸引力,这种吸引力首先来自趣味性。第二语言教材如果也有这样的吸引力,教学效果就不难预料。教材的趣味性是由多方面的因素决定的。首先,思想内容要能引起兴趣。在思想内容方面,最主要的是能让学生从中得到启发或学到感兴趣的新知识,这一点跟知识性的要求相同。其次,语言材料要生动有趣。同样的思想内容,可以板起面孔来干巴巴地说,也可以放在动人的情节里,刻情、画意,以幽默和风趣的口吻表达。板起面孔干巴巴地说话人们不爱听,写在教材里学生自然也不喜欢学。课本上生动有趣的插图和醒目的版面设计也可以提高教材的趣味性。保证教材的趣味性是激发学习热情的另一个重要手段。

2.6　科学性原则

第二语言教材的语言要规范；对有关知识的介绍和解释要科学；教学内容的组织要符合语言规律、语言学习规律和语言教学规律。所谓符合语言规律、语言学习规律和语言教学规律，就是教学内容的编排要由简单到复杂；深浅程度和数量要适合多数人的接受程度，没有过深、过浅或深浅程度跳跃的现象；课文中的生字、生词和新的语法点要均匀分布，初级阶段要尽量避免一个句子出现多个生字、生词或多个新的语法点；所教的生字、生词和语法点都要有一定的重现率；练习的内容和方式要与教学内容、教学目的和课型的特点相一致；要跟配套教材和相关课型的教材建立起科学的横向联系；有关的文字说明要简明扼要；如果有外文翻译，要讲究译文的可接受性；等等。科学性原则是保证教材易教易学的关键。

## 3. 练习的类型

我们专门讨论第二语言教材的练习，是因为练习是语言教材最重要的组成部分之一，而编写练习的重要性还没有受到足够的重视。一部教材练习的好坏，对课堂教学质量有直接的影响。这主要是因为：人们学习第二语言要通过大量的练习才能掌握，没有足够数量的有效的练习，就难以帮助学生掌握语言；一部第二语言教材的教学内容的重点、教学原则和教学方法等，都要通过练习体现出来；课堂教学的大部分时间是练习，教材的练习编得好，可以为任课教师提供很多方便，同时可以避免无效练习。因此，衡量一部教材的质量，在很大程度上要看它的练习。只有教学经验丰富的教师才能编出好的练习。

研究第二语言教材练习的编写，主要是研究练习的内容、练习的目的和练习的方式，而练习的方式要根据练习的内容和练习的目的来设计。练习的内容就是要通过练习让学生掌握的那一部分教学内容，主要包括言语要素、言语技能和言语交际技能。练习的目的就是每一项练习要达到的具体目的。我们在第三章第三节谈到：习得一种言语现象都需要经过感知、理解、模仿、记忆、巩固和应用（在交际中应用）这样几个过程，因此每一项内容的练习都要包括理解性练习、模仿性练习、记忆性练习、巩固性练习和交际性练习，这些也就是练习的具体目的。我们用下面的图表来表示汉语作为第二语言教学的练习内容和每一项内容的练习目的。（在以后的有关章节中，我们将结合语言要素的教学、言语技能和言语交际技能的训练，讨论具体的练习方式）

## 第二语言教材的练习内容和练习目的

| 类别 \ 内容 | | 目的 | 理解 | 模仿 | 记忆 | 巩固 | 交际 |
|---|---|---|---|---|---|---|---|
| 言语要素 | | 语音 | V | V | V | V | |
| | | 汉字 | V | V | V | V | |
| | | 语汇 | V | V | V | V | |
| | | 语法 | V | V | V | V | |
| 言语技能 | 口头 | 听 | V | V | V | | |
| | | 说 | | V | V | | |
| | 笔头 | 读 | V | | V | V | |
| | | 写 | | V | V | V | |
| 言语交际技能 | | 语音形式的选择 | V | V | V | V | V |
| | | 语体的选择 | V | V | V | V | V |
| | | 字词的选择 | V | V | V | V | V |
| | | 句式的选择 | V | V | V | V | V |
| | | 应对方式的选择 | V | V | V | V | V |

上面的图表说明：

（1）练习内容就是需要通过练习使学生掌握的教学内容。言语要素、言语技能和言语交际技能都是要通过练习才能掌握的，所以这些都是练习的内容。

（2）练习内容要与具体课程或课型的教学目的相一致。例如，听说课的教学目的是培养听说能力，因此练习内容主要是听和说的练习；阅读课的教学目的是培养阅读理解能力，因此练习内容主要是阅读理解练习。在我们看到的一些汉语教材中，有的口语教材只有笔头练习，而缺少口头表达方面的练习；有的阅读教材编写了不少口头表达方面的练习，而缺少真正的阅读练习，特别是缺少快速阅读的练习。这就是练习内容与课型的教学目的不一致。

（3）练习目的要与一种言语现象的习得过程相对应。因为习得一种言语现象都需要经过感知、理解、模仿、记忆、巩固和运用这样几个过程，与此相适应，教材中至少要提供理解、模仿、记忆、巩固和交际这样几种不同性质的练习。有些汉语教材的练习主要是理解性、模仿性、记忆性和巩固性练习，而缺少交际性练习，这样的教材不能使学生完成有关言语现象习得的全过程,不利于培养学生的语言能力和语言交际能力。

(4) 交际性练习与言语交际技能训练的一致性。我们有一个很重要的观点,就是言语技能不等于言语交际技能,因此言语技能训练不能代替言语交际技能训练。训练言语交际技能主要是结合有关文化知识和语用规则的教学进行交际性练习。言语交际技能主要表现为言语的得体性,就是能够根据不同的交际对象、交际目的、交际内容和交际场合对语音形式、字词、句式、语体和应对方式等进行正确的选择。因此,交际性练习就是在一定的语境中对语音形式、字词、句式、语体和应对方式等进行选择的练习。

## 4. 前期准备工作

要编写出理想的教材,必须做好前期准备工作。前期准备工作包括下列内容:

### 4.1 以一定的总体设计和教学大纲为依据

如果没有总体设计和教学大纲,就要首先完成这两项工作。

### 4.2 对有关的情况进行调查和研究

总体设计和教学大纲都是针对特定的教学对象的,教材也是针对特定的教学对象的。特定的教学对象不但存在于某一个教学单位,而且也存在于其他教学单位,因此,在进行总体设计、制定教学大纲和编写教材时都要尽可能使它具有普遍意义。教材的编者都希望自己编写的教材能够在最大的范围内使用。要使教材具有广泛的使用价值,就必须多作调查研究,去了解可能使用该教材的教学对象的特点,有关教学单位的课程设置、教学设备、教师的业务素质、教学经验和对教材的要求,等等,并对调查到的情况进行综合分析,以此作为制订教材编写方案的重要依据。

### 4.3 继承和创新

对已有的同类教材和相关教材进行分析比较,发掘其优点,找出其缺点,研究改进和创新的办法。珍视前人和他人的研究成果并加以继承和发展,是学术发展的基础,也是教材创新的前提条件。

### 4.4 吸收最新理论成果

对有关的基础理论和教学理论研究的成果进行分析,吸收适用的最新研究成果。

迄今编写出版的许多汉语教材,有不少是大同小异,我认为造成这种状况的原因之一就是教材编写的前期准备工作不足,没有把已有教材的优点和已有的理论研究成果吸收到新编教材中来。

### 4.5 制订教材编写方案

一部教材在正式着手编写以前,首先要制订编写方案。教材编写方案要包括下列内容:

(1) 所编教材的类型。要特别说明教学目标,起点和终点,编写方法(包括所遵循的编写原则和教学方法),以及适用于什么教学类型、课程类型和教学对象等。

(2) 所编教材的特点。例如跟有关的教材相比,要作哪些改进,要突出哪些特点,避免哪些缺点,要有哪些创新,等等。

(3) 所编教材的结构和体例。即分几个教学阶段,每个阶段有什么特点;每一课由哪几个部分组成,先后顺序是什么,每个部分有什么特点。

(4) 所编教材的使用。即说明一课和全书需要多少教学时间(以课时为时间单位)、课堂教学中要注意什么问题等,并预测教学效果。

教材编成后,编写方案中的有关内容要写在教材的编写说明中,至少要让可能使用这部教材的教师和学生了解这部教材的特点、适用对象和使用方法等。有些汉语教材缺少完整的编写说明,因此不利于教师和学生使用。

**思考题**

1. 第二语言教学为什么要编写不同类型的教材?
2. 划分教材类型的主要依据有哪些?
3. 为什么要强调第二语言教材的针对性原则?
4. 第二语言教材的科学性原则包括哪些内容?科学性原则的作用是什么?
5. 请你对已经出版的下列对外汉语教材中的一种作一次调查研究,列出书目(注明编者、出版社、出版时间),并写出综合评论。

(1) 综合(精读)教材。
(2) 口语教材。
(3) 听力教材。
(4) 阅读教材。
(5) 汉字教材。

## 第三节 课堂教学

这一节要讲的课堂教学,是关于语言课的课堂教学的总论。语言课有不同的课型,要进行各种语言要素的教学,要训练不同的言语技能和相应的言语交际技能;不同课型的课堂教学不完全相同,不同的语言要素的教学方法和不同的言语技能的训练方法也不完全相同。这里不是讨论某一种具体课型的课堂教学,也不是讨论某一种语言要素的课堂教学方法或某一种言语技能的课堂训练方法,而是首先讨论语言课的课堂教学的一般问题。关于语言课的课堂教学的各种具体问题,我们将在以后的章节中分别讨论。

## 1. 课堂教学的性质和地位

在第二语言教学中,课堂教学是帮助学生学习和掌握目的语的主要场所。这主要是因为:学校教育是有计划、有组织的教学活动,教学内容也是有计划地安排的,计划中的教学内容都必须在课堂上加以展示;展示教学内容是为了让学生操练,这种操练也要在课堂上进行;学会一种言语现象要经过感知、理解、模仿、记忆、巩固和运用这样几个过程,这几个过程大部分都要在课堂上完成。

培养学生的语言能力和语言交际能力是语言教学的直接目的,也是课堂教学的直接目的。因此,课堂教学也是帮助学生学习交际的场所。

因为课堂教学是帮助学生学习交际的场所,所以教师在课堂教学中不能只传授知识,更重要的是组织和指导学生利用学到的知识进行包括交际性练习在内的言语操练。组织和指导操练也包括对学生操练中出现的错误在适当的时候有重点地加以纠正,针对学生的难点进行适当的讲解并指导学生掌握正确的学习方法。

培养学生的语言能力和语言交际能力,除了课堂教学以外,还需要课外活动的配合。老师要创造一些条件,使学生有机会在课外使用所学的语言。例如,举行讲演比赛、朗诵会、表演会,办学习园地,组织座谈会和参观访问等。这些活动都叫做课外语言实践活动,是课堂教学不可缺少的辅助活动,也可以看作是课堂教学活动的延伸。所以当我们讲"课堂教学"的时候,应当在这四个字后面加一个括弧,注明包括有计划、有组织的课外语言实践活动。

以上对课堂教学的性质的认识,既适用于初级阶段的课堂教学,也适用于中级和高级阶段的课堂教学。我国对外汉语教学中似乎存在着这样的现象:在初级阶段,学生在课堂上操练的机会还比较多,而到了中、高级阶段,操练的机会就越来越少。这是不正常的。正常的做法应当是:学生的语言水平越高,在课堂上操练的机会越多。

我们对课堂教学性质的这种认识跟传统的指导思想有根本的区别。在传统的语言教学中,课堂教学和交际活动似乎是互不相干的。

在第二语言教学的四大环节中,课堂教学是中心环节。所谓中心环节,就是在全部教学活动中处于中心地位,其他环节都必须为它服务。课堂教学的这种中心地位是由它的性质所决定的。因为它是帮助学生学习和掌握目的语的主要场所,所以所有其他教学环节上的工作都要从课堂教学的需要出发,以满足和适应课堂教学的需要为宗旨。总体设计规定的教学内容、教学原则等,既然是为了课堂教学的需要,就必须努力适应课堂教学的需要。就是说,要考虑课堂上是否可行。如果课堂上行不通,这个总体设计就毫无价值。编写用于课堂教学的教材也要首先考虑在课堂上是否适用,能不能为课堂教学服务。如果在课堂上不能用,这样的教材对课堂教学也毫无价值。语言测试也要从课堂教学的实际出发,使测试的内容和方法有利于改进课堂教学,测试的结果有利于推动课堂教学。成绩测试不但是检验课堂教学的,而且也要为课堂教学服务。总之,教学原则的制订,教学方法的选择,教学内容的选择和编排,成绩测试的内容和方法,等等,都必须考虑在课堂上是否可行,都要适应课堂教学的需要。这里所说的适应课堂教学的需要,也包括适应改进课堂教学的需要,为任课教师提供改进课堂教学的方便和空间。

## 2. 课堂教学的内容和目标

前面谈到,第二语言教学实际上包括五项内容,即语言知识、语用知识、相关文化知识、言语技能和言语交际技能。这五项内容的教学都要在课堂上进行,所以它们都是课堂教学的内容。这五项内容包括知识和技能两个方面,在语言课的课堂教学中,要把知识传授和技能训练紧密地结合起来。具体方法是:展示和传授言语要素;利用这些言语要素进行言语技能和言语交际技能的训练;结合言语要素的传授和言语技能、言语交际技能的训练介绍语用知识和相关文化知识。

课堂教学是一个综合概念,实际上有多种涵义。在四大环节中的课堂教学是课堂教学的总称,是指整个教学过程中的课堂教学;教学过程是可以划分阶段的,每一阶段中的课堂教学是阶段性的课堂教学,是教学过程中的课堂教学的一部分;课堂教学是一堂课一堂课地进行的,一堂课就是一次具体的课堂教学。所以当我们讨论课堂教学的内容和目标的时候,必须区分教学全过程中的课堂教学、一个教学阶段的课堂教学和一堂课的课堂教学,因为这几种不同的课堂教学有不同的教学内容和教学目标。作为教学全过程的课堂教学有总的教学内容和教学目标;作为一个阶段中的课堂教学有阶段性的教学内容和教学目标;每一堂课也应当有每一堂课的教学内容和教学目标。

上面所说的课堂教学的五项内容是就课堂教学的总体来说的,是教学全过程中的课堂教学的内容。这五项内容的教学都有一定的阶段性和可选择性。就是说,总的教学内容在教学上要做出分阶段和有计划的安排,每一个阶段教什么,教多少,都要事先在教学大纲中做出规定,并且要首先体现在有关课程或课型的教材中。总的教学内容和阶段性的教学内容都要靠每一堂课来完成,每一堂课完成哪些内容,要由任课教师根据教材来计划决定。课堂教学的总的目标就是根据教学大纲的要求和教材中的具体内容,全面完成教学任务,使学生全面掌握必须掌握的内容;阶段性的教学目标,就是根据教学大纲所规定的这一阶段的教学内容和要求以及教材中相应的具体内容,全面完成这一阶段的教学任务,使学生全面掌握这一阶段必须掌握的教学内容;一堂课的教学目标就是全面完成教师事先计划好的任务,使学生全面掌握这一堂课必须掌握的教学内容。

教师是否全面完成教学任务,学生是否全面掌握必须掌握的教学内容,可以用下面的标准来衡量:

(1) 教师是否全面展示和传授计划内的教学内容。全面完成教学任务的标志之一是把计划内的教学内容全部展示和传授给学生。

(2) 是否使学生全面理解所学的内容。教师展示和传授的内容学生不一定能完全理解,有些内容、有些学生对某些内容也可能完全不理解。而理解是学会语言的前提,因此教师的任务之一是设法使学生理解所学的内容。

(3) 学生是否能正确地模仿。习得一种言语现象,模仿是必经的过程之一,只有模仿正确,才能学好语言。但是人们在学习第二语言时,并不是对所有的言语现象的模仿都能一次性达到正确,如果在模仿时遇到困难,教师就要在方法上给予指导。当然有些言语现象的模仿,并不是通过一堂课或几堂课就能达到完全正确,所以学生是否能够正确地模仿,要在一定的教学阶段上检查和衡量。但是教师指导是否得法,在任何一堂课上都可以检查出来。

(4) 学生是否记住了所学的内容。记忆也是习得一种言语现象必经的过程之一,只有记住所学的内容,才能学会语言。大量的记忆工作要靠学生在课外进行,但是教师要提出要求,并尽可能创造有助于记忆的条件,教给学生记忆的方法,通过复习和检查,督促学生记住所学的内容。

(5) 学生是否能正确地运用所学的语言进行交际。使学生正确地运用所学的语言进行交际是语言教学的最高目标,也是课堂教学的最高目标。

综上所述,课堂教学的总的目标是根据教学大纲的要求和教材中的具体内容,全面完成教学任务,使学生全面掌握必须掌握的教学内容;课堂教学的最高目标是使学生能够正确地运用目的语进行交际。为了达到总的目标和最高目标,就必须全面展示和传授计划内的教学内容,使学生全面理解所学的内容,并能正确地模仿、记住和运用。这些都是课堂教学的具体目标。课堂教学的总的目标、最高目标和具体目标,都要靠完成每一堂课的教学任务来实现,所以任课教师要计划好每一堂课的教学任务,努力实现每一堂课的教学目标。

## 3. 课堂教学的结构

我们根据对语言、语言学习和语言教学的一般规律的认识,并参照崔永华(1992)的研究,对课堂教学的结构分析如下:

(1) 教学过程。作为课堂教学的总称,即教学全过程中的课堂教学,是一个教学过程。

(2) 教学单位。一个教学过程可以划分为若干个教学单位。划分教学单位的基本原则是保持教学内容的相对完整性。一般说来,教材中的一课书有相对完整的教学内容,因此可以把一课书作为一个教学单位。如果需要进一步划分,也可以把内容相对完整的一节课(一般是45~50分钟)或若干节课的教学作为一个教学单位。以一课书为一个教学单位,还是以一节课或若干节课为一个教学单位,必须由教学内容来决定,也就是一个教学单位中的教学内容必须是相对完整的。

(3) 教学环节。一个教学单位可以划分为若干个教学环节。教学环节有一定的层次性:一个教学单位可以分为三个大的教学环节,即开头、展开和总结;这三个大环节又可以再划分为若干个小环节。一般说来,一个教学环节就是对某一项具体教学内容的处理,也就是完成一个教学单位中的某一项具体教学任务。例如,如果要集中处理一个教学单位的生词,生词处理就是一个教学环节;如果要集中处理一篇课文或一段课文,对这篇课文或这段课文的处理就是一个教学环节;如果要集中讲解和操练一个句型或语法点,对这个句型或语法点的讲解和操练就是一个教学环节;如果要围绕一个话题进行交际性练习,对这个话题的交际性练习就是一个教学环节。如此等等。一个教学单位开始时检查复习和预习的情况,一个教学单位结束时归纳总结和布置作业等,也都是不同的教学环节。

(4) 教学步骤。一个教学环节可以分为若干个教学步骤,一个教学步骤有一个具体的教学目的。例如,一个语法点的处理,可以分为展示、解释、操练等步骤,其中展示是为了让学生感知,解释是为了让学生理解,操练是为了巩固和应用。再以话题操练为例:进行交际性练习最好以话题为中心,以话题为中心的交际性练习一般可以分为话题提示、话题操练、纠正错误等步骤。提示是为了让学生理解操练的目的要求,操练是为了让学生掌握交际技能,纠正错误是为了让学生进行正确的交际。把纠正错误作为一个教学步骤,可以避免在操练的过程中打断学生的话语。

## 4. 课堂教学的程序

课堂教学是有计划、有组织的教学活动,必须按照一定的程序进行。课堂教学的程序,就是上面讨论的课堂教学结构的自然程序,不过备课和课堂操作应当运用下图所示的方向流程:

备　　课:教学过程→教学单位→教学环节→教学步骤
课堂操作:教学步骤→教学环节→教学单位→教学过程

上面的流程图表示:教师备课的程序是分析型的,要首先从教学过程的全局出发,把握好本门课程或课型的教学特点以及本门课程或课型的教学任务跟其他课程或课型的教学任务的关系。在此基础上,按照教学结构的特点,依次研究每一个教学单位、每一个教学环节和每一个教学步骤的教学内容、教学目的和教学目标,设计出每一个教学单位、每一个教学环节和教学步骤的教学方法和教学技巧。课堂操作的程序是综合型的,要根据备课时设计的方案,从具体的教学步骤开始,一步一步地完成教学任务。要通过完成一个教学环节的若干个教学步骤的教学,来完成这个教学环节的教学;要通过完成一个教学单位的若干个教学环节的教学,来完这个教学单位的教学;要通过完成一个教学过程的若干个教学单位的教学,来完成这个教学过程的教学。

上课就像说话一样,说话要讲究条理,上课也要讲究条理。课堂教学的条理性不但表现为教师说话条理清楚,而且也表现为教学环节和教学步骤安排得当。教学环节和教学步骤安排得当的标志是:教学内容清楚,教学目的明确;一个环节和步骤与另一个环节和步骤之间有一定的联系,每一个环节和步骤的教学既完成一定的教学任务,又为下一个环节和步骤做好铺垫工作。

## 5. 课堂教学的技巧

我们在第四章第五节曾经谈到课堂教学技巧的重要性。教学是师生双方的事情,需要师生双方互相配合。要使学生很好地跟老师配合,就需要一定的教学技巧。有人说,语言是学会的,不是教会的,这话有一定的道理,所以老师的主要作用是组织和指导学生学习。怎样组织和指导学生学习,更需要一定的教学技巧。

课堂教学需要使用多方面的技巧。不同言语要素的传授,不同言语技能和相应的言语交际技能的训练,需要使用不同的技巧。下面通过举例的方式,讨论几种通用的教学技巧。

5.1 怎样编排一个教学单位的教学程序

前面谈到,一个教学单位可以分为三个大的教学环节,即开头、展开和总结。下面分别讨论这三大环节的编排方式。

(1)开头。一堂课的开头通常有三种方式:第一种方式是根据"温故而知新"的道理,从复习旧课开始。复习旧课主要是检查学生对上一课或以前学过的内容的掌握情况。对旧课的内容一般不可能全面复习,只能有重点地复习。复习的重点内容最好跟新课的内容有关。通过学生熟悉的内容引出新的内容,可以帮助学生更好地理解新内容。第二种方式是从检查学生预习新课的情况开始。检查的内容可以是听写生字、生词、句子等,也可以是检查学生对生字、生词或新的语法现象或课文内容的理解程度。这种方式的好处是可以了解学生的难点,以便有计划地进行教学,同时可以督促学生在课前作好预习。但是该不该要求学生预习,人们的认识还不太一致,如果不要求学生预习,当然就不能采用这样的方式。第三种方式是把前两种方式结合起来,或者先复习旧课,或者先检查学生的预习情况。采用哪一种开头的方式,要从本班的具体情况和每一课的教学内容的特点出发,不能千篇一律。

(2) 展开。这是一个教学单位的主干部分,也是课堂教学的主要环节。根据教学内容的具体情况,这一部分又可以分为若干个小的教学环节。例如,假设这一堂课的主要任务是教三个新的语法点和一篇新课文,三个语法点要一个一个地教,每教一个语法点就是一个小的教学环节。新课文的教学通常有这样一些步骤:教师示范朗读,教师领读,学生跟读,学生朗读;教师或教师指定学生解释课文中的语音、字词、语法、语用难点;教师或教师指定学生叙述课文内容;就课文内容和课文中的语言难点进行各种形式的练习或讨论;等等。课文的处理也可以分段进行,如果分段进行,每进行一段就是一个小的教学环节,每一个小的教学环节可以用同样的步骤进行。上面说的是初级阶段的课文教学,中高级阶段的课文较长,学生也有了一定的基础,所以在多数情况下了可以省去朗读课文这个环节。

(3) 总结。怎样总结一个单位的教学,也要根据这一个单位的教学内容来决定。还以上面所举的一个教学单位的教学内容为例,可以采用两种总结的方式:一种总结的方式是由教师扼要地归结一下本课所讲的语法点以及掌握这些语法点要注意的事项。至于要注意哪些事项,要根据课堂练习的情况来决定,也就是要有针对性。另一种总结的方式是由教师就本堂课所教的语言点(即要求学生掌握的字词、语法规则和语用规则等)进行提问式练习,检查学生是否能正确运用本堂课所教的语言点,然后就练习中出现的问题进行画龙点睛式的讲解。这种总结方式要求较高。为什么不就课文内容进行总结呢?因为语言教学的目的是要求学生掌握语言本身,学生要掌握语言,最重要的是掌握言语中的字词、语法规则和语用规则。课文教学的目的就是让学生在具体的言语环境中理解和习得有关的字词、语法规则和语用规则。就语言点及其应用进行总结,就是为了使学生加深对新学的语言点的印象,这样也就是突出了教学重点。需要特别说明的是,这里所说的语言点,指的是言语中的字词、语法规则和语用规则,而不是抽象的条文。学生会用了,就是掌握了。

5.2 怎样组织交际性练习

前面谈到,让学生学会用所学的语言进行交际是语言教学的最高目标,也是课堂教学的最高目标。要让学生学会用所学的语言进行交际,就必须组织交际性练习。实际上,交际性练习应成为课堂教学的中心环节,其他教学环节都要为这个中心环节服务。

组织好交际性练习的关键是:

(1) 根据教材提供的内容选择适当的语境和话题。老师提供的话题要能够刺激学生急于表达的欲望,使他们感到有很多话要告诉别人,或者向别人询问。在这种情况下,学生就可以忘记是在学习,更不会感到是被迫学习的。在话题操练的过程中忘记是在学习,能够更好地习得语言,从而取得最好的练习效果。

(2) 根据话题的特点选择适当的练习方式。例如:问答式——师生之间的问答,学生之间的问答;陈述式——根据老师的要求陈述一个事件;描写式——根据图画或老师的提示描写人、物、景色等;讨论式——就某一个话题在师生之间、学生之间展开讨论;辩论式——对有争议的问题进行辩论。

(3) 不要轻易打断学生的话语。在操练的过程中过多地打断学生的话语,会挫伤学生的学习信心和参与交际的积极性。对学生在操练中出现的错误,是不是要有错必纠和立即纠正,人们有不同的看法。我们主张只纠正学生常犯的错误,或者班上经常出现的普遍性的错误。要把纠正错误作为一个单独的教学步骤,这样才能保证操练的连贯性。纠正错误也要通过操练,老师先指出错误所在,或者先让学生辨别,然后指出正确的形式,再指导学生操练。如果遇到难点,就要进行适当的解释。所以解释是有针对性的,就是要针对学生的难点,不要什么都解释一番。

### 5.3 怎样稳定课堂秩序

要保证课堂教学能顺利进行,就必须有一个稳定的课堂秩序。如果课堂秩序混乱,教师必须设法稳定。例如,一堂课开始,学生还没有平静下来的时候,学生交头接耳、不专心听课的时候,学生之间因某种原因发生争执甚至纠纷的时候,都需要老师去稳定课堂秩序。稳定课堂秩序的具体办法要根据具体情况而定。例如,教师进入教室以后,在正式开始讲课以前,要用目光扫视全班,使每一个学生都能感到老师在注视着自己;当学生交头接耳的时候,老师不必当众斥责,而应当以关心和爱护的态度对待,可以提出一个有趣的问题吸引他们的注意力,或者走近前去问他们是否有什么不懂的问题。这样做是为了保护学生的自尊心,防止产生"逆反心理"。

### 5.4 怎样使学生集中注意力

使学生集中注意力是搞好课堂教学的关键之一。学生注意力是否集中在多数情况下跟教学内容、教学方法和教学技巧有关。教学内容适用、有趣、深浅适度,是吸引学生注意力不可缺少的条件,因此,讲解、练习的内容和方法要使学生感到有用、有趣、深浅程度适宜;教学环节的安排要有张有弛,有起有伏,使学生在既紧张又轻松的气氛中学习;教师的目光要面对全班,使每一个学生都感到要随时准备回答老师的问题;提问时要先提出问题,然后指定学生回答或由学生举手回答,不要先指定学生,然后提出问题;老师说话要抑扬顿挫,声音要高低适度,并伴随一定的表情动作;要准备几个笑话,必要时活跃一下课堂气氛;教师的衣着、仪态、表情、动作等要适应一般的社会心理,不能带有任何有可能分散学生注意力的因素。

5.5 怎样使学生积极主动地、有创造性地学习

只有学生能积极主动地、有创造性地学习,才能取得最佳教学效果。学生的积极性、主动性和创造性要靠教师去调动。最常用的办法有:突出语言教学的交际性,把课堂组织成交际的场所,选择话题时要尽可能使每一个学生都感到有话可说。要经常提出一些能促使学生思考的问题,对学生的良好表现及时给予鼓励。对程度不同的学生要区别对待,使每一个学生都感到自己在课堂上能够发挥自己的潜力。例如提问时,向程度不同的学生提出的问题在难易程度上应当有所区别,要与他们的实际水平相一致。这样,程度差的学生就不会丧失信心,程度好的学生也不至于骄傲自满。

上面从五个方面所举的例子并不是什么灵丹妙药,只不过是提供一种思路。教学技巧体现教师个人的教学经验和教学风格,还要靠每个教师自己去根据有关的教学内容和本班的具体情况进行创造和灵活运用。

**思考题**

1. 为什么说课堂教学是第二语言教学的四大环节中的中心环节?
2. 为什么要区分教学过程的课堂教学、教学阶段的课堂教学和一堂课的课堂教学?这三者的教学内容和教学目标有什么不同?
3. 教师完成教学任务的标准是什么?
4. 教学过程、教学单位、教学环节、教学步骤这四者之间有什么区别?
5. 备课和课堂操作为什么要采用不同的流程?
6. 如果课堂教学秩序混乱,或者有学生不专心听讲,你准备用什么方法解决?
7. 上课时如果学生注意力不集中,你准备怎么办?
8. 请任选一种汉语教材,从中任选一课写一份教案。

**引文目录**

崔永华(1992)基础汉语阶段精读课课堂教学结构分析,《世界汉语教学》1992年第三期。

## 第四节 语言测试

我们把语言测试看成语言教学的一个组成部分。人们对语言测试的认识跟他们对语言规律、语言学习规律和语言教学规律的认识是一致的,因此,不同的语言教学法流派对语言测试的主张往往不完全相同。下面关于语言测试问题的讨论,同样也体现我们对语言、语言学习和语言教学规律的认识。

### 1. 测试的目的与类型

语言测试有不同的目的。测试的目的不同,测试的要求、内容和方法也不完全相同。因此,我们可以按照不同的测试目的划分语言测试的类型。

下面介绍四种类型的测试。

1.1 水平测试

这种测试的目的是测量测试对象的第二语言水平。水平测试的内容和方法以能够有效地测量测试对象的实际语言水平为原则,而不以某个教学单位的教学大纲或某一种特定的教材为依据,所以跟教学过程没有直接的联系。水平测试的这一特点决定了它不需要考虑测试对象的特点和他们的学习过程,同一种水平测试可以适用于不同的测试对象,这跟用同一把尺子测量不同人的身高是一样的道理。水平测试的结果也可以作为新生入学编班的依据。

1.2 成绩测试

这是一门课程或课型的测试,所以又叫课程测试。成绩测试是教学中最常用的一种测试,目的是测量学生的学习成绩,一般是在一个学期的期中、期末或在教完一个或若干个教学单位之后举行。结业和毕业考试也是成绩测试。这种测试的性质决定了它跟教学过程和教学对象有密切的关系,测试的内容和方法必须跟教学大纲规定的教学要求以及体现在教材和课堂教学中的教学内容、教学方法相一致。

1.3 诊断测试

这种测试的目的是检查学生对有关教学内容的掌握情况,检查教学效果是否达到了教学大纲的阶段性要求,发现教和学双方存在的问题,以便及时采取改进措施。成绩测试也可以发现教学双方存在的某些问题,但是诊断测试的测验内容更集中、更有针对性,能够反映课堂观察和成绩测试中不容易发现的现象,获得课堂教学和成绩测试中不可能得到的数据。在没有水平测试的情况下,诊断测试也可以用做编班测试。它还可以作为中介语调查的一种手段。

1.4 潜能测试

这种测试的目的是检查测试对象学习第二语言的潜在能力（天赋），所以也叫学能测试或素质测试。潜能测试一般是在教学之前举行，主要作用是考察测试对象是否适合或在多大程度上适合学习第二语言。学习第二语言至少需要具备一定的模仿能力、理解能力和记忆能力，特别是对语音的模仿能力、对字词的记忆能力和对语法的理解能力，因此潜能测试的内容要根据测量这几个方面的能力的需要来确定。测试用的语言必须是测试对象从未接触过的语言或人造语言。

以上四种类型的测试都有各自的特殊作用，所以不能互相代替。水平测试以尽可能客观的标准去测量测试对象的目的语水平，有专门的考试大纲、统一的试题和统一的评分标准，能够证明达到同样分数线的测试对象具有基本相同的目的语水平。但是水平测试不考虑任何一个教学单位的课程特点，不以任何一个教学单位的教学大纲为依据，所以不能代替成绩测试。成绩测试可以测定学生的学习成绩，但是学习成绩并不能反映学生的语言水平。这主要是因为：不同教学单位的教学要求、教学内容和教学方法往往不同，考试制度和考试方法以及试题的难易程度和评分标准也往往不同，所以同样的分数不一定能反映同样的水平。诊断测试既不全面反映学生的学习成绩，也不全面反映他们已经达到的水平，但是可以发现课堂观察、成绩测试和水平测试中难以发现的问题和数据；潜能测试既不可能反映测试对象的学习成绩和已经达到的水平，也不可能反映他们学习中存在的问题，但是它有测量第二语言学习能力的作用，这是其他几种测试都无法代替的。

在我国对外汉语教学中，迄今普遍使用的是成绩测试和水平测试。对潜能测试还缺乏深入的研究，所以我们不专门讨论。

## 2. 测试的项目和内容

第二语言教学的目的是培养学生的语言能力和语言交际能力，第二语言测试，除了潜能测试以外，都必须跟这一总的教学目的相一致。也就是说，无论是水平测试，还是成绩测试和诊断测试，都应当以测量测试对象的语言能力和语言交际能力为出发点。这就是我们对第二语言测试的目的和任务的基本认识。语言能力和语言交际能力具体表现为对语言的理解和表达能力，其中理解能力包括听和读的能力，表达能力包括说和写的能力。因此，一般都把听、读、说、写作为基本的测试项目。听、说、读、写又都要涉及具体的"语言点"，即有关的语言要素、语用规则和文化知识，这些"语言点"就是测试内容。这些测试项目和测试内容也就是全部教学内容。

我们用下面的图表来表示测试项目和相应的测试内容。

| 测试项目 | | 测试内容 | | | | |
|---|---|---|---|---|---|---|
| 理解 | 听 | 语音 | 语汇 | 语法 | 文化 | 语用 |
| | 读 | 汉字 | 语汇 | 语法 | 文化 | 语用 |
| 表达 | 说 | 语音 | 语汇 | 语法 | 文化 | 语用 |
| | 写 | 汉字 | 语汇 | 语法 | 文化 | 语用 |

上面的图表表明：语言测试的项目包括听、读（理解）和说、写（表达）四项言语技能和相应的言语交际技能，每一个项目的测试又都包括若干项具体内容。其中语汇、语法、文化、语用是各个测试项目共同的测试内容。听和说用于口头交际，口头交际离不开语音，所以必须把语音作为听和说的测试内容之一；口头交际一般与汉字无关，所以不必把汉字作为听和说的测试内容；读和写用于书面交际，书面交际离不开汉字，所以必须把汉字作为读和写的测试内容之一；书面交际一般跟语音没有直接的关系，所以不必把语音作为读和写的测试内容。

上面所说的测试项目和测试内容是就语言测试的总体来说的，并不是每一种类型的每一次测试都要包括全部测试项目和全部测试内容。

水平测试要全面测量测试对象的语言能力和语言交际能力，因此，理想的水平测试应当包括全部测试项目和测试内容。但是迄今为止，并不是所有的水平测试都包括全部测试项目和测试内容。

成绩测试的项目和内容要跟教学阶段的教学内容相一致。第二语言教学有一定的阶段性，而教学阶段又有一定的层次性：初级、中级、高级是三个大的阶段；这三个大的阶段下面是学期，一个学期又可以分为期中和期末；再下一级的教学阶段是一个或若干个教学单位。一般说来，每一个教学阶段都要进行一次成绩测试，各个阶段的测试项目和测试内容都要跟这一阶段的教学内容相一致。

需要特别说明的是，因为一种语言就是一个完整的系统，只有通过语言教学的全过程才能帮助学生掌握这个系统，所以我们要用教学过程的整体观念来看待教学阶段，而不能用孤立的观念来看待教学阶段。也就是说，要看到每一个教学阶段都包含在教学过程之中，后一个教学阶段包含着前一个教学阶段；每一个教学阶段的教学内容都包含在整个教学过程的教学内容之中，后一个阶段的教学内容包含着前一个教学阶段的教学内容。对课堂教学的实际操作来说，教学阶段是逐段延伸的，由一个个教学单位延伸到一个学期，由一个个学期延伸到一个等级，最后完成整个教学过程；教学内容也是逐段延伸的,由一个个教学单位的内容延伸到一个学期的内容,由一个个学期的内容延伸到一个等级的内容,最后延伸到整个教学过程的内容。教学阶段跟教学过程的关系以及各个教学阶段的教学内容跟教学过程的教学内容的关系可以用下面的示意图来表示:

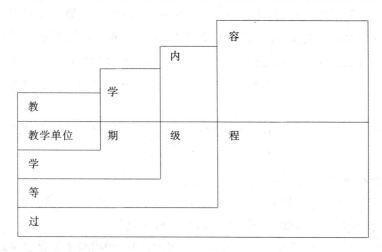

上面的示意图说明,教学阶段的划分和各阶段教学内容的划分都是相对的,教学阶段和各阶段的教学内容都有一定的延续性和连贯性。因此,当我们说测试的项目和内容要跟教学阶段的教学内容相一致的时候,实际上是说,每一个阶段的测试内容都要包括以前各阶段的相关的教学内容。这不但是由语言规律所决定的,而且也是由语言学习规律所决定的。我们认为,在语言学习和习得过程中,知识的积累和技能的发展不能脱离原有的基础,语言测试要反映语言学习和习得的这一规律,并使学生从中体会到"温故知新"的道理。

诊断测试的内容要根据改进教学的需要来决定。在汉语作为第二语言教学中,有很多内容要通过诊断测试来探索改进教学的途径。例如,在语音方面,可以进行关于送气音、声调、语调的诊断测试;在汉字方面,可以进行关于笔画认知、部件认知、误认、误读、误写规律的测试;在语汇方面,可以进行关于辨别同义字词、根据字义猜测词义的诊断测试;在语法方面,可以进行关于某些疑难句法现象以及句子连接规则的诊断测试;在语用方面,可以进行体现汉语文化特点的表达得体性的诊断测试;在技能方面,还可以进行听与说、读与写的相关性测试。

## 3. 试卷设计

下面从卷面构成、题类和题型三个方面讨论试卷设计。

### 3.1 卷面构成

我们把一次考试中的一种试卷叫做一个卷面。例如,如果要用两种试卷分别测试说话和阅读,这两种试卷就是两个卷面。卷面构成是指测试的项目和内容分布在几个卷面中,一个卷面包括哪些测试项目和测试内容。

卷面构成可以根据试卷所包含的项目的多少,分为单项卷面、双项卷面和多项卷面。只测验一个项目的叫单项卷面,测验两个项目的叫双项卷面,测验三个或四个项目的叫多项卷面。无论是单项卷面,还是双项和多项卷面,每个项目都可以包括该项目的全部测试内容,也可以只包括该项目的部分测试内容。双项和多项卷面的项目组合也可以根据需要进行选择,例如,可以是听和说、读和写的组合,也可以是听和读或听、说、读的组合。

如果按照卷面所包括的项目区分,单项卷面、双项卷面和多项卷面共有 14 种试卷。其中:

单项卷面四种,即听力、说话(口语)、阅读、写作(写话);

双项卷面有六种,即听和说、听和读、听和写、读和说、说和写、读和写;

多项卷面有四种,即听读说、读写说、听读写、听读说写。

不同类型的测试对卷面构成的要求不完全相同,同一种类型的测试也可以有不同的卷面构成。卷面构成往往要由两个方面的因素来决定,一是测试目的以及由此决定的测试项目和测试内容,二是测试的时间限制。任何考试都要受时间限制,所以卷面不宜过长。如果只需测试一个项目,当然只能采用单项卷面;如果要测试两个或两个以上的项目,就要看测试内容和题数的多少。如果每一个项目的测试内容和题数较多,为避免卷面太长,就只能采用单项卷面(把不同的测试项目分散到几个单项卷面中);如果每一个项目的测试内容和题数较少,即使采用双项或多项卷面也不会造成卷面过长,就可以采用双项或多项卷面(把不同的测试项目集中到双项或多项卷面中)。目前最常用的还是单项卷面和双项卷面,双项卷面又主要是听和说、读和写的组合,通常叫口试试卷和笔试试卷。

下面分别讨论不同测试类型的卷面构成。

○水平测试:

水平测试要全面测量测试对象的语言能力和语言交际能力。因此,理想的水平测试应当包括全部测试项目和测试内容,最好采用单项卷面,或者有的项目采用单项卷面,有的项目采用双项卷面。

○成绩测试:

成绩测试的卷面构成必须跟课程或课型的教学任务相一致。汉语作为第二语言教学的课型既有综合课,又有专项技能课,每一种课型都要有自己的成绩测试。专项技能课只训练一两项言语技能和相应的言语交际技能,所以测试项目比较单一。例如,听力课的测试只需要测验听力,阅读课的测试只需要测验阅读能力,听说课的测试只需要测验听和说的能力。测验项目单一就可以采用单项卷面。综合课要进行各项言语技能和相应的言语交际技能的全面训练,需要测试的项目较多。如果各个项目要同时测试,每个项目的测试内容和题数又较多,一般要采用单项卷面;如果各个项目的测试内容和题数都较少,也可以采用双项或多项卷面。一般说来,初级阶段可采用双项或多项卷面,中高级阶段的期末考试以及结业和毕业考试需要测验的内容较多,不宜采用多项卷面。

○诊断测试:

因为诊断测试要侧重于测验教师在课堂观察以及在成绩测试和水平测试中不容易发现的情况,并获得在课堂教学和成绩测试中难以得到的数据,所以必须抓住重点,测试的项目和内容要更集中、更有针对性,一次测试的项目和内容不宜过多,最好采用单项卷面,每次测验一两项内容。

3.2 题类

现在人们举出的测试类型,名目繁多。其实人们经常提到的那些测试类型并不都是在同一个层面上分出来的类,其中有一些只不过是概括了某类试题的特点。每一种类型的测试都可以包括具有不同特点的不同类型的试题,所以试题的特点跟测试的类型是不同的命题,应当把它们区别开来。试题本身的特点也有不同的层次,其中包括题类和题型。题类是试题总体性质的类别,题型是具体题目的类型。

从实用角度考虑,当前有必要区分以下几种不同的题类:

(1) 标准化试题和非标准化试题。这是从命题过程和试题的可靠性程度的角度划分出来的类。标准化试题是经过反复试测和筛选确定下来的试题,具有较高的可靠性和相对稳定性。非标准化试题一般是任课教师自己准备的试题,没有经过反复试测和筛选。

(2) 主观性试题和客观性试题。这是从阅卷评分的角度划分出来的类。评分时需要阅卷人做出主观判断的叫主观性试题,有固定的客观评分标准、不需要阅卷人做出主观判断的叫客观性试题。例如,说话、写作(写话)等方面的试题都属于主观性试题,多项选择题属于客观性试题。这两类试题都有各自的优点和缺点。客观性试题阅卷评分比较容易,可以做到机器评分的自动化,但是命题相对较难,而且难以测量测试对象的综合表达能力。主观性试题可以测量测试对象的综合表达能力而且命题相对容易,但是阅卷评分较难,大规模的测试要耗费大量的人力和经费。要全面测量测试对象的各项言语技能和相应的言语交际技能,目前还离不开主观性试题,所以我们主张把主观性试题和客观性试题结合起来,两者不可偏废。

(3) 分立式试题和综合性试题。这是根据试题所包含的测试内容的特点划分出来的类。对有关的语言要素分别进行测验的试题叫分立式试题,对有关的言语技能和言语交际技能进行综合测验的试题叫综合性试题。例如,填空、改错、多项选择等题型都属于分立式试题,听力理解、说话、阅读理解以及写作(写话)等方面的试题都属于综合性试题。有些综合性试题中往往要包含分立式试题。例如,听力理解和阅读理解方面的试题往往要通过填空、多项选择等方式来完成。

分立式试题比较容易体现客观性,也比较容易实现标准化,但是不容易全面测量测试对象的言语技能和言语交际技能;综合性试题中的说话和写作不容易体现客观性,也不容易实现标准化。如何使分立式试题能够全面测量测试对象的言语技能和言语交际技能,如何使综合性试题尽可能体现客观性并尽可能实现标准化,是语言测试研究要解决的一个重要问题。解决这个问题的关键是找到对某些语言点的掌握跟相应的言语技能和言语交际技能的对应关系。

3.3  题型

每一个测试项目都可以采用综合性试题和分立式试题,前者用于测验有关的言语技能和言语交际技能,后者用于测验对语言要素的掌握。下面是综合性试题和分立式试题的常用题型举例。

○常用的综合性试题的题型:

1) 听力理解测试试题的常用题型:

(1) 听后选择正确答案。(双项、三项或多项选择)

(2) 听后填空。

(3) 听后填表。

2) 阅读理解测试试题的常用题型:

(4) 读后选择正确答案。(双项、三项或多项选择)

(5) 读后填空。

(6) 读后填表。

3) 说话(口语)测试试题的常用题型:

(7) 回答问题。

(8) 看图说话或回答问题。

(9) 根据指定的题目自由表达。

4) 写作(写话)测试试题的常用题型:

(10) 连句成段。(把所给的几句话连成一段话并加标点符号,或用序号排定几句话的顺序)

(11) 看图笔头回答问题、写话、作文。

(12) 写应用文或填表。

(13) 命题作文。

各项言语技能之间有一定的连带关系。在语言测试中,当测验某一项言语技能的时候,往往需要其他言语技能的支持。例如,在上述听力理解测试中,测试对象必须能看懂试题,同时要用笔头完成,因此必须有一定的读和写的能力。但是在命题和评分时一定要明确每一道试题的测试目的和要求,不能把不同的目的和要求混同起来。例如,如果是测验理解能力(听、读),就要把出发点放在测量理解能力上,不要加进表达能力的要求;在阅卷评分时,也要着眼于考查理解的程度,不要考虑答卷中是否有表达方面的错误。这是使测量精密化的必要条件之一。

由于各项言语技能之间有一定的连带关系,也可以设计同时测试双项或多项技能的试题。常用的双项或多项技能测试试题的题型有:

(14) 听写。(同时测验听和写的能力)

(15) 听后回答问题。(口头回答——同时测验听和说的能力,笔头回答——同时测验听和写的能力)

(16) 听后口头复述。(同时测验听和说的能力)

(17) 听后写大意。(同时测验听和写的能力)

(18) 听课记笔记。(测验边听边记的能力)

(19) 读后回答问题。(口头回答——同时测验读和说的能力;笔头回答——同时测验读和写的能力)

(20) 读后口头复述。(同时测验读和说的能力)

(21) 读后写大意。(同时测验读和写的能力)

双项或多项技能试题的主要缺点是不容易判断某一项技能的成绩或水平是否受到其他技能的影响,因此难以做到测量的精密化,也难以实现标准化。大规模的正式测试不宜采用这类题型。

○常用的分立式试题的题型:

1) 语音测试试题的常用题型:

(22) 听写音节。

(23) 听时填声母、韵母。

(24) 听时标调号。

(25) 听时标重音和语调。

(26) 朗读音节、词,注意声、韵、调。

(27) 朗读句子、短文,注意逻辑重音和语调。

以上(22～25)是辨别音调能力的测验,(26～27)是语音表达能力的测验。

2) 汉字测试试题的常用题型:

(28) 给汉字注音。

(29) 在包含同音字的一组词或句子中标出同音字。

(30) 在包含同形字的一组词或句子中给同形字注音。

(31) 写出一组字词或句子中相同的汉字部件。

(32) 在所给的汉字中选择唯一恰当的汉字填空。(双项、三项或多项选择)

(33) 改正错别字。

(34) 根据拼音写汉字。

(35) 听写字词、句子、短文。

(36) 用汉字填空。(用汉字完成词、句子、短文)

以上(28~32)是认字能力的测验,(33)是认字和写字能力的测验,(34—36)是写字能力的测验。

3) 语汇测试试题的常用题型:

(37) 给学过的字词注音。

(38) 选择适当的近义字词填空。

(39) 选择语汇填空。(双项、三项或多项选择,测验字形和语义识别)

(40) 用汉语解释语汇。(口头或笔头)

4) 语法测试试题的常用题型:

(41) 改正错句。

(42) 把指定的字词写在可供选择的位置上。(双项、三项或多项选择)

(43) 从所给的语汇中选择恰当的语汇填空。(双项、三项或多项选择)

(44) 综合填空。

## 4. 卷面质量控制

要使测试获得成功,必须对卷面进行质量控制。人们一般用下面的标准来控制卷面的质量。

(1) 效度。即有效度,是指是否达到测试目的。

保证卷面效度的关键是卷面的测试项目和测试内容要与测试目的相一致。也就是说,该测的一定要测到,不该测的不要涉及。例如,如果要全面测量阅读理解能力,就必须设计含有有关的汉字、语汇、语法、文化、语用等知识的综合性阅读试题,而不应当设计只含有某一两项知识的分立式试题。阅读理解必须有一定的速度,因此卷面的长度必须与测试的时间相一致,如果卷面太短,就测不出阅读速度。这就是该测的一定要测到。

又如，测量阅读理解能力只能设计测量阅读理解能力的单项卷面，如果试卷上既有阅读方面的试题，又有写作方面的试题，就不能精确地测量出阅读理解能力。阅读理解既需要一定的语言知识，又需要一定的文化知识，如果文化知识太专，超过了多数测试对象的知识范围，也达不到测试目的，因为难以判断是语言能力方面的问题，还是文化知识方面的问题。这就是不该测的不要涉及。

（2）信度。信度也叫可靠性，是指同一个卷面和难易程度相同的试题用于水平基本相同的测试对象，测试结果是否基本相同。

追求信度的目的是保证试卷的稳定性，这对不同类型的测试有不同的意义。对水平测试来说，试卷的稳定性可以保证达到同一分数线的测试对象具有基本相同的水平；对成绩测试来说，试卷的稳定性除了可以保证达到同一分数线的测试对象具有基本相同的水平以外，还可以反映教学变化的情况：如果这一届学生的成绩比上一届普遍提高了，就说明教学质量提高了；如果这一届学生的成绩比上一届普遍降低了，就说明教学质量降低了。

卷面信度是由多方面的因素决定的：一是卷面构成。对卷面构成的基本要求是测试项目安排合理，测试内容有一定的覆盖面和代表性。二是题数。难易程度相当的同类题型的题数越多，信度也越高。三是评分标准和评分办法。评分标准越客观，评分办法越科学，信度越高。与此有关的是题型。一般说来，主观性试题的信度较低，客观性试题的信度较高。

验证和提高卷面信度的主要办法是试测对比。有两种比较可行的试测对比办法：一是拿同一个卷面去测试几个平行班的学生，然后统计每一道试题的测试结果。如果某一道试题的得分情况与任课教师平时的印象以及跟以前多次测试的结果完全一致，就说明这道试题的信度符合要求，可以保留；否则就不符合要求，必须淘汰。用这样的办法进行多次试测对比和筛选，就可以得到一个信度符合要求的卷面。二是跟踪调查测试对象的学习情况。如果测试对象进入下一个阶段学习，可考察其跟班学习的情况。如果在学习中反映出来的语言水平跟他原来的得分情况完全一致，就说明整个卷面的信度符合要求，否则就说明卷面的信度不符合要求。

卷面的信度跟评分标准和阅卷方法有密切的关系，主观性试题的评分标准和阅卷方法尤其重要。要设法为主观性试题规定尽可能客观的评分标准并加以验证。有两种比较可行的验证方法：一是由三组人员按照规定的评分标准同时评阅同一道试题，如果各组给分相同或基本相同，就说明评分标准是客观或比较客观的；如果三组给分相差悬殊，就说明评分标准不客观。二是由同一组人员按照规定的评分标准在三段不同的时间内阅评同一道试题，如果三次给分相同或基本相同，就说明评分标准是客观或比较客观的；

如果三次给分相差悬殊,就说明评分标准不客观。为了获得客观、可靠的评分标准,最好同时用这两种办法进行全面验证。

(3) 区分度。这是指试卷能不能客观地反映测试对象的水平差异。水平测试的目的是测量测试对象的语言水平,要用同一个卷面去测试水平相差悬殊的测试对象,所以试卷必须有相应的区分度。成绩测试最好也有一定的区分度。形成区分度的关键是卷面试题的难易程度有一定的跨度,卷面长度适度,卷面试题的排列由易到难逐渐过渡。如果难易跨度太小就难以区分不同的水平;如果卷面太短或太长,应试者就难以得到充分发挥,水平较高者尤其难以得到充分发挥;如果不是由易到难逐渐过渡,应试者就不能正常发挥,水平较低者更不能正常发挥。

(4) 反馈作用。任何测试都会对教学发挥反馈作用,不是发挥积极的反馈作用,就是发挥消极的反馈作用。认为考试是指挥棒有一定的道理,只是这个指挥棒有可能往正确的方向上指引,也可能往错误的方向上指引。衡量卷面优劣的标准之一就是能不能对教学发挥积极的反馈作用。卷面的积极反馈作用至少可以从以下两个方面加以保证:第一,测试项目、测试内容和题型的选择都有利于指导课堂教学。例如,如果不是测试语言能力和语言交际能力,而是测试语言知识,就会把教学引向只注重知识传授而不注重技能训练。第二,测试标准适度,试题深浅适中,有利于促进教学水平的不断提高。如果测试标准太高或太低,试题太深或太浅,就会使师生双方都产生错觉,不是盲目乐观就是失去信心。

**思考题**

1. 水平测试和成绩测试有什么不同?期末考试和毕业考试应当用什么测试?
2. 诊断测试有什么作用?
3. 测验听、说能力应包括哪些内容?测验读、写能力应包括哪些内容?
4. 要全面测验中级水平学生的听说读写能力,你准备用单项卷面,还是用双项或多项卷面?为什么?
5. 要检查学生"把"字句的学习情况,你准备选择哪一种类型的测试?用单项卷面还是用双项或多项卷面?
6. 举例说明题类和题型的区别。
7. 怎样证明一份试卷的区分度?
8. 你希望测试对教学有哪些积极的反馈作用?

# 第六章　语言要素教学（上）

我们在第二章谈到，汉语的语言要素包括语音、汉字、语汇、语法。因此，汉语语言要素的教学就包括语音教学、汉字教学、语汇教学、语法教学。为了使讨论的内容带有系统性，便于说明相应的教学路子和教学方法的来龙去脉，我们在讨论每一项要素的教学之前，要首先对要素本身作一点介绍。

本书所说的"汉语"，是指现代汉语普通话（包括口头的和书面的）。所以下面要讨论的汉语诸要素，都是指现代汉语普通话的要素。这一点以后不再专门说明。

## 第一节　语音和语音教学

汉语的语音是口头汉语的载体，所以汉语语音教学主要是口头汉语教学的任务。这里标明"主要"二字，是因为作为书面汉语载体的汉字是形音义结合体，所以书面汉语教学也不能完全脱离语音教学。不同的是：书面汉语教学不必考虑语音教学的系统性；如果把书面汉语和口头汉语分开来设课，语音教学的任务主要由口头汉语教学承担，那么，在书面汉语教学中对汉字读音的要求就可以放宽，朗读课文时对语音的要求也可以放宽。

任何一种语言或方言的语音都是一种系统。不同语言之间和同一种语言的不同方言之间的区别之一就是语音系统不同，所以学习任何一种语言或方言都必须学习和掌握这种语言或方言的语音系统。在现代汉语普通话的语音系统中，最基本的语音成分是音节、句调、停顿和逻辑重音。句调、停顿和逻辑重音的教学要与语法教学相结合，这一章讨论语音教学，主要是讨论音节教学。

### 1. 音节的性质

我们用汉语说话，至少要说一个音节，音节当中没有任何停顿。例如，kēxué（科学）是两个音节,说话时在 kē 和 xué 之间可以有或长或短的停顿,但是在 kē 当中不能有任何停顿,在 xué 当中也不能有任何停顿。由此可见,音节是口头汉语最小的语言单位。

音节之所以能够成为口头汉语最小的语言单位,是因为它具有下列性质:

(1) 是可以感知的最小的音义单位。例如,"科学发展观"是一串声音,我们从这一串声音中可以感知到 kēxuéfāzhǎnguān 这五个不同的声音和它们的意思。这五个不同的声音就是五个音节。因为它们都有各自的意思,所以也就是五个音义单位。

(2) 是原本性的音义单位。所谓原本性的音义单位,是指音节是音义粘着的不可切分的天然整体,而非人工合成所致。我们虽然可以从中分析出声母、韵母和声调,但这是运用声学原理对其中的语音成分进行分析的结果,并不能说明音节是以人工方式对三者的合成。就像一株植物,虽然可以指出它的根、茎、叶,但是不能认为它是由根、茎、叶合成的。

作为可以感知的音义单位和原本性的音义单位,音节也是最小的信息单位和最小的音义认知单元。

(3) 是生成性的音义单位。生成性的音义单位就是可以用来进行"组合生成"的音义单位。一个音节可以按照一定的组合规则与意思相关的其他音节进行组合,生成较高一级的音义单位——"音节组合";它还可以按照一定的组合规则与意思相关的"音节组合"进行再组合,生成更高一级的音义单位。例如,zhōng 是一个音节,它可以与意思相关的其他音节相组合,生成 zhōngguó(中国)、zhōnghuá(中华)、zhōngxué(中学)、qízhōng(其中)等等。这些都是"音节组合"。这些"音节组合"还可以跟其他音节或"音节组合"进行再组合,生成 zhōngguórén(中国人)、zhōnghuá wénhuà(中华文化)、zhōngxuéshēng(中学生)、zài qízhōng(在其中),等等。这些都是更高一级的音节组合。

作为生成性的音义单位,音节是口头汉语最小的语言单位和语法单位。

## 2. 音节的组合生成

作为最小音义单位的音节虽然是不可切分的,但是其中的语音成分却可以分析。分析语音成分可以帮助我们了解音节的语音结构。

### 2.1 音节的生成元素——声母、韵母和声调

汉语的一个音节一般由一个声母、一个韵母和一个声调三部分组合生成,声母、韵母和声调就是汉语音节的生成元素。声母是音节开头的部分,全部由辅音充任;韵母是声母后面的部分,由元音或元音加鼻辅音充任;每一个音节都有一个固定的声调,代表音节读音的高低升降。

汉语音节的组合生成,首先由声母和韵母相组合,生成"声韵组合"(简称"声韵")。

例如:m-a → ma。"声韵"不是音节,而是音节生成的基础,属于基本结构。再由"声韵"与声调相组合,生成有意义的音节。例如:mā、má、mǎ、mà、ma。音节是复合结构。由声母和韵母组合生成"声韵",由"声韵"和声调组合生成音节,都遵循"1＋1＝1"的法则。"1＋1＝1"就是合二为一,我们把这种合二为一的法则叫做"二合法"。有些音节只有韵母,没有声母,或者只有声母,没有韵母,我们把这样的音节看成零声母音节和零韵母音节。例如:ā(啊)、ēn(恩)、ōu(欧)是零声母音节,m(呒)、n(嗯)是零韵母音节。零声母和零韵母音节的构成是"0＋1＝1",也是"二合法"。

现代汉语普通话共有 21 个声母,35 个韵母和四个基本声调。四个基本声调分别叫做阴平、阳平、上声、去声,在教学中也叫第一声、第二声、第三声、第四声。它们的调值依次是 55、35、214、51。除了这四个基本声调以外,还有一个半三声和一个轻声。半三声是第三声与第一声、第二声和第四声连读时的变调,不是音节的生成元素;有些音节在特定的情况下读轻声(例如 mèimei:妹妹),调值不太固定,要随着前一个音节的调值而改变。因此,轻声也是一种变调。有些音节只能读轻声(例如 le:了,ma:吗),所以轻声不但是一种变调,而且也是一部分音节的生成元素。21 个声母和 35 个韵母组合生成 379 个"声韵",这 379 个"声韵"与四个基本声调和一个轻声(作为音节生成元素的轻声)组合生成 1333 个音节。(根据《现代汉语辞典·音节表》统计,包括零声母音节、零韵母音节和轻声音节)就是说,现代汉语普通话的全部音节只有 1333 个,这 1333 个音节就是由 21 个声母、35 个韵母、四个基本声调和一个轻声以"二合法"组合生成的。

### 2.2 音素

汉语的声母和韵母是由音素构成的。音素是人的听觉能够从音节中区分出来的最小的语音单位(如果用科学仪器测量,还可以区分出更小的语音单位——音子)。例如,如果仔细分析一下 kàn 这个音节,就可以区分出 k,a,n 三个不同的音素。任何一种语言或方言的语音系统都要包括一定数量的不同的音素,所以要掌握一种语言或方言的语音系统,就必须掌握这种语音系统的所有音素的发音。

汉语的音素有辅音和元音之分。辅音和元音在音节中分别担任不同的角色。

1) 声母和辅音。汉语的声母全部由辅音担任。辅音是从肺部发出的气流在发音器官里受到阻碍而形成的一类音素。造成不同辅音的原因是发音部位和发音方法不同。发音部位是指气流在发音器官里受到阻碍和消除阻碍的部位,主要跟唇形和舌位有关;发音方法是指气流发出以及受到和消除阻碍的方法,包括声带是否振动、气流的强弱、气流通过的方式等。

汉语共有 22 个辅音。根据发音部位和发音方法,可以把辅音分为不同的类。

(1) 按发音部位分类:

双唇音:气流在上下唇之间受阻通过而发出的音——b p m。

唇齿音:气流在上齿和下唇之间受阻通过而发出的音——f。

舌尖前音:气流在舌尖和下齿背之间受阻通过而发出的音——z c s。

舌尖中音:气流在舌尖和上齿龈之间受阻通过而发出的音——d t n l。

舌尖后音:气流在舌尖和硬腭(前部)之间受阻通过而发出的音——zh ch sh r。

舌面音:气流在舌面(前部)和上齿龈及硬腭(前部)之间受阻通过而发出的音——j q x。

舌根音:气流在舌根和软腭之间受阻通过而发出的音——g k h。

(2) 按发音方法分类:

塞音:气流冲破阻塞时爆发而成的音——b p d t g k。

擦音:气流通过阻碍时摩擦而成的音——f s sh r x h。

塞擦音:气流通过阻塞时先爆发后摩擦而成的音——z c zh ch j q。

鼻音:气流通过鼻腔而发出的音——m n ng。

边音:气流从舌头两边通过而发出的音——l。

清音:发音时声带不振动的音叫清音。有些语言的辅音有清音和浊音的对立,即一个清音有与之相对应的浊音。汉语的辅音没有这种对立,除了下面要列举的以外,都是清音。

浊音:发音时声带振动的音叫浊音。汉语的辅音只有擦音中的r和鼻音m,n,ng以及边音l是浊音。

送气音和不送气音:用较强的气流冲破阻碍而发出的音叫送气音,跟送气音相对立的音叫不送气音。汉语的辅音有几组相对立的不送气音和送气音:b p;d t;g k;z c;zh ch;j q。

在上述22个辅音中,ng只能跟有关的元音结合后作韵母。其余全部用作声母。n和r既作声母,也跟有关的元音结合后作韵母。

汉语辅音的分类可以列表如下:

**现代汉语普通话辅音分类表**

| 发音方法<br>发音部位 | 塞音 | | 塞擦音 | | 擦音 | 鼻音 | 边音 |
|---|---|---|---|---|---|---|---|
| | 清音 | | 清音 | | 清音 | 浊音 | 浊音 | 浊音 |
| | 不送气 | 送气 | 不送气 | 送气 | | | | |
| 上下唇 | b | p | | | | | m | |

续表

| | | | | | | | |
|---|---|---|---|---|---|---|---|
| 上齿下唇 | | | | | f | | |
| 舌尖前 | | | z | c | s | | |
| 舌尖中 | d | t | | | | n | l |
| 舌尖后 | | | zh | ch | sh | r | |
| 舌面 | | | j | q | x | | |
| 舌根 | g | k | | | h | (ng) | |

2) 韵母和元音。汉语音节的韵母由元音和元音加鼻辅音担任。元音是气流振动声带、在口腔里受不到阻碍而形成的一类音素。造成不同元音的原因是口形和舌位不同。口形包括开口度的大小和是否圆唇；舌位包括位置的高低前后。舌位的高低和开口度有连带关系：开口度越大，舌位越低，开口度越小，舌位越高。

汉语的元音又分为单元音和复元音两类。

(1) 单元音韵母。由一个元音构成的叫单元音，汉语单元音有7个音位，即：a o e i u ü er。其中 a、o、e 可以单独充任韵母，也可以跟有关的音素组合后充任韵母，还可以跟有关的声调组成零声母音节，如 ā(啊)、ō(噢)、è(饿)。er 只能构成零声母音节，如 ér(儿)、ěr(耳)，èr(二)。

上述单元音都有不同的变体，教学中需要重视的是 a、e、i 的部分变体(见下表)。

下表是单元音的发音部位和发音方法以及根据发音部位和发音方法的分类：

**现代汉语普通话单元音分类表**

| | 舌面 | | | | | 舌尖 | | 卷舌 |
|---|---|---|---|---|---|---|---|---|
| | 前 | | 中 | | | 后 | | 前 |
| | 不圆 | 圆 | 不圆 | 不圆 | 圆 | 不圆 | 不圆 | 不圆 |
| 合(高) | i | ü | | | | u | (z)i | (zh)i |
| 半合(半高) | e(i) | | | (g)e | o | | | |
| 中(中) | | | e(n) | | | | | er |
| 半开(半低) | (i)e<br>ê<br>(i)a(n) | | | | | | | |
| 开(低) | a | | | | | a(ng) | | |

(2) 复元音韵母。由两个或三个元音复合而成的元音叫复元音；其中由两个元音复合而成的叫二合复元音，由三个元音复合而成的叫三合复元音。

二合复元音有：ai ei ao ou ia ie ua uo üe，

三合复元音有：iao iou uai uei。

以上元音都可以作韵母，其中 ai ao ou 可以构成零声母音节，例如 ài（爱），áo（熬），ōu（欧）。

（3）元音加鼻辅音韵母。汉语的语音系统中有 n 和 ng 两个鼻辅音可以跟有关的元音结合后充任韵母。

n 与有关的元音结合而成的韵母有：an en ian in uan uen üan ün。

ng 与有关的元音结合而成的韵母有：ang eng iang ing iong uang ueng。

## 3. 语音教学

我们主张在教学的初期把音节教学作为语音教学的重点，以后逐渐过渡到结合语法教学练习停顿、逻辑重音和句调。

前面说过，汉语的音节具有双重身份：它既是表音符号，也是口头汉语的语言单位和语法单位。因此，音节教学不但是语音单位的教学，而且也是语言单位和语法单位的教学，是口头汉语教学的基础和基本组成部分。只有把音节作为语言单位和语法单位，把音节教学作为口头汉语教学的基础和基本组成部分，才能提高教学效率。切不可把音节教学仅仅当成表音符号的教学。把音节作为语言单位，就是教音节不但要教它的读音，而且要教它的意思和用法。

音节教学可以采用归纳法，也可以采用分析法。所谓归纳法，就是把音素和声调作为基本的教学单位，教会若干个音素和声调以后再教拼音。教拼音就是教音节的拼音规则，直至教完所有的声母、韵母、声调和拼音规则。所谓分析法，就是把音节作为基本的教学单位，在教音节的过程中对声母、韵母和声调做分解练习，直至所教的音节涵盖了所有的声母、韵母和声调。

无论是采用归纳法，还是采用分析法，都必须遵循下列步骤：

步骤1：展示。一般的展示方法是让学生看到汉语拼音，听到老师的范读。范读时要放慢语速，给予适当的夸张，并让学生看清老师的口形。

步骤2：模仿。就是组织学生模仿老师的音调。先集体模仿，再个别模仿。模仿的办法是跟着老师大声朗读、唱读。要强调"大声"。

步骤3：纠正偏误。学生在模仿的过程中必然要出现这样那样的偏误，一般不可能一次成功。在集体模仿时，老师可以听到普遍存在的偏误，需要有重点地加以纠正。在个别模仿时，需要对个别人的偏误加以纠正。有些偏误不是一两堂课就可以完全解决的，所以纠正偏误要适可而止，并且要突出重点。重点就是普遍性的偏误和相对明显的偏误。

学生的偏误往往分别出现在声母(辅音)、韵母(单元音、复元音、元音加鼻辅音)和声调上,所以老师辨别学生的偏误,要分别从这几个方面辨别,纠正学生的偏误,也要从这几个方面有针对性地纠正。下面以对说英语者的教学为例,分别说明有关的教学要领。

### 3.1 声母教学

因为声母是由辅音担任的,所以声母教学也就是辅音教学。因为造成不同辅音的原因是发音部位和发音方法的不同,所以辅音教学最重要的是帮助学生掌握发音部位和发音方法。辨别辅音发得对不对,主要是辨别发音部位和发音方法对不对;纠正偏误,也主要是从发音部位和发音方法上加以纠正。例如,有些学生分不清双唇音 p 和唇齿音 f,一般有两种原因:一是不会发 p 或者不会发 f。如果不会发 p,就要告诉他们先把嘴唇合起来,让气流从上下唇之间冲出。如果不会发 f,就要告诉他们让上面的牙齿放在下面的嘴唇上,让气流从上齿和下唇之间冲出。二是虽然 p 和 f 都能发出,但是在该发 p 的时候发 f,该发 f 的时候发 p,这就要让他们在学习音节和汉字的时候记住哪个字发 p,哪个字发 f,并且要反复练习,直至形成习惯。

并不是在教每一个音素的时候都要告诉学生嘴唇应当怎么样,舌头应当怎么样。一般都是先让学生看着老师的口形模仿,发不对再来一遍。老师示范时要有一点夸张,并让学生看清口形。学生不一定都知道口腔的结构以及发音部位和发音方法方面的专门术语,即使知道,也很难进行有效的控制。所以不必多讲道理,只有在纠正发音遇到困难时,才需要对发音部位和发音方法加以适当的提示。但是老师必须知道每个辅音的发音部位和发音方法,只有这样,才能提高辨别能力,知道学生错在哪里,也才能有针对性地进行指点。

在汉语作为第二语言教学中,辅音的教学要特别注意以下几点:

(1) 要注意送气与不送气的区别。送气与不送气有区别意义的作用,例如,bà(坝)和 pà(怕)的意思就不一样,因此必须把它们区分清楚。许多学生不会发 p、t、k、c、ch、q 这六个送气音,主要是他们的语言里没有这样的送气音。英语中有送气音,但是与代表这几个辅音的汉语拼音字母相对应的英文字母的发音有时送气,有时不送气。即使送气,气流也比较弱,而且多半没有区别意义的作用。因此,以英语为第一语言的学生也发不好送气音。解决的办法是:告诉学生这几个汉语拼音字母跟英文字母的读音不同;说明汉语中送气不送气有区别意义的作用,可以举几个例子让学生听,也可以让他们通过辨别例如 class 与 glass 发音的区别去加以体会;指点发音方法,即让气流从堵塞处冲出;让学生对着一张薄纸发音,如果薄纸被气流吹动了,就说明送出气来了,否则要继续练习。

(2) 要注意清音和浊音的区别。汉语普通话的辅音只有 m、n、ng、l、r 是浊音,其余都是清音。以英语为第一语言的学生,把汉语的 b、d、g、zh、ch、sh 等都发成浊音,因为跟这几个拼音字母相对应的英文字母发浊音,他们看到这些汉语拼音字母,就很自然地用英语发音的方法发音。此外,汉语的 r 虽然是个浊音,但是摩擦很轻微,以英语为第一语言的学生习惯于用英文字母 r 的发音代替汉语拼音字母 r 的发音,常常带有很重的摩擦,有时还有一个圆唇的动作。纠正这些错误不难,只需要告诉学生不能用英语的发音代替汉语的发音。但是要巩固这几个辅音的发音还必须多做练习。

(3) 关于 h 和 n、l 的发音。汉语的 h 发音时舌根要抬起与软腭发生摩擦,英语的 h 发音时气流在口腔里受不到任何阻碍。以英语为第一语言的学生常常把汉语的 h 发成英语的 h,听起来好像在嗓子里。教这个音时,对舌根与软腭的摩擦要适当夸张。以英语为第一语言的学生发 n、l 没有问题,但是有些国家的学生 n、l 不分,教学中需要注意。

### 3.2 韵母教学

因为韵母是由单元音、复元音和元音加鼻辅音担任的,所以韵母教学就包括单元音教学、复元音教学和元音加鼻辅音教学。

(1) 单元音教学。前面说过,汉语的单元音有七个音位,即:a o e i u ü er,下面逐个介绍这七个音位的教学。

a:教学中需要特别注意的是它的三个音位变体,我们这里用分别出现在 tān(滩)、tā(他)、tāng(汤)这三个音节中的 a 作代表。在这三个音节中,a 是三个不同的音素,发音时开口度依次由小变大,舌位由前到后。tāng 中的 a 开口度最大,舌位最后,与英语 father 中的 a 相当。Tān 中的 a 开口度最小,舌位最前。以英语为第一语言的学生习惯于用 father 中的 a 来代替 tā 和 tān 中的 a。在教这个音时,老师要通过夸张的办法向学生表明这三个音素的区别,必要时可以对开口度和舌位作些说明。

o:以英语为第一语言的学生,习惯于用英语 dog 中的 o 的发音来代替汉语 o 的发音。要向学生说明,汉语 o 的发音比英语 dog 中 o 的开口度要小一些,舌位要前一些。汉语的 o 只能跟 b、p、m、f 这四个辅音相拼,o 和辅音之间实际上有一个 u 音。可以让学生先发 bu、pu、mu、fu,在发音的过程中把嘴张开一点,就成了 bo、po、mo、fo。

e:除了单独作韵母(如 gē)以外,还出现在 ie üe ei en eng 这些复元音和带鼻辅音韵母中,还可以单独构成音节。这些都是 e 的变体,在教学中需要注意。以英语为第一语言的学生看例如 gē 中的 e 时,很容易联想到英语的 bird、girl 等中间的那个元音,因此就用那个元音来代替例如 gē 中的 e。其实 bird 和 girl 中的那个元音舌位居中,而例如 gē 中的 e 舌位靠后,跟发 o 时的舌位差不多。可以用 o 来引导,让学生先发 o,舌位保持不变,然后嘴唇由圆变扁。e 自成音节只出现在叹词中(如"诶"),读音跟英语 bed 中的元音相仿。e 的其他变体可分别放在复元音和带鼻音韵母中作为整体教,不必分解开来单独教。

i:i 有三个变体。单独成音节和在 j、q、x 后面是一种变体;在 z、c、s 后面是一种变体;在 zh、ch、sh、r 后面又是一种变体。单独成音节和在一个音节开头的 i,多数学生发音不太困难。在辅音后面作韵母时,可跟辅音一起,作为声韵组合或音节整体教,不必单教。实际上,在教上述辅音时,就包含了它们后面的这个元音。但是必须防止把 i 念成[i]。

u:教这个元音时,如学生模仿有误,可说明这个元音相当于英语 food 中间的那个元音,而不同于英语 book 中间的那个元音。

ü:英语中没有音素 ü,多数其他语言中也没有这个音素,所以大多数学生发不好,基本上都用 u 代替。有的学生发完这个音素时声带继续颤动,同时张开嘴,听起来近似 uei,而汉语并没有这样的音。解决的办法是:可用 i 或 u 来引导发音。用 i 引导,就是让学生先发 i,舌头不动,然后圆唇;用 u 引导,就是让学生先发 u,嘴唇不动,然后舌头由后向前移动。

er:这是一个卷舌元音。说英语的学生发卷舌音不困难,但是发 er 时听起来有点生硬,原因是卷舌太早。因此教这个音时,要通过夸张拉长前一部分,告诉学生舌头要慢慢卷起。

(2) 复元音和元音加鼻辅音教学。所有的单元音进入复元音或跟鼻辅音结合,发音都会有一些变化。但是变化不是很大,甚至不容易区分。因此在教复元音和元音加鼻辅音时,要把它们作为整体,不必把其中的音素分解出来单独教。同时要注意音素与音素之间的自然过渡,要求学生把复元音和元音加鼻辅音当作一个整体、一个音,不要拉长前面音素的发音或在音素之间作不自然的停顿。

### 3.3 声调教学

汉语的声调有区别意义的作用,声调错了,就有可能使人产生误解。例如:tāng(汤)、táng(糖)、tǎng(躺)、tàng(烫),发音完全相同,只是声调不同,意思就不一样。不能把"我要 tāng"说成"我要 táng",也不能把"你 tǎngyī tǎng"说成"你 tàngyī tàng"。声调是第二语言学习者语音学习中最大的困难所在,他们说汉语时的洋腔洋调,多半也是因为声调不对。所以在汉语作为第二语言教学中,要把声调作为音节教学的重点。有学者认为,第二语言学习者出现洋腔洋调,主要是因为语调不对。这可能是因为学习者习惯于把自己第一语言的语调套用在汉语上。因此要告诉学生,汉语没有那样的语调。

学生要学好声调,一是靠模仿,二是靠记忆。就是说,在初级阶段学习每一个字都要先模仿,模仿对了,还要记住。声调是音节的组成部分,每一个音节、每一个字词都有固定的声调,要记住一个字词,就包括要记住这个字词的声调。

有些学生四个声调都有困难,说英语学生的主要困难是第二声上不去,第三声不会拐弯,第四声下降不到位。下面介绍几种教声调的方法:

（1）先教第一声和第四声。对多数国家的学生来说,第一声不太难。学会了第一声还可以起定调的作用,因为第一声是高平调,其他声调的高低都是相对于第一声而言的。就像合唱时要先起调一样,学习汉语的声调也要先定调,定调就是先把第一声的调值定好。学习第四声的主要困难是下降不到位。英语的降调接近汉语的第四声,但是要夸张才能到位。可以用 Let's go 引导,把降调夸张一下就相当于汉语的第四声,然后用 gòu（够）来练,让学生说 Let's gòu。

（2）学会了第四声以后,再用第四声带第二声。学习第二声的主要困难是上不去,上不去又往往是因为起调太高,用第四声带第二声,可以避免起调太高。具体办法是用一组第四声加第二声的词进行练习。例如:jiàngyóu(酱油)、dòuniú(斗牛)。在选择音节的时候,要注意所选音节的声母和韵母对他们不难。如果声调难,声韵母也难,学生就顾不过来。

（3）先教半三声,再教全三声。在第一声、第二声和第四声前面的全三声要说成半三声,所以半三声是全三声的一个变调。在四个基本声调中一般是全三声最难学,中国小孩儿也是最后学会全三声。半三声是个低平调,应该不太难。但是很多学生半三声说不好。这可能是因为我们总是先教全三声（因为半三声是全三声的变调）,因此学生在学习半三声的时候,总是想着全三声,想着怎样从全三声变过来。有的研究认为,现代汉语普通话中很少说全三声,半三声是主要的,因此主张不专门教全三声。只要教好半三声,在强调的时候拉长一下,自然就成了全三声。也有人不同意这样的看法,认为还是全三声占优势。我认为不管哪一个占优势,学习半三声总比学习全三声容易。半三声的调值在有些情况下是 212,在有些情况下是 211。先教 211 可能更容易一些。从 211 到 212 只需要稍微夸张一下,再把 212 拉长,就到全三声 214。

3.4　《汉语拼音方案》的作用和《汉语拼音方案》教学

为了记载、传达和研究语音系统中不同的音素,就要有一套能够准确地标注音素读音的符号。迄今比较通行的能够标注各种语言音素发音的符号是国际音标。我们在对外汉语教学中一般不使用国际音标,而使用《汉语拼音方案》。这主要是因为,多数学生不懂国际音标,而《汉语拼音方案》在标注汉语的音素方面却有自己的优点。例如:它使用的是多数人熟悉的拉丁字母;它既能清晰地反映汉语的语音系统,又比较简明;它有广泛的使用价值,我国出版的辞书和字书都是用《汉语拼音方案》给字词注音,路标、商号、商品名称、产品代号、索引、电报等都使用汉语拼音,外文中的中国人名、地名也用汉语拼音拼写,利用汉语拼音的"拼音法"是计算机输入的方法之一。

《汉语拼音方案》在汉语教学中的主要用途是:

(1) 作为练习发音和说话的工具。人们在自然环境里学习第一语言都是靠口耳相传,在学校里学习第二语言一般都要借助于文字练习发音和说话。因为汉字只代表音节,不代表音素,所以我们可以借助于汉语拼音教发音。在初始阶段,或者对不打算学习汉字的学生,也可以借助于汉语拼音教说话。

用汉语拼音教发音,汉语拼音有多种作用。例如:用来记音、记调。为此必须教会每一个拼音符号的发音,同时要教会拼写规则。用来辨音、辨调。常用的练习方式有:在音节中分别空出声母、韵母、声调,要求学生填写。用来练习难音、难调,对易混的音调进行对比练习。

用汉语拼音教说话,有两种处理办法。一是在开始阶段用汉语拼音拼写短句和课文,也可以在中间插进一些学过的汉字,作为向汉字语料的过渡。二是分拼音课本和汉字课本,拼音课本专门用来教说话。

(2) 作为给汉字注音的工具。多数汉字的发音要一个一个地记,为了帮助学生认读和记忆汉字,需要给汉字注音。利用汉语拼音给汉字注音有两个方面的作用:一是帮助学生认读汉字,包括给"生词"和课文注上汉语拼音;二是检查学生认读和书写汉字的能力,主要的练习方式有:要求学生给指定的汉字注上拼音,要求学生根据汉语拼音写汉字,包括写出同音字。

学生掌握了汉语拼音以后,使用工具书和进行计算机中文信息处理就比较方便。

利用《汉语拼音方案》教汉语,除了教拼写规则以外,在发音方面需要注意以下几个问题:

(1) 要分清音素和音位。《汉语拼音方案》采用的是音位标音法。所谓音位标音法,就是一个符号只代表一个音位,而不反映这个音位的不同的变体。音位是语音系统中有区别意义作用的最小的语音单位。例如,bà(坝)和 pà(怕)的意义不同,意义的区别只是由于 p 和 b 不同,可见 b 和 p 有区别意义的作用,所以它们属于不同的音位。又如 bà(坝)和 bì(必)的意义也不同,意义的区别只是由于 a 和 i 不同,可见 a 和 i 有区别意义的作用,所以它们也属于不同的音位。如果不同的音素没有区别意义的作用,这些不同的音素就属于同一个音位。例如,tā(他)、tāng(汤)、tān(滩)这三个音节中都有元音 a,a 在这三个音节中的发音虽然相近但不完全相同,实际上代表三个不同的音素。但是这三个音节的不同的意义不是通过这三个音素来区分的,可见这三个音素没有区别意义的作用,因此属于同一个音位。人们把同一个音位中读音不同的音素叫做音位变体,《汉语拼音方案中》的 a 就有三个音位变体。

(2) 要说明 zh、ch、sh、ng 不是复辅音。这几个辅音都由两个字母代表,有些学生可能会因此而误认为他们是复辅音。如果出现这种情况,就需要说明汉语没有复辅音,zh、ch、sh、ng 都是一个拼音符号,一个音素,发音时不能把它们分开。

（3）要把音节教学和"语流"教学结合起来。"语流"就是自然的"话"。人们说话的时候，总是把有关的音节连起来说，连起来就成了"语流"。在"语流"当中，除了音节的声、韵、调以外，还有连读、停顿、重音、语调、节奏等语音成分，在这些语音成分的作用下，声、韵、调也要发生相应的变化。因此，音节及其声、韵、调的教学并不是语音教学的全部内容。要帮助学生学好语音，仅仅教音素和音节是远远不够的，还必须在语流教学中进行连读、停顿、重音、语调、节奏等语音成分的教学。（林焘 1979）

（4）关于 y、w 的教学。汉语拼音方案中有 y、w 两个字母，一般把它们说成半元音。本书没有把它们作为音素，是因为它们只是在拼写音节时用作声母，在发音上没有自己的特点。因此，只需要在教音节的拼写规则时告诉学生 y 的发音与 i 相同，w 的发音与 u 相同。

3.5 直接用汉字教音节

在汉语作为第二语言教学中，除了用汉语拼音教音节以外，还可以直接用汉字教音节。我们把直接用汉字教音节的方法叫做"直音法"。

提出用"直音法"教音节是出于以下考虑：

（1）汉字与音节不但有对应关系，而且有包容关系。汉字是形音义结合体，而音节只是音义结合体，所以汉字包含音节，音节不包含汉字。汉字与音节的这种包容关系使直接用汉字教音节成为可能。

（2）汉字有直观表义的功能，字形可以帮助理解和记忆字义；用汉语拼音拼写的音节没有直观表义的功能，字义只能靠死记硬背。汉字字义的直观性决定了直接用汉字教音节不但可以突出音节的表义功能，使音节的记忆变得更加容易，而且可以把学习语音和学习汉字有机地结合起来，使两道程序变为一道。把两道程序变为一道，必然省时省力。

（3）用直音法教音节可以避免受拼音字母发音和拼音的干扰，从而保持音节发音的原本性。我们在前面的例子中提到，用拉丁字母文字的学生看到汉语拼音字母，会首先想到他们的第一语言字母的发音。因为已经形成了第一语言字母发音和拼音的习惯，对汉语拼音字母就容易误读、误拼。一旦误读、误拼，就难以纠正。用直音法教音节就不会发生这样的问题。

用直音法教音节，同样可以根据音节的生成原理去组织语音练习，发现和纠正学生的语音偏误。例如，可以分别把声母相同、韵母相同、声调相同的汉字放在同一组进行声母、韵母和声调的练习，也可以按声调组合规则（例如第一声加第一声，第一声加第二声，……第二声加第一声、第二声加第二声，……）把有关的词组合成不同的序列进行相应的声调组合练习。前面也提到，第二语言学习者音节读音的偏误，都集中在声母、韵母和声调这三个方面，用直音法教音节并不妨碍从这三个方面去辨别学生的发音和纠正发音中的偏误。

直音法和拼音法相比,在音节教学方面,唯一的区别是拼音法借助于拼音,直音法借助于汉字;在声母、韵母和声调教学方面,唯一的区别是拼音法借助于视觉,直音法则完全依靠听觉。完全依靠听觉虽然需要强迫记忆,但因为需要记忆的音素数量有限,不会成为沉重的负担,而这种强迫记忆有利于更快地形成新的语音习惯。因为不受拼音字母的干扰,也有利于更快地达到准确。

> 补充说明:北京语言学院在20世纪70年代曾经做过这样的实验:一点汉语都没有学过的同一个国家的学生分为两个班,在两个星期的语音教学阶段(共计48学时,每学时50分钟),一个班完全用汉语拼音教语音,另一个班完全用汉字教语音,只是在最后两天教《汉语拼音方案》。结果是:拼音班的学生虽然学会了《汉语拼音方案》,但是一个汉字都没有学;汉字班的学生不但同样学会了《汉语拼音方案》,而且还学会了100多个汉字和几十个句子,发音至少不比拼音班的学生差。(吕必松1990《对外汉语教学发展概要》第47~48页,北京语言学院出版社,1990。)

短期汉语教学和速成汉语教学可以不区分口头汉语和书面汉语。如果不区分口头汉语和书面汉语,用直音法教音节就需要注重汉字的选择和编排。例如:

(1) 所选汉字要能满足语音教学的需要。也就是说,所选汉字在数量上要能覆盖全部声母、韵母和声调,由字到词的组合要能覆盖全部变调。同时要做到用不同的汉字练习同样的声、韵、调,使声、韵、调得到充分的练习。

(2) 汉字的选择要符合汉字教学的需要。也就是说,要保证所选汉字的常用性,还要保证这些汉字能覆盖全部笔画和最常见的部件,最大限度地体现汉字的结构系统特征(即上下结构、左右结构、内外结构、综合结构)。

(3) 汉字的教学顺序要符合由简单到复杂的原则,先出现笔画少的独体字和简单的合体字,笔画多的独体字和相对复杂的合体字适当靠后。

按照上述要求选择汉字和编排汉字教学的顺序,就能把语音教学与汉字教学有机地结合起来,这不但可以避免在语音上受第一语言字母读音和拼音的干扰,而且还可以为汉字的学习和教学打下良好的基础。

常规汉语教学的初期(例如前两三个星期)也可以不区分口头汉语和书面汉语。如果一开始就区分口头汉语和书面汉语,口头汉语课对汉字可以只要求认读,不要求书写。这样就可以完全根据口头汉语教学的特点选择教学内容和编排教学内容的教学顺序,建立自己的教学系统,不必考虑汉字的难易程度和教学顺序。口头汉语教材在不破坏自己的教学系统的前提下,要尽可能利用书面汉语教材中已经出现的内容。

**思考题**

1. 为什么说音节是口头汉语最小的语言单位和语法单位?
2. 为什么说轻声是一部分音节的生成元素?
3. 汉语的音节是怎样组合生成的?
4. 汉语的音节和英语的音节有什么不同?
5. 如果学生把 n 发成 l,把 l 发成 n,你准备怎样纠正?
6. 如果学生把"不怕"说成"不发",你准备怎样纠正?
7. 多数学生不会发 ü,你准备怎样帮助他们学会这个音?
8. 你准备怎样帮助学生学会第四声和半三声?

**引文目录**

林 焘(1979)语音教学和字音教学,《语言教学与研究》第四集。
吕必松(1990)《对外汉语教学发展概要》,北京语言学院出版社。

## 第二节 汉字和汉字教学

汉字是世界上最古老的文字之一,也是唯一从古至今一直延续使用的文字。如果从西安东部半坡村出土的陶瓷上的符号算起(据认为这些符号就是汉字的前身),汉字已有6000多年的历史;即使从殷商时代遗留下来的甲骨文算起,汉字也已有了3000多年的历史。现行汉字由古汉字发展而来,跟古汉字相比,形体已发生了很大的变化。但是汉字形体的变化是渐变,现行汉字的形体仍可追根溯源,从古汉字中找到自己的影子。

汉字形体的演变经历了三个发展阶段。第一阶段是古汉字阶段,有甲骨文、金文、大篆、小篆等不同的字体。小篆代表古汉字形体的成熟。第二阶段的汉字以隶书和草书为代表,隶书产生于秦,草书产生于汉。隶书和草书接近于现行汉字。第三阶段是现行汉字阶段。现行汉字有印刷体和手写体之分,它们又各有多种字体。印刷体以宋体为常用,手写体以楷体为规范。一部分现行汉字有繁体字和简化字之分。

本书讨论汉字和汉字教学,主要是讨论现行汉字及其教学。凡已简化的汉字,以简化字为准;介绍汉字的笔画,以宋体笔画为准。宋体笔画和楷体笔画差别不太明显。

### 1. 汉字的性质

汉字的性质是指汉字在汉语中的地位和作用。我们把汉字的性质归结为以下几点:

(1) 是与音节相对应的形音义单位。也就是说,一个汉字念出来就是一个音节,每一个汉字都有与其相对应的音节。例如,"以人为本"这四个汉字就对应于 yǐ rén wéi běn 这四个音节。

(2) 跟音节是口头汉语中具有生成性的音义单位相一致,汉字是书面汉语中具有生成性的形音义单位。也就是说,书面汉语中大于汉字的结构单位都是以汉字为基本单位逐级组合生成的,组合的方式也是"1+1=1"。例如:

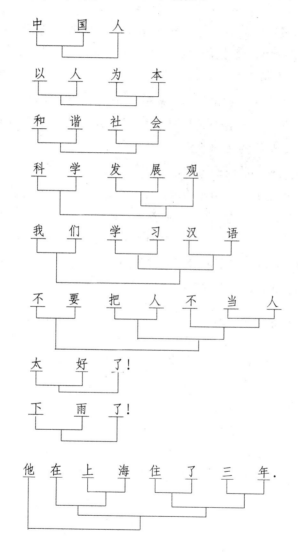

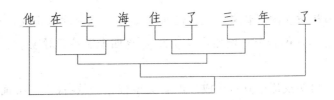

上面各例都是以汉字为基本单位层层组合起来的,连接线代表"1+1=1"的组合方式。

(3)是书面汉语最小的认知单元。例如:我们看书的时候,如果遇到不认识的汉字,就可能形成阅读障碍;文本中如果漏写一个汉字或写错一个汉字,读者就无法理解或产生误解,或能发现错误所在。

作为生成性的形音义单位和最小的认知单元,汉字是书面汉语最小的语法单位。

汉字的上述性质说明它与音节具有同一性。这种同一性主要表现在以下几个方面:

(1)它们都是汉语最小的认知单元;

(2)它们都是汉语最小的语法单位;

(3)它们都是具有生成性的结构单位。

因为汉字与音节具有同一性,所以它们都可以叫做"字"。吕叔湘先生曾经指出:"汉字、音节、语素形成三位一体的'字'。"(吕叔湘 1964)"三位一体"就是指同一性。把音节和汉字都叫做"字",完全符合汉语的习惯。例如:我们可以说"这个人说话吐字不清",这里的"字"就是指音节;我们也可以说"这个字写得不对",这里的"字"就是指汉字。

## 2. 汉字形体结构的组合生成

汉字的形体结构也包括基本结构和复合结构。首先由笔画与笔画相组合,生成基本结构;再由笔画与基本结构相组合,或由基本结构与基本结构相组合,生成复合结构。基本结构和复合结构的组合生成也都遵循"1+1=1"的二合法则。

2.1 汉字形体结构的生成元素——笔画

1)笔画的性质。笔画是汉字形体结构的生成元素。形体结构的生成元素也就是形体结构最小的书写单位和最小的认知单元。例如,下面的四个汉字就是分别由一个、两个、三个和四个笔画组合生成的:

| 汉字 | 笔画 |
|---|---|
| 一 | 一 |
| 人 | 丿 丶 |
| 个 | 丿 丶 丨 |

汉字的笔画包括基本笔画和复合笔画两类。书写时笔画的走向不变的叫基本笔画，例如"一 丿 丶丨"；笔画的走向改变的叫复合笔画，例如"⁃ ㄥ 丂 乙"。其中基本笔画六个，复合笔画 20 个，共计 26 个。(见汉字笔画表)全部汉字就是由这 26 个笔画组成的，学会了这 26 个笔画，就是学会了所有汉字的笔画。这 26 个笔画只包含九个概念，即：点、横、竖、撇、捺、提、折、弯、钩。这九个概念既是笔画形状的名称，也是笔画书写方法的名称，可以作为口诀教给学生。

作为最小的形体结构单位，汉字的笔画相当于拼音文字的字母。只是拼音字母代表发音，汉字的笔画不代表发音。

2) 笔画的书写。汉字笔画的书写有两个要领：

(1) 笔形。汉字的笔画有一定的形状，笔画的形状叫做笔形。不同笔形的最大区别是粗细不同。例如："丿"(撇)的形状是由粗到细。"丶"(捺)的形状是由细到粗再到细，尾部呈刀形。凡"捺"尾部均呈刀形。"⁃"(横钩)的形状是横与钩相连，"钩"由粗到细，呈尖形；"亅"(竖钩)的形状是竖与钩相连，"钩"由粗到细，呈尖形。"乚"(弯钩)的形状是弯笔与钩相连，"钩"由粗到细，呈尖形。凡"钩"均呈尖形。

(2) 笔向。汉字笔画的书写有一定的走向，笔画的走向叫笔向。笔向的类型有：

从左到右。这类笔画有"横"(一)、"(竖)折"(ㄥ)。带"横"笔的汉字如：一、十；带"(竖)折"的汉字如：山、出。

从上到下。这类笔画有"竖"(丨)、"(横)折"(⁃)。带竖笔的汉字如：十、木；带"(横)折"的汉字如：口、日。

从下到上。这类笔画有"(竖)钩"(亅)、"(弯)钩"(乚)。带"(竖)钩"的汉字如：丁、寸；带"(弯)钩"的汉字如：代、家。

从右上到左下。这类笔画有"撇"(丿)、"(横)钩"(⁃)。带撇笔的汉字如：月、人、失、千；带"(横)钩"的汉字如：买、写。

从左上到右下。这类笔画有"捺"(丶)。带"捺"笔的汉字如：八、是、这。

从左下到右上。这类笔画有"提"(⸝)。带"提"笔的汉字如：地、提、次、没。

弯曲。这类笔画有"弯(钩)"(乚)。带"弯(钩)"的汉字如：我、风、家。

在以上七种笔向中，"点、横、竖、撇、捺、提"在书写时笔向不变，属于基本笔画。带折、钩、弯的笔画都要与带其他笔向的笔画相连，书写时笔向必须改变。我们把笔向必须改变的笔画叫做复合笔画。凡带折、钩、弯的笔画都属于复合笔画。

汉字的笔形和笔向并不复杂，而且没有大小写之分，所以从总体上说，比拉丁字母好学。

附：汉字笔画表

汉字笔画表
Table of Hanzi Strokes

| | 序号 | 名称 | 笔形 | 例字 |
|---|---|---|---|---|
| 基本笔画 | 1 | 点(diǎn) | 丶 丶 | 六 字 |
| | 2 | 横(héng) | 一 | 一 |
| | 3 | 竖(shù) | 丨 | 十 |
| | 4 | 撇(piě) | 一 丿 丿 | 千 八 月 |
| | 5 | 捺(nà) | 丶 乁 ~ | 人 走 这 |
| | 6 | 提(tí) | 一 | 地 汉 |
| 复合笔画 | 1 | 横钩(hénggōu) | 一 | 写 |
| | 2 | 横撇(héngpiě) | 一丿 | 了 又 |
| | 3 | 横折(héngzhé) | 𠃍 | 口 |
| | 4 | 横折折(héngzhézhé) | ㇅ | 凹 |
| | 5 | 横折折折(héngzhézhézhé) | 𠃑 | 凸 |
| | 6 | 横折提(héngzhétí) | ㄴ | 说 |
| | 7 | 横折钩(héngzhégōu) | 𠃌 | 月 |
| | 8 | 横折折钩(héngzhézhégōu) | ㇈ | 九 |
| | 9 | 横弯钩(héngwāngōu) | 乁 | 风 |
| | 10 | 横撇弯钩(héngpiěwāngōu) | 3 | 队 |
| | 11 | 横折折弯钩(héngzhézhéwāngōu) | 3 | 乃 场 |
| | 12 | 横折折撇(héngzhézhépiě) | 3 | 建 及 |
| | 13 | 竖折(shùzhé) | ㇄ | 四 出 |
| | 14 | 竖折折(shùzhézhé) | 与 | 鼎 |
| | 15 | 竖提(shùtí) | ↓ ↓ | 民 叫 |
| | 16 | 竖钩(shùgōu) | 亅 | 小 |
| | 17 | 竖折钩(shùzhégōu) | ㇄ | 儿 礼 |
| | 18 | 竖折弯钩(shùzhéwāngōu) | 𠄎 | 与 马 |
| | 19 | 撇折(piězhé) | ㄥ | 么 女 |
| | 20 | 弯钩(wāngōu) | 亅 | 我 家 |

2.2 基本结构和复合结构

汉字的形体结构也包括基本结构和复合结构。

1) 基本结构及其组合生成。

由笔画与笔画直接组合生成的形体结构叫基本结构。基本结构的组合生成有以下三个要点：

(1) 笔顺。除了"一"和"乙"这两个汉字都只有一个笔画以外，其他汉字都是由两个或两个以上的笔画组合生成的。组合时，笔画书写有一定的顺序，笔画书写的顺序叫做笔顺。笔顺规则如下：

先横后竖。例如：十（一 十）

先撇后捺。例如：人（丿 人）

先上后下。例如：六（丶 一 六）

先左后右。例如：八（丿 八）

先中后边。例如：小（亅 小 小）

先外后内。例如：月（冂 月）

最后封口。例如：日（日 日）

(2) 组合方式。在基本结构中，笔画与笔画的组合有以下几种方式：

相交。例如：十（横和竖相交）

相接。例如：人（撇和捺相接）

相离。例如：八（撇和捺相离）

(3) 笔画与笔画之间的位置关系。笔画与笔画之间的位置有以下几种关系：

上下。例如：二、三。

左右。例如：人、八。

内外。例如：日、月。

有笔画与基本结构处于相交状态的形体结构也属于基本结构，例如，"子"有笔画"一"与基本结构"了"相交，所以也属于基本结构；有笔画与基本结构处于相离状态的形体结构不属于基本结构，例如，"么"有笔画"丿"与基本结构"厶"相离，所以它不属于基本结构。

汉字的基本结构都是生成性的结构单位，可以根据一定的组合规则与其他相关的笔画或基本结构进行再组合，生成复合结构。例如：基本结构"厶"可以与笔画"丿"相组合，生成"么"，也可以与基本结构"土、禾"相组合，生成"去、私"；基本结构"十、口、日、月、亠"可以与相关的基本结构相组合，生成"什、吗、明、方、市"。有些基本结构是独立的汉字，例如上面列举的基本结构"土、禾、马、十、口、日、月、巾"都是独立的汉字。

"一"和"乙"虽然只有一个笔画，但因为是独立的汉字，所以也属于基本结构。就像音节有"0＋1"形式一样，"一"和"乙"也是"0＋1"形式。

2) 复合结构及其组合生成。

由笔画与基本结构组合生成或由基本结构与基本结构组合生成的形体结构属于复合结构。例如:"么"是由一个笔画"丿"和一个基本结构"厶"组合生成的,"与"是由一个基本结构"与"和一个笔画"一"组合生成的,"好"是由"女、子"两个基本结构组合生成的,"语"是由"讠、五、口"三个基本结构组合生成的,它们都属于复合结构。"语"包括"讠"和"吾","吾"包括"五"和"口",所以"语"也是以"二合法"组合生成的。

复合结构中包含的基本结构,有的是独立的汉字,有的是独立汉字的变体,有的只是复合结构的生成成分。例如:复合结构"吗、语"中的"口、马、五"既是"吗、语"的生成成分,也是独立的汉字;复合结构"他、好、地、语"中的"亻、女、土、讠"是独立汉字"人、女、土、言"的变体;复合结构"家、友"中的"宀、ナ"既不是独立的汉字,也不是独立汉字的变体,只是复合结构的生成成分。

2.3 独体字和合体字

根据形体结构的特点,汉字分为独体字和合体字两类。

只包含一个基本结构的汉字叫独体字。例如,"八、人、十、儿、几、九、五、口、日、月、小、我、么、与"等都是只包含一个基本结构的汉字,它们都是独体字。

包含两个或两个以上基本结构的汉字叫做合体字。例如:"什、吗、他、很、友、家"都包含两个基本结构,"呢、语"都包含三个基本结构,它们都是合体字。

既划分基本结构和复合结构,又划分独体字和合体字,是因为基本结构和独体字不是完全对应的,复合结构和合体字也不是完全对应的。合体字都是复合结构,但复合结构不一定都是合体字。例如"么"是复合结构,但不是合体字,因为它只包含一个基本结构"厶"。

2.4 部件

汉字形体结构的生成成分,传统上叫"偏旁、部首"。"部件"的概念产生于"偏旁、部首"之后,人们对这一概念的理解还没有达成一致。(其实对"偏旁、部首"的理解也不完全一致)"部件"与"偏旁、部首"有什么区别,划分"部件"的标准是什么,也是仁者见仁,智者见智。我们认为,研究部件是为了更好地揭示汉字形体的结构规律,也是为了使汉字的教和学变得更加容易。出于这样的目的,本书力求对部件的性质和作用做出尽可能清晰的解释,对划分"部件"的标准做出尽可能明确的界定,虽然我们的解释和界定不一定十分完善。

1) 什么是部件。如前所述:本书把汉字的形体结构分为基本结构和复合结构两类,把汉字的整字分为独体字和合体字两类;复合结构由笔画与基本结构组合生成,或由基本结构与基本结构组合生成,合体字由基本结构与基本结构组合生成,或由基本结构与复合结构组合生成。根据对汉字形体结构的这一认识,我们认为,"部件"就是复合结构和合体字中大于笔画的结构单位。因为"部件"是相对于复合结构和合体字而言,所以它们只存在于复合结构独体字和合体字之中。部件都是自由形式,可以与相关的笔画、基本结构或复合结构进行再组合,生成另外的合体字或复合结构独体字。

根据形体结构特点,我们把汉字的部件分为基本部件和复合部件两类。

(1) 基本部件。合体字和复合结构独体字中的基本结构是基本部件。例如:

"他"中的"亻、也",

"汉"中的"氵、又",

"家"中的"宀、豕",

"语"中的"讠、五、口"。

(2) 复合部件。合体字中的复合结构是复合部件。例如:

"吗"中的"马",

"你"中的"尔",

"语"中的"吾"。

单个的笔画不是部件,只有"一"和"乙"是例外。

大部分部件都有直观表义功能,使部分合体字的意思与部件的意思相关。例如:"亻"是"人"的意思,代表"人",凡带"亻"的汉字,其意思多半与"人"有关,例如"你、他、仁、仆";"宀"是房屋的意思,代表房屋,凡带"宀"的汉字,其意思多半与房屋有关,例如"室、家、宝、宫、富";"冫"是"冰"的意思,代表"冰",凡带"冫"的汉字,其意思多半与"冰"或"寒冷"有关,例如冰、冷、凉、寒("寒"下面的两点是"冫"的变体);"氵"是"水"的意思,代表"水",凡带"氵"的汉字,其意思多半与"水"或其他"液体"有关,例如"江、河、湖、海、洋、洲、汗、泪、液"。如此等等。

部件因形体特点鲜明而便于识别和检索(包括在头脑中检索),大部分部件又有表义功能,所以学好部件不但有助于汉字的认读和书写,而且有助于对汉字的理解和记忆。大部分部件也是独体字或独体字的变体,非独体字部件数量有限,所以学习部件也不会增加太多的记忆负担。

2) 关于部件的称说。学习汉字的部件,必须记住部件的名称。但是迄今还没有形成一种统一的部件名称。我们主张根据便于释义、易于理解和记忆的原则给部件定名。根据这一原则,本书用"首字+部+尾字"的统一格式称说具体汉字中的部件。"首字"即部件名称的第一个字,用适当的代表字或代表字的一部分充任。"尾字"即部件名称的最后一个字,用部件所处位置的字充任。这样命名就使部件名称与相关汉字的读音相一致,

更便于分析汉字形体结构的类型。这不但有利于学习认读和书写,而且可以减轻学习者的记忆负担。举例如下:

(1)(上)头。凡属上下结构的汉字,上面的部件一律叫"……部头"。例如:

　　⻗(雪):雨部头。

　　⺮(简):竹部头。(⺮＝竹)

　　亠(六):六部头。

　　宀(宝):宝部头。

　　⺷(春):春部头。

　　丷(羊):八部头。(倒八)

　　⺌(光):小部头。(倒小)

(2)(下)底。凡属上下结构的汉字,下面的部件一律叫"……部底"。例如:

　　皿(盐):皿部底

　　巾(市):巾部底。

　　疋(是):正部底。(疋＝正)

　　灬(热):火部底,(灬＝火)

(3)(左)旁。凡属左右结构的汉字,左面的部件一律叫"……部旁"。例如:

　　亻(你):人部旁。(亻＝人)

　　彳(很):彳部旁。(彳 chì)

　　氵(河):水部旁。(氵＝水)

　　冫(冰):冰部旁。(冫＝冰)

(4)(右)边。凡属左右结构的汉字,右面的部件一律叫"……部边"。例如:

　　乍(作):乍部边。

　　阝(郊):邑部边。(阝＝邑)

　　刂(到):刀部边。(刂＝刀)

　　殳(没):殳部边。(殳 shū)

(5)(外)框。凡属内外结构的汉字,外面的部件一律叫"……部框"。例如:

　　囗(国):囗部框。

　　冂(同):同部框。

　　几(风):风部框。

辶(过):走部框。(辶=走)

廴(建):廷部框。(廴=廷)

(6)(内)心。凡属内外结构的汉字,里面的部件一律叫"……部心"。例如:

玉(国):玉部心

矢(医):矢部心

斤(近):斤部心

口(可):口部心

采用"首字+部+尾字"的统一格式给部件定名,首字选择的标准之一是便于根据字理释义。例如,用"六"作"亠"的代表字,是因为"六"的本义是"庐"(建筑在野外的临时居所),属于象形字(上面的"亠"代表房顶,下面的撇和点代表柱子。数字"六"是假借字),用"六"作"亠"的代表字,就可以把"亠"解释为房顶。把"亠"解释为房顶,有助于解释带"亠"的汉字的字义。例如:"市"有"市场"的意思,由"亠"和"巾"组成。"亠"代表房屋,"巾"是纺织品,纺织品是最早的商品之一,代表商品。有房屋和商品的地方就是"市场"的"市",后来又发展为"城市"的"市"。

2.5 合体字的形体结构类型

合体字的形体结构类型是指合体字中各个部件之间位置关系的类型。按照部件的位置关系划分的合体字的形体结构类型如下:

1) 上下结构。有些合体字各部件的位置按上下次序排列,有关部件按上下次序排列的形体结构叫上下结构。例如:

家——宀　　亲——立　　有——𠂇　　名——夕
　　　豕　　　　　木　　　　　月　　　　　口
草——艹　　蓝——艹　　　　　　　　美——羊
　　　早——日　　　监——⺩　　　　　　　王
　　　　　十　　　　　皿　　　　　　　　大

2) 左右结构。有些合体字各部件的位置按左右次序排列,有关部件按左右次序排列的形体结构叫左右结构。例如:

他——亻·也　　明——日·月　　姓——女·生
场——土·旸　　观——又·见　　的——白·勺
树——木·对——又·寸

3) 内外结构。有些合体字各部件的位置按内外次序排列,有关部件按内外次序排列的形体结构叫内外结构。属于内外结构的汉字有以下几种类型：

（1）四面包围结构。例如：

国——囗—玉

图——囗—冬

（2）三面包围结构。例如：

风——几—乂

（3）两面包围结构。又可分为以下三种：

[1] 左上包围。例如：

在——𠂇—土

[2] 左下包围。例如：

这——文—辶

[3] 右上包围。例如：

可——口—丁

4）综合结构。本书把下列各种合体字的形体结构叫做综合结构。

（1）上下结构中包含左右结构。例如：

花——艹

　　化——亻·匕

森——木

　　林——朩·木

（2）左右结构中包含上下结构。例如：

校——木·交——亠

　　　　　　　　乂

强——弓·虽——口

　　　　　　　　虫

说——讠·兑——丷

　　　　　　　　口

　　　　　　　　儿

（3）上下结构或左右结构中包含内外结构。例如：

写——冖
　　与——与
　　　　一
南——十
　　冂——口——羊

河——氵·可——丁
　　　　　　　　口

（4）内外结构中包含上下结构或左右结构。例如：

后——厂——一
　　　　　　口
厢——厂——相——木·目

5）特殊结构。有些汉字虽然是由两个或两个以上的基本结构组合生成的，但是基本结构之间有笔画相连或相隔，无法按上下、左右、内外、综合的方法进行分析。这类汉字属于特殊结构。例如：

里：由"田"和"土"组合生成，因为"田"和"土"有竖笔（丨）相连，所以不能按上下结构分析。

我：由"丿"、"扌"、"戈"组合生成，其中的"扌"和"戈"有横（一）笔相连，所以不能按左右结构分析。

坐：由"从"和"土"组合而成，因为"土"中的竖笔（丨）把左右结构"从"隔开，所以既不能按上下结构分析，也不能按左右结构或内外结构分析。

## 3. 汉字的表音和表义方法

一般认为，汉字是"表意文字"，说的是汉字具有表义的直观性。但是不能因此就认为汉字只表义，不表音。我们在第一章谈到，以用于耳听的语音为载体的口头语言是音义结合体，以用于目视的文字为载体的书面语言是形音义结合体。这里所说的"形"是指文字的形体结构，"音"是指这种形体结构所代表的发音，"义"是指这种形体结构和它的发音所代表的意思。每一种语言的文字都有一定的形体结构，也都有一定的表音和表义的方法。从这个意义上说，每一种文字都有表音功能。一种文字如果没有表音功能，就无法读出它的声音来。事实上，只要是还没有死去的文字，都有表音功能。（已经死去的文字在它活着的时候也都有表音功能）有表音功能是不同文字的共性。不过，不同的文字往往用不同的方法,也就是用不同的形体结构表音。形体结构不同,就意味着表音(以及表义)的方法不同,这样就出现了文字的区别,形成了不同文字的个性即特点。

人们学习一种语言的文字,就是要掌握这种文字的形体结构以及这种形体结构表音和表义的方法。因此,从语言教学的角度研究文字,就必须研究这种文字形体结构的特点以及这种形体结构表音和表义方法的特点。我们从汉语教学的角度研究汉字,就要研究汉字形体结构的特点以及汉字表音和表义方法的特点。

有些语言的文字是用字母组成的,即用一个或几个字母代表一个(或几个)音素,音素就代表发音。用一个或几个音素构成一个词,代表这个词的发音和它的意思。例如:work 是一个英文词,它所代表的意思有一部分相当于汉语的"工作"。这个英文词由 w、o、r、k 四个字母构成,其中 w 和 k 都是一个字母代表一个音素,or 是两个字母代表一个音素。这种用代表音素的字母拼写的文字叫"拼音文字"。因为拼音文字的字母代表文字的发音,所以人们就把拼音文字叫做表音文字,并认为表音文字既然有表音作用,学起来必然容易。实际上,并不是所有拼音文字的字母都能直接代表文字本身的发音。例如:英语的 write 和 right 发音完全相同,所用字母却不完全相同;在 common 和 commode 中,同一个字母 o 的发音却不同;or 在 work 中和单独成词时的发音也不同。这样的情况是常规而非特例。可见,学习现代英语的发音绝不能完全依靠字母的发音。如果英语文字都能用字母直接发音,就不必专门学习每一个词的拼法,也不会出现拼写错误。而事实正好相反,我们学习英语的时候,既要记住每一个词的发音,又要记住每一个词的字母组合即拼法,所以要花费很多的时间和精力背诵单词。尽管如此,书写时还需要查字典,也难免出现拼写错误。就是说英语的本族人,包括文化程度较高的人在内,书写时也需要查字典,也免不了出现拼写错误。

汉语的文字不是用字母组成的拼音文字,而是用笔画组成的方块汉字。从形体结构的角度看,汉字的笔画相当于拼音文字的字母,只不过汉字的笔画不起拼音的作用。因为汉字的笔画不起拼音的作用,所以人们就认为汉字不是表音文字。其实,汉字有两种表音的方法。一种方法是以一个整字代表一个音节,用整字直接表音。另一种方法是通过声符表音。有些整字可以作为声符进入合体字,以自己的发音代表合体字的发音。例如"胸、汹、匈"等字的发音跟"凶"的发音完全相同,"凶"就是它们的声符。同样,"青"是"清、鲭、蜻、圊"等字的声符,"林"是"淋、霖、琳、啉"等字的声符,"章"是"漳、璋、樟、蟑、彰、獐、嫜、鄣"等字的声符。如此等等。

学习汉字,对直接表音的整字的发音要一个一个地死记。但是常用汉字的数量有限,大部分汉字有表音的声符并有直观表义特点,所以从整体上说,汉字比较容易记忆。英语文字虽然表音功能比汉字强,但是词汇数量庞大,直观表义的特点又不太突出,所以从总体上说,不太容易记忆。

下面具体讨论汉字的表音和表义方法。

3.1 "六书"

古人把汉字的造字方法归结为六种,称为"六书",即:象形、指事、会意、形声、假借、转注。一般认为,只有前四种属于造字方法。造字方法也就是通过一定的形体结构表音和表义的方法。象形字、指事字和会意字是指表义的方法,它们的表音方法是一字一音,读音必须一个一个地死记。大部分汉字是形声字。形声字由形符和声符组成,形符表义,声符表音,是指表义兼表音的方法。假借字是借用原有的汉字代表另外的意思,指的是有关汉字的来源。例如:借用义为小麦的"来"代表来去的"来",借用义为毛皮的"求"代表请求的"求",借用义为"庐"的"六"代表数字"六"。转注是用同义或近义字互相释义,指的是部分汉字的释义方法。例如,《说文解字》用"老"解释"考",用"考"解释"老"。"老、考"互相释义,就是"转注"。

我们现在使用的汉字,大部分是对传统汉字的继承。根据需要新造的汉字,基本上都是形声字。

了解汉字的表音和表义方法有助于理解和记忆汉字。但是,随着汉字形体和汉语语音的发展变化,传统汉字的字形、字音和字义也发生了一定的变化。有些象形字要联系字形的演变才能看出它们所代表的形状;有些指事字和会意字也要经过解释才能了解它们所代表的意思;有些形声字的形符已不再表义,有些形声字的声符已不再表音或者只能表示近似音;有些简化字不完全符合"六书"的原则。因此,学习者不必深究每一个汉字的表音和表义的方法。

3.2 象形字、指事字、会意字和形声字

(1)象形字。在最早的汉字中,有些是用线条描画出来的代表人和事物形状的象形符号。后来就把这些象形符号叫做象形字。象形字以人和事物的形状示意。例如:

人亻 口凵 日日 月⺼ 土圡 马馬 门門
木朩 京亰 弓弔 水氵 巾帀 玉王

象形字发展到现在,字形已经发生了很大的变化,但是仍保留着大致的轮廓,可以通过对字形的联想帮助记忆。

(2)指事字。有些汉字最初是由线条组成的用于表义的抽象符号,后来就把这些抽象符号就叫做指事字。指事字以抽象的符号示意。例如:

一、二、三:用横线的数量表示数目。

上、下:以横线为基线,分别在横线的上面和下面添加符号表示方位。

本：在"木"的下部加一个符号表示树根。引申义为根本、本体等。

白："日"字上有一撇，表示太阳将出未出，这时天空呈现白色。

父：古字像右手举杖，表示父权。

出：古字上为止（脚），下为坑洼，表示有一只脚从坑洼里出来。

食：古字下面像盛满食物的碗，上面像碗盖，以此代表食物。

象形字和指事字数量不多，但是都可以与其他汉字组合生成会意字或用做形声字的形符或声符，所以学会象形字和指事字对学习用它们作部件的其他汉字有帮助。

象形字和指事字都是独体字。为了书写的方便，有些象形字和指事字可以按复合结构对待。例如："父、食"可以分别分析为"丷、乂，人、良"。

（3）会意字。会意字多半是由象形字组合生成的合体字，通过象形字的组合提示字义。例如：

从：由两个"人"组成，一前一后，表示跟从。

好：由"女"和"子"组合生成。可以解释为古人认为子女齐全为好，或男女相依为好，或女子能生育儿子为好，或男女平等为好。

安：由"宀"和"女"组成。"宀"代表屋子，"安"即女子在屋里。古人以女子在屋里表示安全、平安。

富：由"宀"和"畐"组成。"宀"代表屋子，畐（fú）的古字像装满实物的瓶子，意为充盈。"富"以屋内充盈代表富有。"畐"也是声符，所以"富"是会意兼形声字。

床。由"广"和"木"组成。"广"是"宽阔"的意思，"木"指"木制品"，以宽阔的木制品代表"床"。

此：由"止"和"匕"组成。"止"是"止"的变体，"止"的古字像一只有趾的足，也表示停止。"匕"是"人"的反写。"止"和"匕"组成"此"，示意这是行人停止的地方，即"这里"。

道：由"辶"和"首"组成。"辶"是"走"的变体，古字表示用脚在路上行走。"首"是"头"的意思，代表面向，走路时面向的地方是道路。

多：由两个"夕"组成，"夕"的古字同"月"。"多"即两个月亮，意为多出了一个。

和：由"禾"和"口"组成。"禾"是"禾"做左旁时的变体，代表庄稼，"口"代表人。人和庄稼互相依存，相依为命，互不侵犯，意为"和平、和好"。

话：由"讠"和"舌"组成，"讠"是"说"的意思，说话要用舌。

劳："劳"是"勞"的简化字。"勞"由两个"火"和"冖、力"组成。两个"火"表示火大，"冖"代表房屋。房屋上有大火是"失火"的意思，下面的"力"表示用力救火，以此代表"劳"。

(4) 形声字。由形符和声符组成的合体字叫形声字。形声字的形符代表意思,声符代表读音。例如:

　　城＝土＋成
　　和＝禾＋口
　　功＝工＋力

在以上三组汉字中,"成、禾、工"是声符,代表读音;"土、口、力"是形符,代表意思。

据统计,现行汉字中的形声字占90%左右。但是由于语音的发展,有些声符只是在历史上表音,现在已不再表音,或者只是在某些方言中表音。例如"我"是"哦、峨、饿、鹅、蛾、俄、娥"等字的声符,在某些方言中仍然表音,但是在普通话中已不再表音。即使仍能表音的声符,表音功能也不完全相同,有些只能表示近似音,即在声母、韵母和声调这三项之中,只有一两项相同或相近。有人对倪海曙编著的《现代汉字形声字字汇》(文字改革出版社,1975)所收的5990个形声字的声旁作过统计,得出全表音声旁244个,占26.3%。其余为半表音和不表音声旁。半表音声符的表音特点如下:

声母和韵母相同,声调不同。例如:

　　吗(ma)马(mǎ)
　　哪(nǎ)那(nà)
　　花(huā)化(huà)
　　昨(zuó)作(zuò)
　　张(zhāng)长(zhǎng)

声母和声调相同,韵母不同。例如:

　　英(yīng) 央(yāng)

韵母和声调相同,声母不同。例如:

　　草(cǎo)早(zǎo)
　　现(xiàn)见(jiàn)

声母相同,韵母和声调不同。例如:

　　觉(jué)见(jiàn)

韵母相同,声母和声调不同。例如:

　　河(hé)可(kě)
　　张(zhāng)长(cháng)

声调相同,声母或韵母相近。例如:

听(tīng) 斤(jīn)

声母或韵母的发音相近。例如:

怎(zěn) 乍(zhà)

江(jiāng) 工(gōng)

有些会意字也具有形声字的特点,属于会意兼形声字。例如"又"是会意字"友"的近似音,"京"是会意字"景"的近似音,"方"是会意字"房"的近似音。

形声字通过声符建立字形与字音的联系。从表音的角度说,汉字的声符,尤其是全表音声符,不但在结构上,而且在表音功能上,跟拼音文字的词根和词缀都有相似之处。

## 4. 汉字教学

汉字是书面汉语的载体,所以汉字教学是书面汉语教学的任务。前面说过,跟音节具有双重身份一样,汉字也具有双重身份:它既是汉语的书写符号,也是书面汉语的语言单位和语法单位。因此,汉字教学不但是书写符号的教学,而且也是语言单位和语法单位的教学,是书面汉语教学的基础和基本组成部分。教汉字也是教汉语,切不可把教汉字仅仅当成教书写符号。我们一定要牢牢树立"**教汉字也是教汉语**"的观念。教汉字也是教汉语,就是在教每一个汉字的时候,不但要教它的读音、形体结构和书写方法,而且要教它的意思和用法,切实做到把汉字教学作为书面汉语教学的基础和基本组成部分。只有这样,才能提高书面汉语教学的效率,也才能相应地提高口头汉语教学的效率。

认为汉字难学是一种误解。如果按照汉字的特点和规律教授汉字,学习者就会觉得汉字并不难。

按照汉字的特点和规律教授汉字,要把握以下几个要点:

### 4.1 选好常用汉字

汉字的数量虽大,但是常用字数量有限,所以进行汉字教学要首先选好常用字。从下面的数字可以看出选好常用字的必要性和重要性。

我国最早的字书《说文解字》(公元 100 年)共收字 9,353 个,著名的《康熙字典》(公元 1716 年)共收字 47,035 个,当代最大的字典《汉语大字典》(公元 1986)共收字约 56,000 个。由此可见汉字数量之大。但是上述字书所收的汉字,都包括了相当数量的异体字和历史上曾经使用过而后来已不再通行的字。现在通用和常用的汉字数量要小得多。国家标准局于 1981 年公布的《信息交换用汉字编码字符集·基本集》共收字 6,763 个,分为两级,第一级为常用字,共计 3,755 个,第二级为次常用字,共计 3,008 个。国家语言文字工作委员会和国家教育委员会于 1988 年联合发布的《现代汉语常用字表》共收字 3,500 个,也分为两极,一级常用字 2,500 个,二级次常用字 1,000 个。国家语言文字工作委员会和新闻出版署于同年联合发布的《现代汉语通用字表》收字 7,000 个。北京语言学院语言教学研究所(1986)根据对 180 万字语料进行统计的结果编制的《现代汉语频率词典》中的《汉字频率表》共列汉字 4,574 个,按出现频率高低顺序切分成若干个等级,各级覆盖率如下表:

| 汉字数 | 覆盖率(%) |
| --- | --- |
| 100 | 47.33584 |
| 1,000 | 91.36559 |
| 1,500 | 95.94920 |
| 2,000 | 98.06666 |
| 2,500 | 99.12771 |
| 3,000 | 99.63918 |
| 3,500 | 99.86826 |
| 4,000 | 99.96001 |

上述种种数字说明,现代汉语中的常用字和次常用字在 2,500 和 4,000 之间。如能掌握 2,500 个出现频率最高的字,阅读一般书籍时不认识的字还不到 1%;如能掌握 4,000 个出现频率最高的字,阅读一般书籍时一万个字中不认识的字还不到四个。有些字可以根据字形和上下文猜到字义,所以如果掌握了 2,500 个左右出现频率最高的字,就基本上没有阅读障碍了。如果不是选择这些出现频率最高的字,而是选择出现频率最低的,即使学会五万字,也解决不了一般的阅读问题。由此可见在汉字教学中选择常用字的重要性。

4.2 用"二合法"进行汉字形体结构的组合生成教学

汉字形体结构的"二合法",包括由笔画与笔画相组合,生成基本结构;由基本结构与基本结构相组合,或者由笔画与基本结构相组合,生成复合结构。根据这一特点,汉字形体结构的教学必须遵循层层组合的原则。层层组合就是从笔画教起,由笔画到基本结构,由笔画和基本结构到复合结构,逐级组合生成。

(1)从笔画教起。从笔画教起,就是汉字教学在开始阶段要教汉字中每一个笔画的名称、笔形、笔向。需要特别强调的是:必须要求学生记住每一个笔画的名称。要求记住每一个笔画的名称,是因为笔画是汉字的生成元素,也是汉字最小的书写单位和最小的认知单元,名称和笔向、笔形是一致的,只有记住名称,才能形成清晰的概念,才能在大脑中单独储存和提取。汉字的笔画虽然没有拼音作用,但是在最小的书写单位和最小的认知单元这一点上,跟拼音文字的字母具有同样的性质。教汉字必须从笔画教起,跟教拼音文字必须从字母教起是同样的道理。有些地方教汉字不从笔画教起;或者虽然从笔画教起,但是不教笔画的名称;或者虽然教笔画的名称,但是不要求学生记住。这些都不是真正的笔画教学。不进行真正的笔画教学,学生对汉字的结构就不能形成清晰的概念,就会觉得汉字都像图画。这正是导致"汉字难学"的直接原因之一。

对于习惯了拼音文字的人来说,学习汉字有一个"入门难"的问题。"入门难",是因为以笔画为生成元素的汉字和以字母为生成元素的拼音文字是两种不同性质的文字,笔画与字母,平面组合与线形组合,代表两套不同的文字理念和文字习惯。拼音文字使用者学习汉字,必须建立新的文字理念和形成新的文字习惯。强调汉字教学从笔画教起,就是为了更好地帮助学生过好建立新的文字理念和形成新的文字习惯这一关。

(2)从笔画到基本结构再到复合结构。从笔画教起,不是要求教完所有的笔画才教汉字。最好把笔画与笔画较少的基本结构(独体字)结合起来教,逐渐向笔画较多的基本结构和相对简单的复合结构(合体字)过渡,再向比较复杂的复合结构过渡。从笔画到基本结构,再从基本结构到复合结构,体现了由简单到复杂的原则,这是汉字教学必须遵守的原则。因为只有先从笔画到基本结构,再从基本结构到复合结构,才能逐渐建立起新的文字理念和形成新的文字习惯,也才能使汉字学习变得更加容易。例如:如果一开始就教"你、好、谢",学生自然会觉得汉字都像图画;如果已经学过"亻、尔(宀、小)、讠、女、子、身、寸"等基本结构,再学习"你、好、谢",就会容易得多。

### 4.3 根据字形解释字义

象形字、指事字和会意字都是着眼于直观表义的汉字,形声字是着眼于表义兼表音的汉字。因为汉字有直观表义的特点,所以可以根据字形解释字义。根据字形解释字义,目的是帮助学生理解和记忆汉字。以会意字为例:"从"由两个"人"组合生成,二人一前一后,表示有人跟从。"众"由三个"人"组成,三个人就代表人多,人多为众。"宀"的古字像房屋的形状,代表房屋。凡带"宀"的汉字,多半与房屋或对房屋的利用有关。屋子里有"玉"("玉"的古字像一串玉)就代表"宝",有"豕"("豕"的古字像猪)就代表"家",有"子"("子"的古字像男孩)代表"字",有"女"("女"的古字像女人)"就代表"安"。屋子里有"豕"就代表家,反映了古代社会从游猎到定居的历史进程。"豕"(猪)原来是野生动物,把原来的野生动物收到屋子里饲养,就代表定居,定居就是"家"的形成。屋子里有"子"代表"字",可以解释为就像有儿子才能传宗接代一样,有"字"才能传承文化。屋子里有"女"代表"安"可以作不同的解释:一种解释是,在母系社会里,由女人当家作主,屋子里有女人,就说明家中有主,以此代表安定、平安;另一种解释是,古人认为女人外出容易引起是非,只有待在家中才能保证安全、平安。"从、众、宝、家、字、安"都是会意字。如果不根据字形解释字义,学生就只能死记硬背,难度必然很大。根据字形解释字义,不但可以帮助理解和记忆,而且可以使学生学到汉字文化,并提高学习兴趣。

并不是所有的汉字都可以根据字形解释字义,为了帮助学生掌握字义,还可以采用其他方法。例如:

(1) 用实物或图片解释。这是用直接法释词的方法。用这种方法解释字义,简单明了,又可以加快建立声音和概念的直接联系,因此凡是能够用实物或图片解释的,应当尽量用实物或图片。当然,并不是所有的字都可以用这种方法解释。

(2) 用同义字和反义字解释。例如与"大"相反的是"小",与"远"相反的是"近",与"美"相反的是"丑"。

(3) 通过叙述情境解释。例如"梦"可以和"做梦"同时教,先这样叙述:"我昨天晚上睡觉的时候做了一个梦,梦见你们每个人都考了 100 分。我可高兴了,可是一高兴就醒了。"叙述完就可以问学生:我昨天晚上睡觉的时候怎么啦? 如果学生回答出来了,还可以再问:你们常常做梦吗? 你昨天晚上做梦了吗? 谁能说一说你做的是什么梦? 通过这样的方法,"梦"和"做梦"就可以得到充分的练习。

(4) 用媒介语译释。有些字不能用上面的任何一种方法解释,只能借助于媒介语。用媒介语解释字义有两种方法,一种是说明,一种是对译。采用说明的方法,要能熟练运用媒介语。对译有一个很大的问题,就是不同语言的对应词的词义大部分不是等值的,学生如果按照翻译的词义去理解,常常会用错。例如,把"会"和"知道"都翻译成 to know,就会产生误导的作用。在某种情况下,"我不会"和"我不知道"都可以翻译成 I don't know。根据这样的理解,学生在回答"他怎么没有来?"这样的问题时,就可能说"我不会。"为了避免出现这类问题,有些字在翻译的时候最好加上例句,连例句一起翻译。以前面举过的"家"为例,可以采取下面的办法:

家

例:

① 你　　　家　　　几　　　口　　　　　　人?
　You　　family　how many　(measure zi)　people
　How many people are there in your family?

② 你　　　下课　　　　　以后　回　　　家　　　吗?
　You　class be over　after go (come) back home　(question zi)
　Will you go home after class?

4.4 重视同音字、同形字和近形字的教学

因为汉字是记录音节的文字,而汉语的音节又只有 1333 个,所以必然要出现大量的

同音字、同形字和近形字。同音字就是音同而形、义不同的字,例如"保、宝、饱","做、作、坐、座";同形字就形同而音、义不同的字,例如"长短"的"长"和"生长"的"长","大小"的"大"和"大夫"的"大";近形字就是形状相近而不相同的字,例如"我"与"找","土"与"士","戈"和"弋"。同形字容易念错,例如把"生长"念成 shēngcháng,把"大夫"念成 dàfu。同音字和近形字容易写错,例如"的、得"相混,"土、士"相混,"弋、戈"(代、找)相混。防止念错、写错,主要靠死记,有些也可利用字理。例如"保"跟"人"有关,"宝"跟房屋和财宝有关,"饱"跟食物有关。"找"由"扌"和"戈"组成,"扌"是"手"的意思,"戈"是一种兵器,手持兵器为"找",所以"找"既区别于"我",也区别于"代、伐"。只要理解了字理,一般就不会相混。

4.5 用多种方法练习认读和书写

有人认为,第二语言学习者学习汉字只需要认读,不需要书写。理由是:他们不需要用汉语写作,所以不必会写汉字;即使需要写字,也有计算机帮助。其实,对成年人来说,练习写字是学习认字的必经过程,因为只有练习书写,对汉字的形体才能形成深刻的印象,也才能加快记忆。练习写字首先是为了记忆汉字。如果不通过书写练习形成深刻的印象,利用计算机录入也有困难,因为不知道怎样正确选择同音字和近音字。

帮助学生练习认字和写字要采用多种方法。举例如下:

(1) 空写。结合笔画教学让学生用手指临空比划,边唱边写。一定要唱,大声唱效果更好。

(2) 描写。在练习本上准备好要写的字,让学生临摹。

(3) 临写。在练习本上或教室里的黑板上准备好要写的汉字,让学生模仿。

(4) 抄写。指定内容让学生抄写数遍。

(5) 用汉语拼音给指定的汉字注音、根据拼音写汉字。

(6) 用字组词。

(7) 改正别字和错字。

(8) 写出带相同形符或相同声符的字。

(9) 用线条把相关部件连接成字。

(10) 计算机录入。(听录,看录)

为了培养学生学习汉字的兴趣,除了课堂教学以外,还可以成立书法小组,举行书法展览、书法比赛、计算机录入比赛等。

4.6 关于汉字简化和简化字教学

简化是汉字发展的一种趋势。现行汉字的简化工作从 20 世纪初就已开始。1935 年 8 月,当时的中国政府曾发布《第一批简化字表》,共收简化字 324 个。现在使用的简化字,有 223 个与那批简化字完全相同,如"学、压、办、权、粮、阳"等。

现在的汉字使用有简化字和繁体字并存的现象。不但中国内地使用简化字,新加坡等国家也使用简化字,而台湾、香港等地却使用繁体字。这种情况给世界各地的汉语教学带来了一定的麻烦,也引起了一些争论。争论的问题包括:教简化字好还是教繁体字好?如果简化字和繁体字都教,先教简化字好还是先教繁体字好?在认读和书写方面是不是应当有不同的要求?

鉴于目前的现实情况,我们主张简化字和繁体字都教,但是应当以教简化字为主。所谓以教简化字为主,就是先教简化字,后教繁体字;对简化字要求会认、会写,对繁体字只要求会认,不要求会写。为什么要以教简化字为主?我们主张以教简化字为主,是出于下面的考虑:

(1) 简化字在现代书面汉语中使用的人口最多。

(2) 简化字笔画少,书写简便。虽然不是所有的简化字的简化都十分合理,但是容易书写这一点是肯定无疑的。据研究,从识别的角度说,简化字和繁体字的难易程度相当;从书写的角度说,简化字比繁体字容易。

(3) 学会了简化字,学认繁体字也不难。也有人认为,会写繁体字,再学习简化字更容易。这话虽然不错,但是繁体字的书写毕竟较难,学习书写要付出更多的艰辛,况且实用价值又不大(因为即使在使用繁体字的地区,人们在书写时也大量使用简化字)。何必让学生做这种入不敷出的买卖呢?


**思考题**

1. 举例说明汉字是书面汉语最小的认知单元。
2. 为什么说汉字与音节具有同一性?
3. 汉字的笔画和拼音文字的字母有什么相同和不同之处?
4. 汉字的基本结构和复合结构有什么不同?
5. 汉字是怎样组合生成的?
6. 为什么要把基本结构和独体字、复合结构和合体字分开来讨论?
7. 汉字怎样表音?怎样表义?
8. 为什么说假借和转注不属于造字方法?
9. 象形字和指事字有什么不同?
10. 举例说明指事字和会意字的区别。
11. 举例说明汉字部件的性质和作用。
12. 为什么说教汉字也是教汉语?
13. 为什么教汉字要选好常用字?

14. 为什么教汉字要从笔画教起?

15. 汉字教学为什么要以简化字为主?

**引文目录**

吕叔湘(1964):《语文常谈》,连载于《文字改革》1964—1965,三联书店。

北京语言学院语言教学研究所(1986):《现代汉语频率词典》,北京语言学院出版社。

# 第七章　语言要素教学（下）

## 第一节　语汇和语汇教学

前面谈到："字本位"理论中的"字"是指音节和汉字，"词"是指"字组"（zi-group）；从语言单位的角度说，"字"和"词"都包括在"语汇"之中。因此，"语汇"教学就包括作为语言单位的"字"和"词"的教学。因为"字"和"词"都包含在"语汇"之中，它们在不需要特别区分时就可以同指；与此相一致，"语汇"和"词汇"在不需要特别区分时也可以同指。下面讨论语汇和语汇教学，为了简便，就采用"词"和"字"同指、"词汇"和"语汇"同指的办法。也就是说，有时所说的"词"同时也指"字"，有时所说的"词汇"同时也指"语汇"。

### 1. 词汇系统的本质

每一种语言都有自己的词汇系统。词汇系统由词组成。词的作用是表示概念，有些词也表示概念与概念之间的关系。一般认为，实词可以表示概念，虚词不表示概念。我们认为，如果对概念作广义的理解，实词和虚词都表示概念。

词之所以能表示概念，是因为它代表人们对现象的命名，也代表人们对现象的分类和归类。

这里所说的"现象"，是指宇宙间的一切，包括人们看到的、听到的、感觉到的，甚至猜测和想象到的一切。人们看到、听到或感觉到某种现象，经过多次反复，就逐渐形成一个印象。把这个印象用语言形式表现出来，就是给它一个名称，这个名称也就是一个概念和一个词。因为宇宙间的现象是纷纭浩繁的，因此人们就形成了大量不同的印象，并且一一加以命名，这样就形成了大量不同的词和不同的概念，同时也就把具有不同性质和特点的现象分成了不同的类。例如，同样是液体，有的是天然的，无色、无味，有的是人造的，有香和辣的味道。因为它们的性质和特点不同，人们就用不同的名称来表示，把前者叫做"水"，把后者叫做"酒"。"水"和"酒"是两个不同的词，表示两个不同的概念，也是两类不同现象的名称,体现了人们对一部分液体的分类和命名。又如,人们用木头做了两样东西,一样是供人坐的,一样是供人吃饭时放碗筷用的,这两样东西虽然都是用木头做的,但是他们的作用和形状都不相同,因此把它们分为两类,给予不同的名称,一类叫做"凳子",一类叫做"桌子"。这就是通过词对现象的分类和命名。所谓对现象的归类,就是把具有某种共同特点的现象归入一个大类,给予一个总的名称。例如,把"水"和"酒"都叫做"液体",就是把它们归入"液体"这样的大类。把"桌子"和"凳子"都叫做"家具",就是把它们归入"家具"这样的大类。随着人类、人类社会以及大自然的不断发展变化,总要不断地产生或发现新的现象。产生或发现新的现象如果跟某类已经命名的现象有某些共同的特点,就把它们归入那一类。例如,有许多东西是在有了"凳子"和"桌子"这两类现象之后产生的,虽然不是或不完全是用木头做的,形状也发生了各种各样的变化,但是它们的作用分别跟"凳子"和"桌子"相同或相近,因此仍把它们分别叫做"凳子"和"桌子"。又如:"电"原来是指"雷电"的电,后来发明的"人工电"跟"雷电"的电相似,就把它也叫做"电"。这就是对现象的归类,即:把性质相同或相近的现象归入同一类,给予同样的名称;把新产生或新发现的现象归入已有的类,不再给予新的名称。在许多种车辆产生之后,人们又发明了用机器牵引的分别在公路和铁路上行驶的载人、载物的东西,并把它们归入"车辆"类。但是这两种东西又各有特点,为了表示区别,就分别用"汽车"和"火车"给它们命名,也就是从"车辆"这个大类里分出两个小类。这里既有归类,又有分类。

  以上说的都是名词,比较容易理解。其实动词、形容词以及其他词类也一样。例如,一个人把手伸出去,用力伤害对方,这是一个动作。为了把这个动作跟别的动作区别开来,就给它起一个名称,这个名称就是"打"。吃饭的"吃",看书的"看",也都是动作的名称。又如,一个人有时遇到满意的事情,心情很好,有时遇到伤心的事情,心情很坏,为了区别这两种不同的心情,就把前者叫做"愉快",把后者叫做"悲伤"。这两个词就是两种不同心情的名称。任何一种现象的性质和特点都有程度的不同。为了区别不同的程度,也要给它们以名称。例如,同样是"好",可以区分出"比较好"、"很好"、"非常好",等等。这里的"比较"、"很"、"非常"等都是程度的名称。由此可见,不管是名词、动词还是其他类别的词,都是现象的名称。连词、介词等虽然是表示关系的,助词既有表示关系的,也有表示语气的,但关系和语气也是现象,也需要分类、归类和命名,所以这几类词也是现象的名称,也体现了对现象的分类、归类和命名。例如,"你和我"中的"和"表示"你"、"我"的加合关系,是对这种加合关系的命名;"买了一斤水果"中的"了"表示"买"这个动作跟动作的"时态"的关系,是对"完成时态"的命名;"你买水果吗?"中的"吗"是表示疑问语气的,是对这种疑问语气的命名。通过这样的命名,也就把不同的关系和语气分成了不同的类,同时把相同的关系和语气归入同一类。

宇宙间的现象纷纭浩繁,只有通过分类、归类和命名,人们才有可能对各种不同现象的区分建立共识,才有可能借助于这些名称进行表达和理解,才有可能认识、适应和改造客观世界。这种分类和归类有明显的相对性,即从大类中可以分出小类,从小类中可以分出更小的类;小类可以归入大类,大类可以归入更大的类。例如,汽车和火车都可以归入车辆类,又可以给每一辆汽车和每一列火车起一个名称。这样分类、归类和命名的结果,就产生了并且不断地产生着无数的词。人们把这无数的词统称为词汇。

词汇代表人们对宇宙间一切现象的分类、归类和命名,这就是人类语言词汇系统的本质。所谓词汇系统,也就是人们对现象进行分类、归类和命名的系统。

上面关于词汇系统本质的讨论,出发点是词的词汇意义。虽然也提到词类,但是出发点不在词类。词类是语法概念,是语言学家根据词的语法作用对词的分类。词的词汇意义和词的语法作用是两个不同的命题。当然,这两者也有密切的关系,因为词的语法作用就包括词与词的组合,而词与词的组合首先是意义的组合。意思相关才能组合,把意思不相关的词组合在一起就不符合语法规则。

**2. 词汇系统的主要特征**

各民族语言的词汇系统都具有下列特征:

(1) 口头语言词汇中的每一个词都是一个音义结合体,书面语言中的每一个词都是一个形音义结合体。作为音义结合体的词通过一定的语音形式表示一定的意义,并且可以用文字把它记录下来。但是用什么样的语音形式表示某种意义,用什么样的文字加以记录,各民族语言都有自己的规范。

(2) 每一种语言的词汇都有区别性特征。各民族语言都要用不同的语音形式表示不同的概念,凡有文字的语言,都要用不同的形体结构来表示不同的概念。这正是为了体现词汇的区别性特征。对现象进行分类、归类和命名的目的就是为了区别不同的现象,只有具有区别性特征,分类、归类和命名才有意义。

虽然各民族语言都要用不同的语音形式(以及书面语言的文字形式)来表示不同的概念以体现词汇的区别性特征,但是对哪些现象通过用词命名的方法加以区分,对哪些现象不加区分或者不是用词命名的方法加以区分,各民族语言也都有自己的规范。我们在第二章提到,汉语中叫 luòtuo(骆驼)的那种动物,阿拉伯语中竟用 400 多个词命名。汉语中的 bófù(伯父),shūfù(叔父),jiùfù(舅父),gūfù(姑父) yífù(姨夫)等在英语中只有 uncle 一个名称,而英语的 he(他),she(她),it(它)在口头汉语中只用一个 tā 来表示。

(3) 以尽可能少的语音成分表示无限多的概念。在不影响区别性特征的前提下,以尽可能少的语音成分表示无限多的概念,这是语音系统的概括性特征。这一特征最能反映词汇的系统性,因为以尽可能少的语音成分表示无限多的概念需要一套严密的规则。这一特征也反映了语言创造者的智慧,即:既善于通过概括、抽象从无限多的声音中选择所需要的成分作为语音成分并使其规范化,又善于以有限的语音成分来表示无限多的概念,为的是既能满足对宇宙间纷纭浩繁现象的区分,又便于人们记忆和使用。以尽可能少的语音成分表示无限多的概念这一事实说明,各民族语言的词汇系统中都贯彻着一条节约性原则。但是不同的语言贯彻节约性原则的方法和节约性原则的表现形式不完全相同。

由于要以尽可能少的语音成分表示无限多的概念,各民族语言中都产生了一定数量的同音词和多义词,许多词都具有引申义和比喻义。但是不同民族语言中的同音词和多义词不是一一对应的,哪些词有引申义和比喻义,也不是一一对应的。这就决定了不同民族语言之间的对应词的词义范围的大小往往不同。例如:汉语中的"家、镓、佳、夹、挟、加、伽、嘉、痂"等词的语音形式都是 jiā,它们是一组同音词。这组同音词中的任何一个词,在其他民族语言中的对应词都不可能有相应的同音词。在这组同音词中,"家"是多义词,最常用的意思有"家庭"(他家四口人)和"家庭住处"(她家在山东),还有一些别的意思。在英语中,与汉语的"家庭"相对应的词是 family,与"家庭住处"相对应的词是 home。也就是说,汉语的"家"在英语中至少有 family 和 home 这两个对应词。从这一点看,"家"的词义范围既大于 family,又大于 home。但是英语的 family 和 home 也都是多义词,它们除了分别相当于汉语的"家庭"和"家庭住处"以外,都还有一些别的意思。因此,family 和 home 的词义范围又分别大于"家庭"和"家庭住处"。可见,这两个对应词的词义只有一部分相重叠,如下图所示:

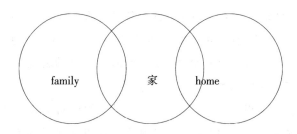

不同民族语言中对应词的词义范围不同,是造成学习第二语言困难的重要原因之一。这方面的问题我们将在语汇教学部分专门讨论。

(4)词汇总量的无限性和常用词的有限性。因为宇宙间的现象是无限的,也因为大自然、人类和人类社会是不断发展的,所以人类语言词汇的总量实际上是无限的。但是每一个人都有一定的交际范围,在一定阶段上的一定的交际范围内,词的数量又是有限的。各类人士普遍使用的词是有限的,特定行业和特定专业人士专用的词也是有限的。北京语言学院语言教学研究所(1986)对180万字的四类179种语料进行统计的结果,共得到词条31,159个,其中出现频率在十次以上的常用词只有8,000个,这8,000个词累计出现频率占全部语料词汇总量的95%,其余23,159个词的累计出现频率仅占全部语料词汇总量的5%。对四类语料分别进行统计的结果如下表:

| 语体类型 | 词条总数 | 前4,000词的出现频率(%) |
| --- | --- | --- |
| 生活口语 | 8,263 | 96.6510 |
| 报刊政论 | 12,107 | 94.7646 |
| 科普作品 | 12,364 | 92.2725 |
| 文学作品 | 23,622 | 90.6319 |

以上情况说明,人们在一定的交际范围内使用的词汇量是有限的。

(5)词汇和词汇系统是客观世界和人的主观条件相结合的产物。对现象的分类、归类和命名不是任意的,也不是任何个人可以决定的,而是使用这种语言的社会集团的成员约定俗成的。一定社会集团的成员在给现象进行分类、归类和命名的时候,共同遵守着一套规则,这就是词汇系统规则。社会集团成员之所以能够共同遵守对现象进行分类、归类和命名的规则,是因为他们在同一片自然环境中生活、劳动和交往,接触到的现象基本相同,有共同的历史和经历,形成了共同的生活方式和思维方式,因此观察现象的角度和方法也基本相同。

前面列举的词汇系统的几项特征,充分说明不同民族语言词汇系统的规则既有共同点,又有不同点。

不同语言词汇系统规则的共同点,主要表现为它们之间存在着大量的对应词(我们把不同语言中表示同一概念或相似概念的词叫做对应词)。这是因为各民族的生活环境、所接触到的现象有许多是相同或基本相同的。例如,日月星云、饥渴冷热、生老病死,等等,是所有民族都能见到的普遍现象,这些普遍现象都必然要反映到各民族语言的词汇系统中,因此各民族语言的词汇系统中都有表示这些概念的词。

不同语言词汇系统规则的不同点表现在很多方面,例如语音形式不同,对应词的词义范围不完全相同,不是所有的词都可以从其他语言中找到对应词。一些学者研究的所谓"国俗词语"最能体现不同民族语言词汇系统的不同点。(梅立崇1993)不同点的形成主要是因为不同民族的生活环境、生活经历和历史等不完全相同,所接触到的现象不完全相同,观察现象的角度和方法也不完全相同,对现象进行分类、归类和命名的规则自然也就不可能完全相同。

由于地理上的原因,在历史上互相隔绝、毫无联系的不同民族语言的词汇规则既有共同点,又有不同点,这就充分说明,词汇和词汇系统是客观世界在人们头脑中的反映,是客观世界与人的主观条件相结合的产物。

## 3. 现代汉语普通话语汇系统的主要特点

(1) 通过声母和韵母的有规则的组合,生成作为音节基础的声韵组合(简称"声韵")。例如:声母 b 可以跟韵母 o、ai、ei、ao、an、en、ang、eng、i、iao、ie、ian、in、ing、u 等相组合,生成 bo、bai、bei、bao、ban、ben、bang、beng、bi、biao、bie、bian、bin、bing、bu 等声韵。韵母 a 可以跟声母 b、p、m、f、d、t、n、l、z、c、s、zh、ch、sh、g、k、h 等相组合,生成 ba、pa、ma、fa、da、ta、na、la、za、ca、sa、zha、cha、sha、ga、ka、ha 等声韵。现代汉语普通话共有 21 个声母,35 个韵母,这些声母和韵母在一定规则的规约下互相组合,共计生成 379 个声韵。

(2) 上述 379 个声韵可以分别与四个基本声调相组合,部分声韵可以和轻声相组合,生成不同的音节。例如:ba 可以分别跟四个基本声调和轻声相组合,生成 bā、bá、bǎ、bà、ba 五个不同的音节。379 个声韵与四个基本声调和一个轻声相组合,共计生成 1,333 个音节。(根据《现代汉语词典·音节表》统计,包括轻声音节、零声母音节和零韵母音节)这就是汉语的全部音节。我们把这些音节都叫做"字",其中大部分也是语汇系统中的"词"。

(3) 汉语的音节即"字"是表示概念的音义单位。要通过 1,333 个字表示无限多的概念,同一个字就要表示多个概念。例如 zhì 在《现代汉语词典》中用 50 多个汉字代表,这 50 多个汉字中的多数汉字还不只代表一个概念。

(4) 意思相关的字与字可以组合生成基本词,意思相关的字与基本词、基本词与基本词可以组合生成复合词。上述 1,333 个"字"远远不能满足对现象进行分类和归类的需要,如果需要给新产生或新发现的现象命名,就通过组合生成的方式创造新词。例如:"电"是一个字,"线"也是一个字,把这两个字组合起来,就成为"电线","电线"就是一个基本词。"电线"还可以与"架、杆"相组合,分别生成"架电线"、"电线杆"。"架电线"和"电线杆"都是复合词。基本词和复合词都有不同的内部语义关系,包括:并列关系,如海洋、兄弟、教科文、柴米油盐酱醋茶;修饰(限定)关系,如白糖、东欧、校长、食品厂;动受关系,如请客、吃饭、抓小偷;后补关系,如说明、纠正、看得见、写三遍;主述关系,如年轻、性急、经济发达;重叠式,如星星、哥哥、高兴高兴;附加式,如老王、长者、作家。通过用上面的各种方式把字组合成词,把基本词组合成复合词,就可以构成大量的新词。还可以通过改变字序的方法生成不同的词。例如子女和女子、牛奶和奶牛、人名和名人、红花和花红、性子急和急性子,都是因为字序不同而成为不同的词。

汉语词的组合生成,包括基本词和复合词的组合生成,除了联绵字、音译外来词和并列成分为奇数的并列结构复合词以外,都遵循"1+1=1"的二合法则。

(5) 通过组合区分同音字。例如:"把"是个多义字,但是在"把门"、"一把锁"、"把书打开"等组合中,"把"的不同的意思不会互相混淆。"打"的意思更多,《现代汉语词典》中列了24个义项,这24个义项在相应的组合中也不会混淆。用同一个语音形式表示不同的概念,用组合生成的方式避免同音概念的混淆,是汉语词汇系统贯彻节约性原则的一个重要手段。

同音汉字(读音相同而形体和字义不同的汉字)在实现词的区别性特征方面的作用也不可忽视。例如,"石油"和"食油"、"试图"和"仕途"、"向前看"和"向钱看"都是同音词,我们之所以能把它们的词义区别开来,就是因为用了同音汉字。

一般认为,现代汉语中存在着大量的兼类词,例如,有些动词兼作名词,有些形容词兼作动词,等等。根据我们对词汇系统的本质和特点的认识,把这些所谓兼类词看成同音词也许更符合实际,因为它们实际上都是用同样的语音形式表示不同的概念。例如,"建设"可以用于"建设国家",也可以用于"国家建设",前者之所以能处在动词的位置上,是因为它是动作的名称,因此无疑是动词;后者之所以能处在名词的位置上,是因为它是动作的名称的名称,理应是名词。又如,"凉快"可以用于"天气很凉快",也可以用于"天气凉快下来了",前者之所以能处在形容词的位置上,是因为它是天气特点的名称,理应是形容词;后者之所以能处在动词的位置上,是因为它是这种特点活动的名称,理应是动词。"万家乐"和"乐万家"也是这样。我们把所谓的兼类词看成同音词,比较接近汉语语法学史上关于词类假借的说法。所谓假借,也可以理解为用同音代替的办法创造新词。这是汉字假借方法的延伸。汉字假借和词类假借都是汉语实现节约性原则的手段。

把上面的五点概括起来,可以说现代汉语普通话语汇系统规则的主要特点是:通过对21个声母、35个韵母与四个基本声调和一个轻声的巧妙组合,并利用字与字、字与词、词与词的不同的组合方式必然会形成不同的语义关系这样的规律来避免同音字和同音词概念上的混淆,同时利用有直观表义特点的汉字进一步避免同音概念的混淆,生成了足以对一切现象进行分类、归类和命名的语汇系统。这些特点说明,汉语的语汇系统真正做到了以尽可能少的语音成分和汉字表示无限多的概念,充分体现了汉语语汇系统的节约性原则。这样的节约性原则有利于汉语的学习和使用。

## 4. 汉语语汇教学

研究汉语语汇教学至少要涉及这样一些问题:语汇量的控制;字词的选择;字义和词义解释,主要的练习方式。下面分别讨论这几个问题。

### 4.1 关于语汇量的控制

语汇量的控制就是决定教多少字词。语汇总量的无限性和常用语汇的有限性这一特点决定了在第二语言教学中进行语汇量控制的必要性。一方面,任何一个人都不可能掌握一种语言中的所有的语汇,说这种语言的本族人不可能,其他人更不可能;另一方面,每一个人都有一定的交际范围,在一定交际范围内常用语汇的数量是有限的,所以也不需要学会所有的语汇。

教多少语汇主要由两个因素来决定:一是教学目标,即要求达到什么样的等级水平,对听、说、读、写四项言语技能和相应的言语交际技能是全面要求,还是只要求其中的某一项或某几项技能。二是教学对象的特点和学习时限,即既定的教学对象学习多少时间。前者是必要性,后者是可能性。语汇量的决定不但要考虑必要性,而且要考虑可能性。

所谓必要性,就是达到某一种等级水平需要掌握多少语汇。假设我们把水平等级分为初、中、高三个等级,这三个等级要求掌握的语汇量分别为2500、5000和8500,那么,每一个等级所要求掌握的语汇量就属于必要性。

所谓可能性,就是在一定的时间内能够掌握多少语汇。人们学习第二语言不但要在课堂上学习,而且要在课外学习,所以我们所说的学习时间,既包括课堂教学时间,也包括课外学习时间。

目前在语汇量的控制方面存在的主要困难是:难以测定学生在一定的时间内能掌握多少语汇。难以测定的原因是:对人们习得字词的潜能以及学习和教学中的许多变因难以测定和控制,难以进行量化处理。学习和教学中的变因包括:对听、说、读、写四项言语技能和相应的言语交际技能是全面要求还是部分要求;学生课内练习的机会和课外学习的时间;教材和课堂教学的方法、技巧;语言环境。学习汉语并不是只记住字词就行了,除了记住字词以外,还要学习语调、语法规则和有关的文化知识等,还要通过练习掌握言语技能和言语交际技能。也就是说,要把字词放在言语材料中进行练习,直至真正掌握。当我们说掌握了多少字词的时候,实际上也就包含了运用这些字词的言语技能和言语交际技能,否则就不能说已经掌握了这些字词。因此,教学要求是什么,怎样组织言语材料,用什么方法进行练习,学生在课内有多少练习的机会,在课外用多少时间学习,有多少机会用目的语进行交际,等等,都是决定教学语汇量的重要因素。由于存在着这些难以测定和控制的因素,目前只能根据经验来确定在一定的时间内大约能教多少字词。根据现有的经验,在不同的情况下,平均每课时能教的语汇量大概可以在2～6个语汇之内浮动。如果以字为基本教学单位,平均每课时教3～6个汉字,教学语汇量就会大大增加。提出每课时教3～6个汉字,是因为以字为基本教学单位比以词为基本教学单位学起来更加容易,因此也学得更快。

4.2 关于语汇的选择

进行语言教学,不但要考虑语汇的数量,而且要考虑语汇的范围。所谓语汇的选择,也就是确定要教的语汇的范围。前面谈到,人们不可能也不需要掌握所有的语汇,因此在第二语言教学中根据学生的交际需要选择合适的语汇可以起到事半功倍的效果;如果语汇选择不当,所教的语汇不是学生真正需要的,就只能事倍功半。不常用的语汇因为学了没有使用的机会,也很难掌握。在第二语言教学中,语汇的选择要注意两点,一是常用性,二是针对性。最常用的语汇是在各个范围内都常用的语汇,这是选择的重点。对具体教学对象来说,常用语汇有一定的范围,在这个范围内常用的语汇,在另外的范围内不一定常用,所以要根据学生的特殊需要进行选择,这就是语汇选择的针对性。

语汇的选择最终要落实到教材中。在编写教材时,选择常用语汇的最重要也是最简便的方法是首先选择好话题。这里所说的话题,是指谈话的中心内容,例如问候、家庭、婚姻、住房、人口、教育、经济、贸易、货币、股票等等。在常用话题中,还要选择常用的语句。如果话题和话题中的语句都是常用的,其中所包含的语汇一般也是常用的。话题有大有小,在成篇的文章中常常是一个话题中套着另一个话题。例如在关于家庭的文章中,就可能涉及婚姻、住房、人口、教育等话题,在关于经济的文章中,除了也有可能涉及这些话题以外,还有可能涉及贸易、货币、股票等话题。如果教材的课文不是编者自己编写,而是选用现成的文章,在选择时就要考虑文章话题的常用性和有关话题所用语句的常用性。

4.3 关于字义和词义解释

要真正学会一个字词,除了掌握这个字词的发音和声调以外,还要懂得它的意思。要帮助学生掌握字义和词义,就必须进行字义和词义解释。我们在上一章已讨论过字义解释,词义解释和字义解释的方法基本相同。例如:

(1)用实物或图片解释。凡是能够用实物或图片解释的,应当尽量用实物或图片。

(2)用字义解释词义。例如用"国"解释"国家",用"树"解释"树木",用"火"和"山"解释"火山",用"海"和"洋"解释"海洋"。用字义解释词义可以帮助学生更好地理解和记忆,还可以培养举一反三的能力。

(3)用表演的方法解释。例如,解释表示方位和方向的词,都可以让学生表演。

(4)用同义词和反义词解释。

(5)类比。例如,学了"汽车"、"汽车站"和"火车",就可以用"汽车站"类比"火车站",学了"鞋"、"鞋店"、"帽子",就可以用"鞋店"类比"帽子店",学了"数学"、"数学家"和"化学",就可以用"数学家"类比"化学家"。学了"好"、"看"和"好看"以后,就可以用"好看"类比"好听、好吃",学了"作"、"者"、"作者"和"读"以后,就可以用"作者"类比"读者"。

(6)用媒介语译释。跟汉字释义一样,有些词不能用上面的任何一种方法解释,就只能借助于媒介语。如果采用对译的方法,不但要注意词义范围的大小,而且要注意词义的褒贬。例如,"吹捧"在汉语中是贬义词,而英语中与它对应的词 flatter 不但有"吹捧"的意思,而且也有"过奖"的意思,可以说 Oh you are flattering me。如果把"吹捧"简单地翻译成 flatter,学生就有可能把"您过奖了"说成"您在吹捧我"。(鲁健骥1987)为了避免出现这类问题,有些词在解释的时候最好也加上例句,连例句一起翻译,就像前面介绍的对"家"的处理一样。

4.4 关于语汇的练习

前面谈到,习得一种言语现象需要经过感知、理解、模仿、记忆、应用这样几个阶段,因此,语汇练习可以分为感知性练习、理解性练习、模仿性练习、记忆性练习和应用性练习等不同性质的练习。下面介绍几种常用的练习方法。

(1)感知性练习。对语汇的感知,包括语音识别(听音)和词形识别(认字)。主要的练习方法有听录音、跟读、认读、给汉字注音等。

(2)理解性练习。对语汇的理解,主要是理解它的意思。主要的练习方法有:说出或写出反义词,用同义词替换,用线条或箭头分析复合词的语义结构,图示方位词、数量词和其他能用图示的词,听词指物、指物说词,用目的语或媒介语解释词义,等等。

(3)模仿性练习。包括语音模仿和汉字书写模仿。语音模仿主要是听老师说、听录音和跟着说,汉字模仿主要是描写、临写。

(4)记忆性练习。上述练习方法都可以作为记忆性练习的一部分。

(5)应用性练习。语汇的应用性练习,是指怎样应用指定的语汇。主要的练习方法有选词填空,利用指定的字组词、造句等。选词填空、利用学过的字组词和造句等要涉及语法问题,但是语汇练习的侧重点是语汇的选择,因此练习题的设计要从语汇选择的角度出发。

上面介绍的这些练习方法只是举例性的,不但不全面,可能还有更好的方法这里并没有提到。更多更好的方法要靠教师在教学实践中不断地创造。设计练习,最重要的是首先明确练习的内容和练习的性质,即练什么,要达到什么目的。同时要注意练习的层次性,掌握好练习的程序和步骤,把从感知到应用作为一个习得过程,并做到循序渐进,步步深入。

**思考题**

1. 联系本书第一章对字和词、语汇和词汇的解释,说明:字和词、语汇和词汇在什么情况下可以同指?为什么可以同指?
2. 举例说明语汇是对现象的分类、归类和命名。
3. 什么是语汇系统的概括性特征?为什么说概括性特征最能反映语汇的系统性?

4. 为什么说语汇总量是无限的,而常用语汇又是有限的?
5. 汉语的音节和常用汉字数量极少,为什么能满足交际的需要?
6. 为什么说以字为基本教学单位比以词为基本教学单位学起来更加容易?
7. 汉语作为第二语言教学为什么要选择常用语汇?怎样选择?
8. 在汉语作为第二语言教学中,为什么不能用简单对译的方法解释字义和词义?

**引文目录**

北京语言学院语言教学研究所(1986)《现代汉语频率词典》,北京语言学院出版社。

鲁健骥(1987)外国人学习汉语的词语偏误分析,《语言教学与研究》第 4 期。

梅立崇(1993)汉语国俗词语刍议,《世界汉语教学》第 1 期。

## 第二节 语法和语法教学

　　由于研究语言的目的、角度和方法等不完全相同,人们对语法的解释也往往不同。根据语言学习和教学的需要,我们主张对语法作动态的观察和解释。对语法作动态的观察和解释,就是从言语和言语交际的角度去观察和解释语法。

　　如何从言语和言语交际的角度去观察和解释汉语语法,还是一个需要探讨的问题。下面介绍的就是我们的初步探讨。

### 1. 什么是语法

　　前面谈到,语言的表现形式是言语,语言用于交际的方式是通过言语进行表达和理解。从言语和言语交际的角度去观察和解释语法,就是研究人们是怎样通过言语进行表达和理解的。

　　言语是由言语单位构成的,人们用言语进行表达和理解,必须使用言语单位。但不是所有的言语单位都能直接用于交际,要用言语进行交际,必须首先把有关的言语单位组合成言语交际单位。

　　下面首先说明什么是言语单位,什么是言语交际单位,以及它们之间的区别和联系。在此基础上,再说明什么是语法。

#### 1.1 言语单位

　　言语单位是指言语中的语言单位,也就是人们说话或写作时所使用的语言单位。本书把汉语主要的语言单位分为字、词、句三级,这三级语言单位在语言交际中就是三级言语单位。其中的字是指音节和汉字,词包括基本词和复合词,句包括基本句和复合句。字是基本的即最小的语言单位,字以上的语言单位都是以字为基本单位逐级组合生成的。所谓逐级组合生成,就是由意思相关的字与字组合生成基本词(例如"中国"、"特色"),由意思相关的字与基本词或基本词与基本词组合生成复合词(例如"中国人"、"中国特色"),由意思相关的字或词(基本词或复合词)组合生成基本句,由字、词、基本句组合生成复合句。言语中的字、基本词、复合词、基本句、复合句都是言语单位。复合句以上的语言单位有语段和语篇,语段和语篇也是由上述各级语言单位组合生成的。培养学生的成段表达能力,不能不进行语段和语篇的教学。但是语段和语篇的组合生成除了要使用关联词语以外,跟词法和句法的关系似乎不太密切,因此,它们属于语法范畴,还是属于逻辑范畴,恐怕还需要进一步研究。笔者缺少这方面的研究基础,本书只能作为缺项。

### 1.2 言语交际单位

我们在第二章谈到,用语言进行交际,就是互相传递信息,以达到彼此了解或理解。要达到彼此了解或理解,传递的信息就必须包含能够使对方了解或理解的足够的信息量。不包含足够信息量的言语单位不能成为言语交际单位。试比较:

| A. 他 | B. 明天晚上 | C. 他｜去上海。 |
|---|---|---|
| 明天 | 坐飞机 | 他｜明天去上海。 |
| 晚上 | 明天坐飞机 | 他｜晚上去上海。 |
| 坐 | 明天晚上坐飞机 | 他｜明天晚上去上海。 |
| 飞机 | 去上海 | 他｜坐飞机去上海。 |
| 去 | 明天去上海 | 他｜明天坐飞机去上海。 |
| 上海 | 坐飞机去上海 | 他｜明天晚上坐飞机去上海。 |

以上三组结构单位都是言语单位。其中 A 组都是字和基本词,这些字和基本词都是表示概念的,概念只能提供单一的信息。其中的 tā、zuò、qù 都有同音字,如果不看汉字,连它们的意思都无法识别。因此,单说这一组字和基本词中的任何一个,听话人都无法理解说话人的意思。可见,字和基本词不能提供足够的信息量,因此不是言语交际单位。B 组都是复合词。复合词表示概念与概念的关系,但是概念与概念的关系是多种多样的,并不是所有能表示概念与概念的关系的言语单位都能提供足够的信息量。例如,单说 B 组中的任何一个复合词,听话人也不能完全理解说话人的意思。由此可见,复合词也不能提供足够的信息量,所以也不是言语交际单位。C 组都是句子,尽管长短不一,信息量不等,但是它们所包含的信息量都足以使对方理解所传递的信息。可见,句子是言语交

际单位。

上面的句子之所以能够提供足够的信息量,是因为这些句子都包含用竖线隔开的两个互相依存的语义单位。这两个互相依存的语义单位就是"谁——做什么"。也可以是"谁(什么)——怎么样"。我们把其中的"谁(什么)"叫做主体,把其中的"做什么(怎么样)"叫做述体。上面的例子告诉我们,只有包含主体和述体的言语单位才能提供足够的信息量,才能成为句子,也才能成为言语交际单位。

需要补充说明的是,凡是句子,在口头汉语中都包括句调,在书面汉语中都包括句号(或问号、叹号)。不带句调或句号(问号、叹号)的言语单位,无论由多少词组成,也不是句子;带句调或句号(问号、叹号)的言语单位哪怕只用了一个字,也是句子。这是因为句子作为言语交际单位都需要依靠言语环境和上下文。言语环境是指交际双方及其所处的社会和自然环境,上下文是指说话或写作时的"前言后语"。言语环境和上下文是句子不可缺少的信息来源。例如,当输出的一方说"他去上海"这句话时,一定估计到输入的一方对这一信息感兴趣,也估计到输入的一方知道"他"是谁。我们决不会在大街上贸然对一个素不相识的人说"他去上海"。又如,在回答"他明天去不去上海"这句问话时,只要说"去"或者"不去",听话人就知道回答的是"他明天去上海"或者"他明天不去上海"。答话中隐去的"他"、"明天"和"上海"都是问话中已经提供的信息,答话中隐去不提并不影响信息量。在一定的言语环境和上下文中,上面所举的 A 组中的字和基本词以及 B 组中的复合词都可以成为句子。由此可见,句子提供的信息,不但包括句子自身拥有的信息,而且包括言语环境和上下文为它提供的信息。在一定的言语环境和上下文中,句子无论长短,也就是无论它自身拥有的信息量大小,都能够传递足够的信息。下面再举例说明言语环境和上下文的作用以及言语单位和言语交际单位的区别。

A:今天晚上有电影,你看不看?

B:看。

A:你呢?

C:很想看,可是今天晚上有点事。

这是三个人的一段对话。从这段对话的内容看,这三个人不但相识,而且关系密切。如果不相识,就不会贸然问人看不看电影,除非是在电影放映地附近兜售电影票;如果关系不密切,说话的口气就不会这么随便。三个对话者所说的话长短不一,最短的只用了一个字,但是他们的话都能使听话人理解,可见每句话都包含了足够的信息量,因此都是一个言语交际单位。他们的每一句话之所以都包含了足够的信息量,就是因为有言语环境和上下文所提供的信息。A 的问话首先叙述了前提——今天晚上有电影,这实际上是为以后的问答提供的信息,所以当他问"你看不看"的时候,听话人就知道他问的是"今天晚上你看不看电影"。如果听话人没有得到"今天晚上有电影"的信息，就不知道他问的是什么时候看不看什么。接下去的问答因为有前面的问答作前提，所以也都包含了足够的信息量。B回答的实际上是"今天晚上你看不看电影"这样的问话，所以只需说"看"，听话人就知道他说的是"我今天晚上看电影"。其中的"我"、"今天晚上"和"电影"是问话中已经提供的信息，答话中可以隐去不提。如果没有上面的问话，光说一个"看"字，谁也不知道是什么意思。A对C的问话因为有上面的一问一答，所以只需问一句"你呢"，C就知道是在问他今天晚上看不看电影，回答"很想看……"，听话人也就知道他说的是"我今天晚上很想看电影，……"。如果没有上面的问话，突然说一句"你呢"，或者随便说一声"很想看，……"，都会使人感到莫名其妙。

上面这些例子说明：所谓言语交际单位，就是具有足够的信息量，从而使交际双方能够达到彼此了解或理解的言语单位；要提供足够的信息量，至少必须具备主体和述体这两个互相依存的语义单位；句子提供的信息不但包括句子本身所拥有的信息，而且也包括言语环境和上下文所提供的信息；如果言语环境和上下文已经提供了某种信息，在句中可以隐去，隐去后并不影响句子的信息量。

### 1.3 语法

根据上面的讨论，我们暂且把汉语主要的言语单位分为字、词、句三级，其中句是主要的言语交际单位。词包括基本词和复合词，句包括基本句和复合句。基本句是基本的也是最小的言语交际单位。把言语单位组合成言语交际单位，就是把字组合成基本词，把字、基本词组合成复合词，把字、基本词、复合词组合成基本句，把字、基本词、复合词、基本句组合成复合句。把言语单位组合成言语交际单位，必须遵循一定的组合规则，这样的组合规则就是语法。简言之，语法就是把语言单位组合成言语交际单位的规则。我们把由字到基本词、由字和基本词到复合词的组合规则叫做词法，把由字、基本词、复合词到基本句再到复合句的组合规则叫做句法。词法和句法都是语法。

## 2. 语法系统的主要特征

所有语言的语法都是一种系统。就像词汇系统有自己的特征一样，语法系统也有自己的特征。我们把语法系统的主要特征归结如下：

### 2.1 语法结构的区别性特征

上面谈到，语法是把字组合成词、把字和词组合成句的规则。把字组合成词、把字和词组合成句，就形成了一定的语法结构。因为字和词是通过对现象的分类、归类和命名而形成的概念，所以把字组合成词，把字和词组合成句，实际上就是通过一定的语法结构表示概念与概念之间的关系。就像现象是纷纭浩繁的，需要进行分类、归类和命名一样，概念与概念之间的关系也是纷纭浩繁、错综复杂的,因此,也需要对语法结构进行分类、归类和命名。只有通过对语法结构的分类、归类和命名,才能把概念与概念之间的不同的关系区别开来。通过对语法结构的分类、归类和命名把概念与概念之间的不同的关系区别开来,就是语法结构的区别性特征。

要使语法结构具有区别性特征,就必须使用多种语法手段。所谓语法手段,就是语法结构的组织方法。语法手段的多样性是各民族语言的共同特征,但是不同民族语言的语法手段不一定完全相同。下面列举几种构成语法结构区别性特征的主要的语法手段。

(1) 词序。就是用不同的词序表示不同的语义关系,不同的语义关系也就是概念与概念之间的不同的关系。例如,"我看你"与"你看我","I visit you"与"You visit me",词序不同,语义关系也不同。

(2) 词形变化。许多语言都通过变化词形的办法表示不同的语义关系。变化词形就是变化词的语音形式和文字的书写形式。以英语为例:多数单数名词加"s"或"es"变为复数名词;多数动词加"ed"变为表示过去时的动词或过去分词,加"ing"变为表示进行时的动词或现在分词。现代汉语普通话只有极少数词的组合生成类似这种词形变化,例如"我"和"我们"、"作"和"作家"、"盖"和"盖儿"、"锤"和"锤子"。不带"们"的是单数,带"们"的是复数;不带"家、儿、子"的是动字,带"家、儿、子"的是名词。但是这类现象在汉语中没有普遍意义,即使作为一条规则,也有一些条件限制。例如,可以用"作"和"家"组成"作家",却不能用"写"和"家"组成"写家"。"赢家、输家"中的"家"跟"作家"中的"家"涵义不同。"盖儿"是不是由"盖"变来的,"锤子"是不是由"锤"变来的,恐怕还需要考证。

(3) 语气。就是用不同的语气表示不同的语义关系。语气有陈述语气、疑问语气、感叹语气、反问语气、反诘语气等。语气不同,语义关系也不同。例如,"我去。"是陈述语气,"我去?"是疑问语气;"我怕你。"是陈述语气,"我怕你!?"是反诘语气;I beg your pardon? 是疑问语气,I beg your pardon! 用反问语气。这些句子因为语气不同,表达的语义关系就大不一样。

(4) 停顿和逻辑重音。停顿和逻辑重音的位置不同,语义关系也不同,前面已经举例说明,这里不再重复。

2.2 语法结构的概括性特征

所谓概括性特征,就是把意思相关的概念以及意思相关的概念与概念之间的关系归为一类,不考虑语义特点的差别。前面提到,概念与概念之间的关系是纷纭浩繁、错综复杂的,如果每一种关系都使用一种专门的语法结构来表示,就会产生无穷的语法规则,这无疑会给人类带来过重的负担,甚至会使语言交际无法进行。要使语法规则既足以区分概念与概念的不同的关系,又便于人们掌握和使用,语法结构就必须具有概括性。例如,前面提到的"看书、写文章、买东西"属于同一种语法结构,即"动受结构"。"走路、考物理、吃馒头、关门、关灯、上课"等也属于动受结构。但是我们应当看到,这些动受结构的语义特点并不完全相同。"看书"说的是打开书阅读,"书"是原来就有的,"写文章"说的是原来没有文章,要通过"写"才能产生文章。"买东西"说的是通过"买"而得到"东西","东西"的归属和位置都要发生变化。"走路"是在路上走,不是因为"走"而出现"路",也不是通过"走"使"路"的归属和位置发生变化。"考物理"说的是检验对物理知识的掌握情况,"物理"本身没有任何变化,"吃馒头"却是指通过"吃"使馒头进入胃内。"关门"是通过"关"使门合上,"关灯"却不是通过"关"使灯合上,而是让开关脱离接触使灯光消失。"上课"至少有两个意思,一是老师给学生讲课,一是学生听老师讲课。"考物理"中的"考"还可以跟有关的词组合成"考大学、考研究生、考老师……"。"考大学"是通过参加考试争取上大学,"考研究生"是通过参加考试争取成为研究生,"考老师"是把老师作为考试的对象。与"走路"结构相同的有"走火"、"走嘴"、"走私"、"走穴"、"走后门"、"走上层路线",等等;与"吃馒头"结构相同的有"吃大碗"、"吃大户"、"吃小灶"、"吃官司"、"吃大锅饭",等等。上面这些例子用的是同一种语法结构,但是语义关系的特点没有一个是完全相同的。用同一种语法结构表示不同的语义关系,就是语法结构的概括性。

2.3 语法结构的系统性特征

所谓系统性特征,就是各项规则之间有一定的内在联系,这种内在联系不能任意改变。以下表为例:

| 1 | 人的名称 | 动作时间的名称 | 位置关系的名称 | 动作的名称 | 物的名称 |
|---|---|---|---|---|---|
| 2 | 我 | 每天 | 在教室里 | 看 | 书 |
|   | 你 | 总是 | 在桌子上 | 写 | 文章 |
|   | 他 | 常常 | 在窗外 | 买 | 东西 |
| 3 | 施动者 | 动作的时间 | 施动者的位置 | 动作 | 受动者 |

上表中的1代表概念的类,2代表概念与概念的关系,3代表概念与概念的关系的类。表中例句的结构就体现了一种系统,这种系统有以下特点:

(1) 词类有定。哪一类词可以与哪一类词相组合,不是任意的。例如:"施动受"结构中的词类必须是"名动名"(汉语的代词、数词、数量名结构也可以归入名词类)。"我看书"是"施动受"结构,"我身体很好"不是"施动受"结构,因为"身体很好"不是"动名"结构。

(2) 词序有定。例如:"我每天在教室里看书"不能说成"我在教室里看书每天",也不能说成"在教室里看书每天我"。

（3）语义相关。语义相关的主要标志是形式结构和语义结构的统一。我们在第二章谈到，语言是形式结构和语义结构的统一体。在语法结构中，只有形式结构和语义结构相统一，才能构成语义相关。例如，"我写字"是一种形式结构，这样的形式结构所代表的语义结构是"施动受"。"我看书、我吃饭"的语义结构也是"施动受"。如果把这几个句子改成"字写我、书看我、饭吃我"，就不能构成语义相关，说明形式结构和语义结构不一致，因此不能成立。同样，可以说"写字、写文章、写报告……"，不能说"写饭、写桌子、写衣服……"，可以说"在教室里"，也可以说"在家、在北京、在中国……"，却不能说"在国家、在土地、在人类……"。可以说 He is...，不能说 he are...。这些都说明，不能构成语义相关的形式结构不能成立。

形式结构和语义结构的统一，是就各种语言自身的语法结构而言的，每一种语言自身的语法结构都是形式结构与语义结构的统一，无一例外。但是用什么样的形式结构表示什么样的语义结构，各民族的语言都有自己的规范。例如，在英语中，与"对外汉语教学"相对应的形式结构应当是 the teaching of Chinese to foreigners。在这个例子中，两种语言的语义结构相同，形式结构却不同。不同语言的语法结构的区别，除了表现为用不同的形式结构表示同样的语义关系以外，还表现为用不同的语义结构表示同样的意思。我们前面曾把汉语的"开灯、关灯"跟英语的 turn on the light 和 turn off the light 作过比较。又如，汉语中说"下课"或"我们下课"英语中要说 Class is over，而不能说 Go down class 或 We go down class。语义结构也不同。

用不同的形式结构表示同样的语义结构，用不同的语义结构表示同样的意思，反映了不同的思维方式和文化差异。无论是进行语言对比研究还是学习和教授第二语言，都不可忽视思维方式的区别和文化差异。

## 3. 汉语语法系统的主要特点

不同语言的语法系统有共同的特征，每一种语言的语法系统都有自己的特点。我们把汉语语法系统的主要特点归结为以下11点，这11点不一定全面，可以看成是举例性的。

### 3.1 字本位

前面说过，汉语是以"字"为单位的，不是以"词"为单位的。以"字"为单位就叫"字本位"。

### 3.2 组合生成

"字"以上的语言单位和语法单位都是以"字"为基本单位逐级组合生成的。组合生成是汉语的生命线,是汉语无限活力的源泉。张志公先生主编的《现代汉语》(中册)有一章专论组合,该书举例说明了各级语言单位的组合情况之后,明确指出:"汉语的五级语言单位(五级语言单位是指语素、词、词组、句、句组——笔者注),就是这样由小到大,一级一级的组合起来的。"(张志公 1982)

  语言和语法的作用都是表示概念以及概念与概念之间的关系。汉语只有 1333 个音节,最常用的汉字也只有 2500 个左右。新概念总是在不断地出现,而且永无止境,在口头汉语中都要用音节去表示,在书面汉语中都要用汉字去表示。可是我们不需要增加新的音节,基本上不需要增加新的汉字。为什么?就是因为音节和汉字具有足够的组合生成的能力,可以通过组合生成来区别各种不同的概念以及概念与概念之间的不同的语义关系。例如:"单"字有多种意思,只要与"据、埋"相组合,生成"单据、埋单",就能跟"孤单"的"单"字区别开来。又如:"饭"字也有多种意思,只要与"米"字相组合,生成"米饭",就能跟"请客吃饭"的"饭"字区别开来。再如:"电"最初是指"雷电"的"电",后来出现了人工电,就用"雷电"的"电"代表人工电,必要时可通过"闪电、发电"等组合对两种不同的"电"加以区别。随着人工电的出现,又出现了各种各样的电器,就用这个"电"字与意思相关的字进行组合,生成"电线、电灯、电话、电筒(手电)、电影、电视、电脑……"。这些都是词的组合生成。代表基本概念的音节和汉字都是由相关生成元素组合生成的,通过进一步组合,包括字序的变化,这些基本概念不但可以组合生成无限丰富的新概念,而且还可以表示概念与概念之间的不同的关系。例如:好人和人好,红枣和枣红,生产和产生,问老师和老师问,台上坐着主席团和主席团坐在台上,等等,都是通过字序的变化来表示不同的概念以及概念与概念之间的不同的关系。

### 3.3 二合法

  汉语各级语法单位的组合生成,基本上都遵循"1 + 1 = 1"的法则。把"1 + 1 = 1"叫做"法则",是因为这是汉语的天然生成机制。(吕必松 2006)举例如下:

(1) 由字到基本词的组合生成。

  我　们
  学　习
  汉　语

(2) 由字、基本词到复合词的组合生成。

  学　汉语

  学习　汉语

(3) 由字,基本词、复合词到基本句的组合生成。

(4) 由字,基本词、复合词到基本句再到复合句的组合生成。

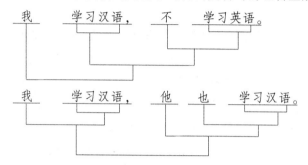

从上面各例的连接线条可以看出,由字到词,由词到句,由基本词到复合词,由基本句到复合句,是滚雪球式的。无论要滚成多大的雪球,都遵循"1＋1＝1"的法则。(前面说过,只有联绵字、奇数并列结构和音译外来词除外)汉语的二合机制反映了说汉语者的思维方式,也反映了说汉语者对世界的认识,跟对天地、阴阳、男女、生死等自然法则的认识完全一致。在说汉语者看来,汉语是与天道相合的语言。天道就是自然法则。

3.4 主述结构是句法结构的核心

前面谈到,只有包含主体和述体的言语单位才能提供足够的信息量,才能成为句子,也才能成为言语交际单位。正因为如此,由主体和述体组合生成的主述结构就成为句法结构的核心。不但基本句是由主体和述体组合生成的,复合句也要以主述结构为标记。举例如下:

基本句:
① 北京｜很大。
② 我｜去。
③ 他｜是我们的老师。
④ 我们｜都有中文书。
⑤ 自行车｜丢了。
⑥ 窗户｜没关好。
⑦ 星期天｜还要上课吗?
⑧ 东面｜有警察。
⑨ 一万年｜太久。

⑩ 九 | 是三的三倍。

复合句：

① | 不好，‖ | 要下雨。

② | 去，‖ 这 | 是大家一致的意见。

③ | 没有人，‖ 你 | 不用害怕。

④ 因为 | 下雨，‖ 他们 | 没有来。

⑤ 在常常下雨的地方，‖ 人们 | 外出都要带雨伞，否则就可能挨雨淋。

⑥ 开门 | 七件事：‖ 柴米油盐酱醋茶。

⑦ 俗语 | 说：‖ "人生七十 | 古来稀。"

⑧ 南方人 | 喜欢吃米，‖ 北方人 | 喜欢吃面。

⑨ 小河边 | 有树，‖ 小河上 | 有桥，‖ 小河里 | 有鱼。

⑩ 东部 | 沿海，‖ 经济 | 比较先进，‖ 人民的 生活水平 | 比较高；‖ 西部 | 多山，| 经济 | 比较落后，‖ 人民的生活水平 | 比较低。

上面的复合句，用双竖线隔开的是分句，用单竖线隔开的是主述结构。每句至少包含一个主述结构。这是复合句的基本条件。

从上面的例子可以看出，主述结构具有以下特点：

(1) 主体代表"谁"或"什么"，述体用来说明它的主体"做什么"或"怎么样"。因此，可以把主述结构的语义关系概括为"谁（什么）——做什么（怎么样）"。

(2) 字和词都可以担任基本句的主体，也都可以担任基本句的述体；担任主体和述体的字和词可以是代表人的，也可以是代表事物的。

(3) 主体可以是施动者，也可以是受动者，还可以是非施非受的相关者。

(4) 表示时间、地点、方位、数量的语义单位也可以担任主体，放在述体的前面作为述体陈述的对象。

(5) 主述结构代表句法结构"1 + 1 = 1"法则，复合句的组合生成也遵循"1 + 1 = 1"或"0 + 1 = 1"法则，只有并列结构（例⑨）除外。

(6) 主述结构是一种固定的格式，只要是陈述对象，无论是施动者、受动者还是非施非受的关涉者，都可以无条件地放在述体的前面作为述体陈述的对象。这也是汉语句子的基本格局。试比较：

他把那本书放在桌子上了。　　He put the book on the desk.
那本书他放在桌子上了。　　　The book was put on the desk by him.
桌子上放着一本书。　　　　　There is a book put on the desk.

# 第七章 语言要素教学（下）

在上面的例子中，句首的"他、那本书、桌子上"都是陈述的对象，"他"是施动者，"那本书"是受动者，"桌子上"既不是施动者，也不是受动者。与这几个句子相对应的英语句子的格局显然不同。第三句英语必须用引导词"there is"，"on the desk"不能作为陈述的对象。第二句英语必须用被动语态，汉语虽然也是被动式，但是没有被动式的标记。在汉语中，只有需要特别强调被动的时候，才使用被动标记。第一句汉语是"把"字句，英语没有相应的形式结构。

汉语句子基本格局说明汉语的语法结构具有更大的概括性，更能体现语法系统的节约性原则，同时又使语义关系的表达具有更大的灵活性。例如，"鸡不吃了"既可以表示人不吃鸡了，也可以表示鸡不吃食了；"主席团坐在台上"是对"主席团"的陈述，"台上坐着主席团"是对环境的描写。这些例子说明，汉语可以更灵活地运用同一种语法结构表示多种不同的语义结构，具有更强的节约性；也说明汉语的语法结构充分注意到了人的理解能力，尽可能利用语言环境和上下文解释语义关系。以英语为第一语言的学生不容易学会这三种句型，而这三种句型的使用频率很高，所以要加强这三种句型的教学。

3.5 基本词和复合词的结构方式基本相同

举例如下：

| 序号 | 结构方式 | 基本词 | 复合词 |
|---|---|---|---|
| 1 | 限定式 | 大声　新年　厂长　五星　热爱　游行　复习　冬泳　作家 | 体力劳动　非常有名　和谐社会　优美的音乐 |
| 2 | 附加式 | 你们　房子　花儿　老马　看着　来了　去过 | 蛐蛐儿　叫花子　教书的 |
| 3 | 重叠式 | 哥哥　家家　天天　个个　看看　想想 | 灰蒙蒙　冷冷清清　高高兴兴　高兴高兴　来来往往　里里外外 |
| 4 | 并列式 | 花草　朋友　和平　长久　洗澡　开关　工作　学习 | 教科文　他和我　好与坏　言一行　医疗保健　柴米油盐酱醋茶 |
| 5 | 主述式 | 日出　国庆　私有　火烧　天寒　地震 | 经济发达　世界和平　身体健康　领土完整 |
| 6 | 动受式 | 看书　打球　上课　吃饭　关门　演戏 | 看演出　酷爱自由　教我们汉语　争取和平　建设和谐社会 |
| 7 | 动补式 | 住在　来到　看见　写完　成功　跟上　如下 | 说出来　走上去　看得见　想清楚　成为好朋友 |
| 8 | 连动式 | 演出　滚动　听说　过渡 | 受教育　生病住院　上街买东西　去图书馆借书 |

上表中的基本词和复合词,除了并列结构中的"教科文、柴米油盐酱醋茶"以外,都是"1+1=1"格式。

3.6 "词"的语法作用跟"字"的语法作用相当

例如:

  看

  看　<u>书</u>

  看　<u>病</u>

  看　<u>朋友</u>

  看　<u>足球比赛</u>

上面例子中的"书、病、朋友、足球比赛"分别是看的对象,"朋友、足球比赛"与"书、病"的语法作用相当。又如:

  工　　　厂

  <u>食品</u>　厂

  <u>旅行</u>　团

在上面的例子中,"食品、旅行"与"工"的语法作用相当,都是限定后面的名字。再如:

  在　<u>家</u>　　　见面

  在　<u>城里</u>　　见面

  在　<u>天安门广场</u>　见面

在上面的例子中,"天安门广场、城里"与"家"的语法作用相当。

  我｜看。

  我｜看 书。

  我｜看 汉语 书。

  我们｜都 看 汉语 书。

  <u>我们班的 同学</u>｜都 看 汉语 书。

  <u>我 和 我们班的 同学</u>｜都 看 汉语 书。

  <u>我 和 我们班的 同学</u>｜都 看 北京大学 出版社 出版的 汉语 书。

在上面的例子中,竖线前后是两个部分,前一部分代表"谁",后一部分代表"做什

么"。在前一部分,"我们、我们班的同学、我和我们班的同学"的语法作用都相当于"我";在后一部分,"看书、看汉语书、都看汉语书、都看北京大学出版社出版的汉语书"的语法作用都相当于"看"。

### 3.7　修饰和限定成分的位置固定

试比较：

| 新书 | new book |
| 我的书 | my book |
| 昨天买的书 | books which were bought yesterday |
| 中国银行 | Bank of China |
| 常常来 | often come |
| 每天看书 | read (books) everyday |

在上面的例子中,汉语的修饰和限定成分都放在被修饰、被限定成分的前面,而在英语中,相对应的修饰和限定成分有的在前,有的在后。以英语为第一语言的学生不容易学会"昨天买的书"这样的格式。

### 3.8　可以尽量省去语言环境和上下文中已经提供的信息

请看下面的对话：

　　甲：(听到敲门声)谁？(Who is there?)

　　乙：我。(It's me.)

　　甲：(开开门)有事儿吗？(What can I do for you?)

　　乙：去吗？(Will you join them [for the travel]?)

　　甲：你呢？(What about you?)

　　乙：问你呢！(I'm asking you!)

　　甲：什么时候出发？(When will they start?)

　　乙：明天一早。(Tomorrow morning.)

　　甲：几点？(At what time?)

　　乙：五点半。(At five thirty.)

　　甲：就怕起不来。(I'm afraid it's too early for me to get up.)

　　乙：我叫你。(I can call you.)

　　甲：好吧。(All right then.)

　　乙：说好啦！(Are you sure?)

　　甲：知道了！(I said it.)

省略并不是汉语独有的现象。英语的省略现象也比较普遍,有些跟汉语的省略形式相似。下面是电视教学片《走遍美国》中的几句对话:

I'm Richard. What's your name?(我叫理查德,你叫什么名字?)
Gerald(葛里德)
How old are you, Gerald?(你几岁,葛里德?)
Five.(五岁。)

但是跟英语相比,汉语的省略现象要多得多。鲁健骥在一篇文章中专门对英语的 it 和汉语中相当于 it 的"它"的使用情况作了比较,指出,英语中必须用 it 的地方,汉语中很少用"它"。在多数情况下,除了有时用"它"所指代的事物的名称以外,一般都省略不用。(鲁健骥 1995)例如:

It's raining. / It's raining outside.([天]下雨了。/外边下雨了。/外边下雨呢。)
It's hot. / It's hot at noon.([天]热。/中午[天]热。)
It's two o'clock. / It's two o'clock now.(两点了。/现在两点了。)
It's two kilometers from here to the Summer Palace.(从这儿到颐和园两公里。)

3.9 关于称数法和数词的组合生成规则

汉语的称数法和数词的组合生成有一套规则,这套规则与其他语言不完全相同,是第二语言学习者的一大难点,也是汉语和外语大数目对译时的难点之一。要培养学生用汉语数字思维的能力,就必须帮助他们理解和熟练掌握这套规则。

1)汉语数字的特点。汉语的数字可以分为个位数字和多位数字。

(1)"零"至"九"的数字代表一位数,是个位数字。

(2)"十"代表两位数,是双位数字;"百、千、万、亿……"代表多位数,是多位数字。为了简便,我们把"十"和"十"以上的数字统称为多位数字。在个位数字中,"九"最大,在多位数字中,"十"最小。

2)称数法。汉语用十进制称数。所谓十进制,就是两个数字相加,满十就进一位。例如:"六"加"六"等于"十二"(6 + 6 = 12),"九十五"加"六"等于"一百零一"(95 + 6 = 101),"四百五十"加"二百八十"等于"七百三十"(450 + 280 + 730)。多位数字"十、百、千、万",是前一位数乘以十。也就是说,"十"是它的前一位数"一"乘以"十"($1 \times 10 = 10$),"百"是它的前一位数"十"乘以"十"($10 \times 10 = 100$),"千"是它的前一位数"百"乘以"十"($100 \times 10 = 1000$),"万"是它的前一位数"千"乘以"十"($1000 \times 10 = 10000$)。

3) 数词的组合生成方式。汉语的数词也包括基本数词和复合数词。由两个数字组合生成的是基本数词,超过两个数字的是复合数词。

基本数词的组合生成方式是:

(1)"十"在前,"一"至"九"在后,其数目等于前后两个数目相加。例如:

"十"加"二"等于"十二"(10 + 2 = 12);"十"加"五"等于"十五"(10 + 5 = 15);"十"加"八"等于"十八"(10 + 8 = 18)。

(2) 一至九在前,十在后,其数目等于前后两个数目相乘。例如:

"一"乘以"十"等于"十"(1 × 10 = 10);"四"乘以"十"等于"四十"(4 × 10 = 40);"七"乘以"十"等于"七十"(7 × 10 = 70)。

复合数字组的组合生成方式是:

其数目均为由前向后的基本数词的数目相加;如果还剩一个数字,再与这个数字的数目相加。例如:

"二十一"等于"二十"加"一"(21 = 20 + 1);"四十五"等于"四十"加"五"(45 = 40 + 5);"一百二十"等于"一百"加"二十"(120 = 100 + 20);"四千三百六十八"等于"四千"加"三百"加"六十"加"八"(4368 = 4000 + 300 + 60 + 8);"六万八千四百五十二"等于"六万"加"八千"加"四百"加"五十"加"二"。(68452 = 60000 + 8000 + 400 + 50 + 2)。

3.10 特殊结构

汉语中有些结构形式跟某些其他语言有明显的不同,我们把跟某些其他语言有明显不同的结构形式叫做特殊结构。除了前面说过的表示时间、地点、方位、数量、受动者等语义单位都可以放在述体的前面作为述体陈述的对象之外,还有:

(1) 数量名结构。汉语的数字一般不能直接跟名字组合,中间必须用一个量字,组成"数量名"结构。英语只有不可数名词与数词结合时要用量词。第二语言学习者学习汉语的数量名结构,主要困难是量字的记忆。

(2) 动动结构。汉语的两个动词可以连用,组成"动动结构",动词之间不需要插入类似英语表示不定式的"to"。说英语者学习连动结构毫无困难,因为汉语中没有与英语的 to 相对应的字词可以加在两个动词之间。

(3) 形容词作述体的主述结构。汉语的形容词可以直接担任述体,不需要使用类似英语"to be"的动词。说英语的人不习惯拿形容词直接作述体,常常根据英语的格式在名词和形容词之间加"是"。

(4) "把"字结构。"把"字结构的特殊性在语义关系上。"把"后面的名词性成分既是"把"的受动者,又是后面的动词动作的受动者,后面的动词后面还要有表示受动者变化情况的语义单位。

3.11 名词、代词没有性数格的变化,用时态词而不是用动词的形态变化表示时态

英语人称代词除第二人称外,都有主格和受格的区别,指人的疑问代词也有主格和受格的区别;单数第三人称有阴性和阳性的区别;用"it"代表第三者单数事物;人称代词和物主代词都有所有格;名词有单数和复数的区别,只有极少数例外。有些语言,如俄语,名词还有阴性、阳性和中性的区别。所有这些区别,汉语中都不存在。

英语用动词的形态变化表示不同的时态。汉语的时态范畴有待于进一步研究,其中进行态、完成态、经历态、未来态等有标记性特点。标记是时态词,而不是词的形态变化。举例如下:

(1) 进行态。强调动作、行为正在进行的时态是进行态,进行态的表示方法是在动词前用"在、正在",或在句尾用"呢",或同时在动词前用"在(正在)"、在句尾用"呢"。例如:

① 他们在上课。
② 他们正在上课。
③ 他们上课呢。
④ 他们在上课呢。
⑤ 他们正在上课呢。

(2) 完成态。表示动作、行为和事件已经完成的时态是完成态。动作、行为的完成在动字后面用"了"表示,事件的完成在句尾用"了"表示。例如:

① 他 写 了 两 本 书。
② 他 写 (了) 两 本 书 了。

例①中的"写了"是说"写"这个行动已经完成,例②中的"写(了)两本书了"是说"写了两本书"这个事件已经完成。因为在句尾用了表示事件完成的"了",动字后面表示行动完成的"了"可以省去。又如:

③ 他 在 上 海 住 了 三 年。
④ 他 在 上 海 住 (了) 三 年 了。

例③中的"住了"是说"住"这个行动已经完成,例④中的"在上海住了三年了"是说"在上海住了三年"这个事件已经完成,动字后面表示行动完成的"了"也可以省去。

"了"除了表示完成以外,还可以表示变化和语气。例如:

① 下雨了。（原来没下雨）

② 太好了！（惊叹）

"了"的意思和用法是第二语言学习者的一大难点，必须作为教学的重点。

（3）经历态。说明曾经有过某种经历，需要用经历态。经历态是在动字后面用"过"表示。例如：

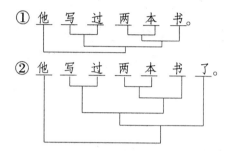

例①中的"写过两本书"是说有过写两本书的经历，例②中的"写过两本书了"是说"写过两本书"这件事已经完成，表示完成的句尾"了"不能缺少。"动了结构"和"动过结构"的着眼点不同，前者的着眼点在于是否完成，后者的着眼点在于是否有过某种经历。如果有过某种经历，"过"的作用就是说明动作、行为的完成，一般不必再用表示动作、行为完成的"了"。如果还要强调经历已经完成，就需要在句尾再用表示事件完成的"了"。例如：

① 等我忙过了这一阵再去看他。

② 这篇文章早就发表过了。

（4）未来态。未来态用于将要发生的动作，一般是在动字前用"要、将、将要"。"将、将要"用于书面语。例如：

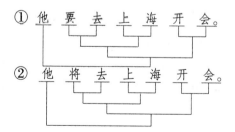

如果在动词前用了"想、希望、愿意、必须、可能"等词，就不能再用"要、将、将要"，因为这些词本身已经说明是未来的行动。

## 4. 汉语语法教学

### 4.1 语法教学的目的

语言教学不同于语言学教学,语言教学中的语法教学也不同于语言学教学中的语法教学。语言学教学中的语法教学是为了让学生掌握有关的理论和知识,语言教学中的语法教学是为了让学生理解语法规则,以语法规则指导言语操练和言语交际。在语言教学的课堂中,语法教学只是许多教学环节中的一环,课堂教学的大部分时间要用于进行尽可能接近于真实交际活动的言语操练,直至学生熟练地掌握所学的言语现象,在表达时不再想着怎样运用语法规则。根据这样的目的,语法教学的主要任务不是理论讲解,而是实例演练。

### 4.2 语法的教学单位

前面说过,我们把字、词、句作为三级语法单位。词包括基本词和复合词,句包括基本句和复合句。基本句和复合句都包括以主体和述体为标记的基本结构和复合结构。因此,语法教学的单位就包括字、基本词、复合词、主体、述体、基本结构、复合结构、基本句、复合句。

主体和述体是两个互相依存的语义单位,主体是述体陈述的对象,述体是对主体进行陈述的内容;基本结构是由一个主体和一个述体组合生成的结构单位,复合结构是主体或述体中含有基本结构的结构单位;基本句是由一个主体和一个述体组合生成的句子,复合句是由一个主体和两个或多个述体以及由两个或多个主体和述体组合生成的句子。

把基本结构和基本句、复合结构和复合句作为不同的结构单位和不同的教学单位,是因为基本结构和基本句不是完全对应的,复合结构和复合句也不是完全对应的。复合句都是复合结构,但复合结构不一定都是复合句;复合句中包含基本结构,基本句中也可以包含复合结构。基本句和基本结构、复合句和复合结构是从不同的角度分出的类,从不同的角度分类是为了更好地分析句子内部的语义关系。

字是基本结构单位,也是基本教学单位。语法教学必须首先突出字的教学,把字作为语法教学的基础和出发点。前面说过,词的数量是无限的,因为几乎每天都在产生新词;字(音节和汉字)的数量是有限的,一般不会产生新的音节和汉字。数量无限的词都是由数量有限的字组合生成的。以字为基本教学单位是培养自动识词能力的捷径,因为学生学会了一定数量的字以后,多数词都能无师自通。例如,学了"父、母、父母",又学了"子、女"之后,在理解生成规则的基础上,就能自动识别"父子、父女、母子、母女、子女"。这些词老师不必一个一个地去教,学生也不必一个一个地去记。以字为基本单位进行组合生成,学生的语汇量就会像滚雪球那样,由少到多,越滚越大。学的字越多,自动识词的能力越强,能够自动识别的词可以成几何级数上升。只要学会了 2500 个左右最常用的汉字和它们的组合规则,就可以达到无障碍阅读的目标。此外,多数字都可以直接担任主述结构和句子的主体和述体,所以字不但是组词单位,而且也是造句单位。字为本,合为用,这是汉语最大的特点,也是汉语教学必须遵循的原则。无论是汉语研究还是汉语教学,如果不以字为基础,就是最大的失误。字包括音节和汉字,其中最重要的又是汉字,因为汉字可以包括音节,音节却不能包括汉字。入门阶段最难学的也是汉字。一旦入了门,汉字不但不难学,而且会成为汉语学习的有利因素。

4.3　以"二合法"进行组合生成

语法教学的任务就是根据组合规则,进行由字到句的层层组合。由字到词的组合生成,由字和词到基本结构再到复合结构的组合生成,由主体和述体到基本结构、基本句的组合生成;由字、词、基本句(或基本结构和复合结构)到复合句的组合生成,都可以采用"二合法"。例如:

　　我・们(你们、他们)

　　在

　　中・国(外国)

　　在・中国(外国)

　　学・习

　　汉・语(英语、法语、日语、外语)

　　学习・汉语(英语、法语、日语、韩语、外语)

　　在中国(外国)・学习汉语(英语、法语、日语、韩语、外语)

　　我们(你们、他们)｜在中国学习汉语(英语、法语、日语、韩语、外语)。

　　你们(我们、他们)｜在外国学习汉语(英语、法语、日语、韩语、外语)。

　　我们(你们、他们)｜在中国学习汉语(英语、法语、日语、韩语、外语),‖他们(我们、你们)｜在外国学习汉语(英语、法语、日语、外语)。

上面的组合教学也包括替换练习。

4.4　突出组合规则的教学。

1) 关于词的组合规则的教学。前面说过,句子是交际的基本单位,因此,语法教学的主要目标是帮助学生掌握句子的组合规则。而字和词是句子的基础,词法和句法又有相通之处,因此应当把词的组合规则作为语法教学的重点之一。张志公先生曾经指出:"学习汉语的组合,应把词组作为一个重点,掌握词组的构成、各种词组的组合关系和组合中应注意的问题,这样也就掌握了汉语句法的基础。"(张志公:1982)张志公先生所说的"词组",与本书所说的"词"是相通的。

突出词的组合规则的教学,就是通过实例演练,详细介绍各类词的语义结构特点。以动字和动字组合生成的"动动结构"基本动词和复合动词为例,其语义结构至少包括以下特点:

(1) 后面的动字是前面的动字动作的内容。例如:

  观战　学唱　看演出　愿意参加　有时间看朋友　喜欢在南方生活　进行演出排练　回答上哪儿去

(2) 后面的动字是前面的动字动作的目的。例如:

  组织参观　请客吃饭　让大家坐下　叫他过来

在由"请、让、叫"等动字组合生成的"动动结构"中,中间的名字是"请、让、叫"的受动者,是后面的动字动作的施动者。

(3) 后面的动字代表前面的动字动作的结果。例如:

  住在　坐在　来到　想到　见到　看见　冻成　吓怕　跟上　写完　成功　如下　说出来　写下来　冻成冰　成为好朋友

(4) 前面的动字说明后面的动字动作的方式。例如:

  复习　代表　旅行　游行　打着灯笼走路

"旅行、游行"是不及物动词,后面不能带作为受动者的名字。如果后面带名字,就成为"动名结构"复合名词,其中的名字不是受动者,而是前面的动词限定的对象。例如:

  旅行团　游行队伍

(5) 词义与组合生成它的动字的意思相同、相近或相加。例如:

  学习　游泳　洗澡　组织　出现　参观　工作　喜欢　斗争　竞争　竞赛　观看　出行　出嫁　关停并转　研究制定　观看并选出

"游泳、洗澡、工作、竞争、竞赛"等也是不及物动词,后面不能带作为受动者的名字。如果后面带名字,也成为"动名结构"复合名词,其中的名字不是受动者,而是前面的动词限定的对象。例如:

  游泳池　洗澡盆　工作单位　竞争对手　竞赛场地

(6) 参与组合的动字互相限定或说明。例如:

  在家休息　生病住院　坐飞机去南京　带我们去参观

(7) 表示可能、意愿的动字说明后面的动字动作的可能性和意愿。例如：

　　能说　　会写　　想做　　愿去

(8) 由意思相反的动字组合生成的动词，其意思是动字的意思并列。例如：

　　来去　　上下　　进出　　成败　　进退　　前进或后退
　　上去或者下来

(9) "上、下、进、出、回"等表示方向的动字可以与"来、去"组合生成基本动词，"来、去"表示趋向。见下表：

| 上 |   | 上 |   |
|---|---|---|---|
| 下 |   | 下 |   |
| 进 | 来 | 进 | 去 |
| 出 |   | 出 |   |
| 回 |   | 回 |   |

以上动词中的"来、去"后面不能直接带表示方位、处所等的名字。如果有表示方位、处所等的名字，要放在"来、去"的前面。例如：可以说"上东面去"，不能说"上去东面"。

以上动词中的"来、去"如果带其他名字（含数量名结构），此类名字是施动者而不是受动者。见下表：

| 上 |   |   | 上 |   |   |
|---|---|---|---|---|---|
| 下 |   |   | 下 |   |   |
| 进 | 来 | 两个人 | 进 | 去 | 两个人 |
| 出 |   |   | 出 |   |   |
| 回 |   |   | 回 |   |   |

上表中"上（下、进、出、回）来（去）两个人"的意思是"两个人上（下、进、出、回）来（去）"。

(10) "来、去、进、出、回"等表示趋向的动字以及由它们组合生成的动词可以与意思相关的其他动字或动词相组合，生成复合动词。在这样的复合动词中，后面的动字或动词表示前面的动字或动词动作的目的。例如：

　　来看　　去吃　　去游泳　　外出旅行　　来开会　　出国学习
　　回家过年　　进城看朋友

全面介绍词的语义结构特点看起来似乎过于繁琐，但是只有这样，才能帮助学习者真正理解所学词的意思和文化底蕴,也才能帮助学习者按照汉语使用者的思维方式理解和使用所学的词,加快形成自动识词的能力。借助于直观表义的汉字,更能起到事半功倍的作用。需要强调说明的是,并不是要求像教语言学那样进行系统的理论讲解,而是要求在教每一个词的时候,结合已经学过的字、词,进行有规则的演练,通过适当的提示,让学生体会语义结构的特点,能够在理解规则的基础上举一反三。帮助学生学会举一反三是组合规则教学的主要目的。有规则的演练既是组合规则的教学,也是语汇教学,不是在语汇教学之外增加不相干的教学内容。

把词的组合规则作为语法教学的重点之一,是字本位语法教学与词本位语法教学的最重要的区别之一。词本位语法把"词"作为原本性的语法单位,不再重视词的内部结构,尤其不重视基本词(双音节词)的内部结构。不重视词的内部结构,学生学习语汇就只能一个一个地死记硬背,必然要导致语汇学习效率低。

2)关于句子组合规则的教学。句子组合规则的教学要把握以下几个要点:

(1)与词法教学紧密结合。汉语词的语法作用和字的语法作用相当,有利于把句法教学跟词法教学结合起来。词的组合生成是滚雪球式的,句子的组合生成是搭积木式的,把句法教学跟词法教学结合起来,也就是把滚雪球的方式和搭积木的方式结合起来。所谓搭积木的方式,就是以主体和述体为中心,把可以构成主体和述体的字、词、基本结构、基本句等作为现成的构件进行成块组装。例如:

这是一个基本结构,也是一个基本句。竖线前面的是主体,竖线后面的是述体。主体和述体都是复合词,这两个复合词都是在"字"的基础上以滚雪球的方式层层组合起来的。句子的组合生成是最后一道程序,这道程序实际上就是像搭积木那样把主体和述体作为现成的构件成块组装起来。又如:

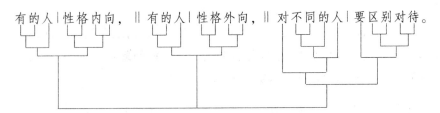

这是一个由三个分句组合生成的复合句。每一个分句的主体和述体都是以滚雪球的方式组合生成的,各分句都是以搭积木的方式把主体和述体成块组装起来的,整个复

合句则是以搭积木方式把各分句成块组装起来的。

（2）区分口头汉语的句法教学和书面汉语的句法教学。口头汉语和书面汉语的句法结构不完全相同，学习者对口头汉语和书面汉语的习得过程也不完全相同，因此口头汉语教学和书面汉语教学在句法教学上要有所区别。首先，教学内容要各有侧重。书面汉语的语法教学必须有完整的系统，口头汉语的语法教学只需要突出口语特点明显的语法现象。例如，"长江流域及其以南地区是南方，黄河流域及其以北地区是北方"这样的句式只需要在书面汉语中教，口头汉语教学不必涉及。而各类疑问句都应成为口头汉语教学的重点内容，书面汉语教学中不必突出。其次，教学方法也要有所区别。例如，书面汉语教学在初期要首先帮助学生建立新的文字理念和形成新的文字习惯，并通过汉字教学与语汇教学帮助学生逐渐形成"字"的概念，掌握词的组合规则。这时的句法教学主要是通过阅读理解培养语感，成句和成段表达能力的培养要等学生掌握的汉字和语汇积累到一定的程度并形成一定的语感之后才能开始。口头汉语教学则不同，初期的教学重点是语音，而语音练习必须结合词和句子进行，所以句法教学要在字、词、句的组合教学过程中把理解和表达训练结合起来。例如，可以通过"我、去、图、书、馆、借、书"这几个字的听说练习逐渐进入"我去"、"我去图书馆"、"我去借书"、"我去图书馆借书"这样一些句子的听说练习，在此基础上再进行例如"我去商店买东西"、"他们去食堂吃饭"、"代表团明天去农村访问"这样的句型练习。因为是听说练习，所以从教学内容的角度说，这既是语音练习，也是句型练习；从语言能力的角度说，这既是培养理解能力，也是培养表达能力。

（3）突出语义结构规则。组合规则实际上是形式结构和语义结构相统一的规则。人们学习第二语言，归根结底是为了学会理解和表达。学会理解，就是经过学习，知道某种结构形式所表达的是什么意思；学会表达，就是经过学习，知道某个意思要用什么样的结构形式来表达。相比较而言，表达比理解要困难得多，但是只有在理解的基础上才能学会表达。因此，进行语法规则的教学要善于首先通过形式结构帮助学生理解语义结构，在此基础上，再帮助他们用正确的形式结构表达自己的意思。前面谈到，语法结构具有区别性特征，这种区别性特征就表现为通过对语法结构的分类、归类和命名，把概念与概念之间的不同的关系区别开来。因此，句子组合规则的教学，就是根据语法结构的分类、归类和命名，帮助学生理解概念与概念之间的不同的关系。基本句的教学，要突出主体和述体之间的不同的语义关系；复合句的教学，除了突出主体和述体之间的不同的语义关系以外，还要突出分句与分句之间的不同的语义关系。

4.5 把学生的难点作为教学的重点

说不同语言的学生学习汉语有共同的难点，也有不同的难点。根据我们的经验，多数学生的共同的难点主要表现在以下两个方面。

（1）特殊结构。包括前面说过的用表示时间、地点、方位、数量等的语义单位和受动者作主体的主述结构和直接用形容词作述体的主述结构，以及"数量名结构"、"动动结构"、"把"字结构、比较的方法等。

（2）时态范畴和时态表示法。汉语的时态范畴和时态表示法跟印欧系语言不同，多数第二语言学习者难以理解和掌握。本书提出"时态词"的概念并把汉语的时态范畴和时态表示法放在语汇层面上处理，就是为了根据汉语的特点更好地帮助学生理解和掌握。这样处理是否有效，要通过教学实践加以检验。

4.6 语法练习

语法练习也要根据语言习得的心理过程，分别组织理解、模仿、记忆和交际这样几种不同性质的练习。交际性练习将在讨论言语交际技能训练时介绍，这里仅以句法练习为例，先讨论前三种练习方式。

（1）理解性练习。理解性练习的方法很多，如造句、填空、改错、翻译、是非选择等。现在许多教科书上的大部分练习属于理解性练习，这里要建议的是怎样通过理解性练习展示新的语法点。

方法1：假设学生已学过用"吗"提问的疑问句，现在要学习用"什么"提问的疑问句。学生预习的时候已经根据生词的译释懂得了"什么"的意思。

老师用手指着一件实物，例如桌子，问一个学生：这是什么？如果学生答"这是桌子。"就说明已经理解了这个句型。接着让学生利用有关的实物或图片，用"什么"互相提问。

方法2：教表示趋向的"出去、进来"。

老师对全班说"我现在出去"，接着走出教室。在教室外面对全班说"我现在进来"，同时走进来。然后对一个听力比较强的学生说："你现在出去。"如果学生听不懂，老师再示范一次。学生出去以后，老师问全班：他出去了吗？如果答对了，就叫那个学生进来，进来后老师再问全班："他进来了吗？"如果答对了，就说明都理解了，接着让几个学生轮流表演，直到熟练掌握。

方法3：关于"把"字句的教学。

"把"字句的语义结构和形式结构都相当复杂。有一种"把"字句的语义结构是：施动者通过某动作使动作的对象发生了某种变化。例如，"我把书放在桌子上"这句话的语义结构就是"我"通过"放"这个动作使"书"的位置发生了变化。"警察把小偷抓来了"这句话的语义结构是"警察"通过"抓"这个动作使"小偷""来了"，"孩子把花瓶打碎了"这句话的语义结构是"孩子"通过"打"这个动作使"花瓶""碎了"。"把"字句的语义结构还有一个特点，就是"把"的对象是有定的。所谓"有定"，就是不是任何一个，而是特指的一个，英语中一般用定冠词"the"限定。这样在语义结构上要求的条件就比较多:除了"把"字以外,还有施动者、施动者的动作、施动者动作的对象即受动者以及受动者的变化情况,而且这个受动者必须是有定的。要表示这么复杂的语义结构,形式结构自然也复杂。受动者变化的情况常常要用补语或/和"了"来表示,补语和"了"也是学生的难点。"把"字句难,就难在这些方面,可以说难点都集中在一起了。要使学生学会"把"字句,看来要分散难点。怎样分散难点呢?

汉语中有一种无标记被动句,例如"门开开了、书放在桌子上了、小偷抓来了、花瓶打碎了",语义结构都是某动作使动作的对象发生了变化,跟"把"字句中"把"后面的成分相比,语义结构和形式结构完全一样。如果首先学好了这类无标记被动句,再学"把"字句就非常容易,只要在句首补出施动者就行了。下面要介绍的"把"字句的理解性练习的方法就是以学好无标记被动句为前提的。方法如下:

老师让一个学生开开教室的门,接着问全班:门开开了吗?学生答:门开开了。老师再问:谁把门开开了?学生可能会答,也可能不会答。不会答也不要紧,老师可以说:某某把门开开了。这样学生至少可以获得"把"字句中有施动者这样的印象,而从无标记被动句到"把"字句,关键就在这里。然后用同样的方法练习"把书打开"、"把本子放在桌子上"等。

学习"把"字句还有一个问题,就是在什么情况下用。如果能找到语义结构上的对应关系,我们就可以告诉学生什么样的语义结构所表示的意思在汉语中必须用"把"字句。英语中有一种语义结构相当于"把"字句的语义结构,例如:Paul painted the wall green.(保尔把墙漆成了蓝色)He laid the books on the desk.(他把书放在桌子上)He hung the picture on the wall.(他把画儿挂在墙上了)It is not good to leave the child at home alone.(把孩子一个人放在家里不太好)这样的句式翻译成汉语,一定要用"把"字句。

上面只是讨论了一种类型的"'把'字句"。但是只要掌握了这一类,其他类型的"把"字句也就比较容易掌握了。本书把"'把'字结构"(复合词)放在语汇层面上处理,也是为了使"'把'字句"的学习化难为易。

方法4:简单对比。有大量的语法现象只要通过简单对比就可以使学生理解。例如,在教材和课堂教学中都可以作这样的练习:

注意下列汉语句式与英语句式的区别:

  他有三个弟弟。  (He has three younger brothers.)
  这本书很好。  (This book is good.)
  桌子上有一本书。  (There is a book on the desk.)

(2)模仿性练习。最常用的模仿性练习的方法是句型操练。例如:

| | | |
|---|---|---|
| 哥哥比弟弟大 | | 三岁。 |
| | | 两岁。 |
| | | 五岁。 |
| 弟弟 | 比哥哥小三岁。 | |
| 妹妹 | | |
| 我 | | |

句型操练必须在学生理解了这个句型的语义结构的基础上进行。

（3）记忆性练习。记忆性练习也可以叫巩固性练习。理解性练习和模仿性练习也会产生记忆的效果，但是这种记忆往往是短时的。要使短时记忆发展为长时记忆，就必须增加练习的分量，对所学的内容进行反复的练习。这样的练习就属于记忆性练习。记忆性练习的方式很多，所有理解性练习和模仿性练习的方法都可以用于记忆性练习。记忆性练习的方式应尽可能多样化，通过多种方式进行练习，可以使学过的语汇和语法点在不同的环境中出现，需要重现而又难以在课文中重现的语汇也可以在这类练习中重现。

上面讨论的练习方法都是举例性的。教学方法可以创造，有经验的老师能够结合具体情况创造出各种各样的练习方法。

## 思考题

1. 什么是言语单位？汉语有哪些言语单位？
2. 什么是言语交际单位？怎样使言语单位成为言语交际单位？
3. 语法结构为什么必须具有区别性特征？怎样使语法结构具有区别性特征？
4. 语法结构为什么必须具有概括性特征？怎样使语法结构具有概括性特征？
5. 语法结构的系统性特征表现在哪些方面？
6. 为什么说组合生成是汉语的生命线和无限活力的源泉？
7. 什么是基本词？什么是复合词？为什么说基本词和复合词的结构方式基本相同？
8. 汉语有哪些特殊结构？
9. 汉语的名词、代词为什么没有性数格的变化，动词为什么没有时态的变化？
10. 汉语用什么方法表示时态？
11. 汉语语法教学应包括哪些教学单位？
12. 什么是主体？什么是述体？什么是主述结构？
13. 汉语的主述结构有什么特点？主述结构跟汉语句子的格局有什么关系？
14. 为什么说主述结构是汉语句法结构的核心？
15. 什么是基本结构？什么是复合结构？
16. 为什么要把基本结构和基本句、复合结构和复合句分开来讨论？

17. 你怎样理解"二合法"？汉语的"二合法"表现在哪些方面？
18. 在汉语教学中怎样使用"二合法"？
19. 什么是"字为本，合为用"？为什么说"字为本、合为用"是汉语最大的特点？
20. 为什么说汉语是与天道相合的语言？

**引文目录**

鲁健骥(1995)"他"和"it"的对比，《中国语文》第5期。

吕必松(2006)二合的生成机制和组合汉语，《数字化汉语教学的研究与应用》，语文出版社。

张志公主编(1982)《现代汉语》(中册)，人民教育出版社。

# 第八章 言语技能和言语交际技能训练

言语技能训练和言语交际技能训练必须在语言要素教学的基础上进行,也必须与语言要素的教学紧密结合。我们把语言要素教学与言语技能和言语交际技能训练分开来讨论,只是为了叙述的方便,并不意味着技能训练可以脱离语言要素的教学。语言要素教学属于知识传授,而语言教学的任务是把语言知识、语用知识和相关文化知识转化为学习者个人的言语技能和言语交际技能,这种转化只能靠技能训练。也只有通过技能训练,才能真正掌握语言要素。我们在讨论语言要素教学时一直强调"操练、演练","操练、演练"就属于技能训练。

言语技能是指听、说、读、写的技能,言语交际技能是指用语言进行交际的技能。前面已经讨论过两者的区别和联系,这一章分别讨论这四种言语技能以及相应的言语交际技能的训练。

## 第一节 听力训练

### 1. 听力的重要性

听力是指听别人说话的能力,也可以说是一种话语理解能力。在语言学习和语言交际中,听力的重要性是显而易见的,其重要性主要表现在以下两个方面:

(1) 从语言学习过程的角度说,学习"听"必须先于学习"说"。因为只有首先听到别人说话,才能跟别人学说话,听不懂也就学不会。"十聋九哑",说的是先天耳聋者必然是哑巴。据心理学家研究,婴儿在母亲的肚子里就能听到说话的声音和其他声音了。出生以后,也是先听别人说,自己不说,到一岁左右才开始"咿呀学语",听和说之间要间隔相当长的时间。在第二语言学习中,听的训练和说的训练之间虽然不需要间隔那么长的时间,但是在学习一种言语现象时也必须先听,然后才能跟着模仿。听懂了的话才能学会,听的能力越强,学说话就学得越快。我在一篇文章中曾经引用过美国黎天睦(Timothy Light)教授介绍的他自己学习汉语的经验。他说,他在香港花了三个月的时间,整天跟人打麻将,在麻将桌上听别人说广东话,开始时一句也听不懂,三个月后开始学习,学了三个月,忽然觉得什么都懂了。他的经验充分说明了加强听力训练、先听后说、在开始阶段多听少说的重要性。当然,并不是说都要从打麻将开始,也不是说必须先听三个月。(吕必松 1994)

(2)从语言交际的角度说,听的能力必须大于说的能力。在语言交际的过程中,"说"是"输出",是主动行为,不会说的话可以不说,或者换一种方式,变着法儿说。"听"是"输入",是被动行为,说话人说什么,不能由听话人决定,也不容你慢慢想。如果听不懂别人说的话,就不能做出反应,交际就无法进行。

## 2. 听力训练的必要性

我们这里所说的听力训练,是指专门进行话语理解能力的训练,也就是根据话语理解能力的发展规律,通过专门的听力课或专门的听力教学环节所进行的听力训练。

在第二语言学习中,学习者有各种各样听的机会。例如,在课堂上,可以听老师、同学说;在课外,可以听周围的人谈话,可以听广播;看电影、电视则是视听结合。正因为学生在课内外有各种各样听的机会,所以一般并不觉得有开设专门的听力课或设立专门的听力教学环节的必要。其实上面所说的那些"听话"机会并不能代替专门的听力训练,因为专门的听力训练有特殊的作用。例如:

(1)打听力基础。课外听的能力要以课内培养的听的能力为基础,没有这个基础,就不会有课外听的能力。正如上面第一点谈到的,在语言学习和语言交际中对听的要求更高,听的能力要大于说的能力,因此仅仅靠其他课型中听的机会是远远不够的。听的材料也不能以一般课型的教材为限,其分量要远远超过一般课型教材的分量。

(2)培养听的技巧。听有专门的技巧,例如抓关键、跳障碍的技巧。这些技巧也要通过专门的训练才能获得。所谓"抓关键",就是抓住关键的内容。在"听话"的时候,即使是用第一语言交际,也不是每一个字词都听得清楚,一般只需要抓住主要的意思、关键性的内容。有的人说话比较啰嗦,话语中总是夹杂着过多的冗余成分和非实质性的内容,这些冗余成分和非实质性的内容不听也无关紧要。但是关键性的内容不能忽略。所以"听话"时要善于抓关键。所谓"跳障碍",就是把不懂的非关键性语汇跳过去。即使用第一语言交际,听别人说话,也不一定每一句话、每一个语汇都能听懂,用第二语言交际更是如此。有些非关键性的语汇即使听不懂,也不会影响交际。所谓非关键性语汇,就是不影响基本信息或主要信息的语汇。例如,我给一个朋友打电话,请他明天跟我一起吃饭。他说他明天要去某某地方,来不了。这个地名我没有听清楚,但是这对我理解他的意思并无影响,因为我想知道的是他明天能不能来,至于他去什么地方,对我无关紧要。这个地名在这里就是非关键性语汇。他不能来是基本信息,我得到了这个基本信息,就算达到了交际目的。关键性语汇和非关键性语汇是相对的,不是绝对的,在语汇系统中不存在关键性语汇和非关键性语汇的区别。在一种情况下的非关键性语汇,在另一种情况下就可能是关键性语汇。例如,有人邀请我去某某地方玩儿,我如果听不懂这个地名,就无法做出反应。同样是地名,在这种情况下,这个地名就成了关键性语汇。

第二语言学习者在"听话"的时候往往会出现这样的情况:如果有一两个字词听不懂,就把注意力停留在"想"这一两个字词上,而不注意继续往下听,结果不能获得下面的信息。这是一种不好的习惯,也可以说是没有掌握听的技巧。要使学生尽快掌握抓关键、跳障碍等听的技巧,就必须进行专门的听力训练。

(3)培养听的适应能力。每个人说话都有自己的特点和风格,有的带有方音,有的冗余成分多,有的条理不清,有的用词和语法不规范,有的语速较快,有的带文言成分,等等,这些都要能适应,这样的适应能力也只有通过专门的听力训练才能培养出来。

(4)培养注意力和开发智力。进行听的训练必须通过一定的方式检查学生是否理解以及理解的程度,因此学生在听的时候必须高度集中注意力,并且要强记和进行归纳分析。经过长期训练,就能养成"听话"时注意力集中的良好习惯,提高记忆和归纳分析的能力。听是获得知识和信息的主要渠道之一,有了"听话"时注意力集中和记忆、分析的良好习惯,无疑会终身受益。许多人"听话"、做事注意力不够集中,也没有记忆和归纳分析的习惯,就是因为没有经过专门的训练。由此也可以看出,即使在第一语言教学中,进行专门的听力训练也是非常必要的。

迄今为止,听力训练在语言教学中还没有受到足够的重视。不但在第一语言教学中没有受到足够的重视,就是在第二语言和双语教学中,也还没有真正受到重视。影响久远的"听说法",从名称上看,似乎十分重视听力训练,其实不然。听说法更重视说的训练,并不强调专门的听力训练,听的训练实际上只是附属于说的训练。在我国的对外汉语教学中,尤其是在初级阶段,听和说的训练通常是同步进行的,学生听懂了一句话,接着就要学会说这句话。这是不是最有效的方法,值得怀疑。

胡明扬先生曾经谈到:"目前流行的第二语言教学方法大都要求'输入'和'输出'同步,要求'输出'等于'输入'或'输出'大于'输入',也就是说要求'学了就用,学了就会'。

就有限的目标,有限的学习时间而言,这种方法是可取的,因为不这么学恐怕什么也学不到。但是就常规的学习而言,这种直接违反一般学习理论和原则的做法是很难取得良好的效果的。"(胡明扬 1993)

## 3. 听力训练的途径和方法

3.1　听力训练的途径

听力训练一般可以通过下列途径进行:

(1) 开设听力课。是不是开设听力课,要看课时的多少。如果周课时较多,例如每周有十节课以上,最好开设专门的听力课。

(2) 安排专门的听力教学环节。周课时比较少的教学单位,一般只能开设一门综合课。在这种情况下,就需要在综合课上安排专门的听力教学环节。

3.2　听力训练的方法

听力训练的基本方法是结合"聆听"和"视听"进行相关的练习。"聆听"包括听老师口述、听录音、听广播等,"视听"包括看电影、看电视、看录像等。无论是"聆听"还是"视听",都要边听边做练习。听力训练最重要的是练习,没有练习就算不上听力训练。有些听力课就是给学生放一放录音,这不是真正的听力训练。

听力练习的基本内容是语音识别和字义、词义、语义理解。

前面提到,听力是一种话语理解能力。而要理解话语,首先必须识别话语所赖以存在的语音,同时要能透过语音去理解字义、词义和语义。所谓听力训练,就是训练学生识别语音的能力和透过语音理解字义、词义和语义的能力。因此,听力练习可以从语音识别、字义理解、词义理解、语义理解等不同的角度进行设计和操作。

(1) 语音识别练习。前面谈到,汉语的语音包括音节(又包括声、韵、调)、连续、停顿、重音、语调、语气等,这些也就是语音识别练习的基本内容。设计这类练习可以创造多种多样的形式,常用的形式有:听写(拼音或汉字),填写声母或韵母,标调号,标句重音,根据录音或老师的口述标点一段文字,等等。对高年级的学生,要选一些"地方普通话"作听力材料,培养一点听方音的能力。

(2) 字义和词义理解练习。字义和词义是指一句话、一段话或一篇话语中的字词的意思。在一篇听力练习材料中,必然有学过的字词和没有学过的字词,通过听力练习,可以有计划地帮助学生复习、巩固一部分学过的字词,接触和听懂一部分没有学过的字词。设计字义和词义理解练习也可以创造多种多样的形式,例如:以多项选择的方式解释字义和词义,辨别同音字词、近义字词等。

(3) 语义理解练习。我们这里所说的语义,包括句子、语段和语篇的意义。语义理解练习是一种综合练习,也是听力练习最重要的环节。语义理解练习的形式很多,例如,听后回答问题,听后讨论或辩论,听后画图、填表、选择正确答案,等等。

## 4. 听力课教材

听力训练必须有专门的教材。初级阶段的听力教材,因为学生的目的语水平还很低,只能由老师根据学生的水平自己编写,或者根据原文改写。随着学生汉语水平的提高,可逐渐过渡到选用原著,如电台广播录音、电影片、电视片等。听力教材最好不要事先发给学生,听前只发练习题。

我们在第五章"教材编写"部分谈到了教材编写的六项原则,即针对性原则、实用性原则、交际性原则、知识性原则、趣味性原则、科学性原则。这些原则都适用于听力教材。此外,编写听力教材还应当特别注意以下几点:

(1) 内容有吸引力,学生爱听。学生是不是爱听,取决于两条,一是内容是不是生动有趣,二是里面是不是有学生感兴趣的新知识。内容生动有趣,里面有学生感兴趣的新知识,学生就爱听。

(2) 深浅程度和学生的语言水平和文化知识相适应。听力教材的程度要略高于学生的实际水平。太深了学生听不懂,会失去信心;太浅了学生会觉得没有意思,也学不到新东西。

(3) 语言上要有"埋伏"和"圈套"。就是说,要有一些让学生"猜"的字词和语法现象,也要有一些不要求学生听懂的字词和语法现象。有的地方还要能引起误解,但是正确的答案只有一个,学生要经过思考才能理解。这就是故意设置"障碍"和"陷阱",为的是便于培养学生"抓关键"和"跳障碍"的能力。

(4) 要有足够数量的适合于听力训练的练习题。前面提到,听力训练最重要的是练习,没有练习就算不上听力训练。同样,没有听力练习题的教材也算不上听力教材。有些听力教材虽然也有练习题,但是这些练习题的练习方式跟综合教材的练习方式差不多,这也不符合听力教学的需要。不同的言语技能要用不同的方法来训练,而不同的训练方法首先要体现在教材中,尤其要体现在教材的练习中。

## 5. 听力课课堂教学

我们在第五章第三节"课堂教学"中就课堂教学的性质和地位、课堂教学的内容和目标、课堂教学的结构、课堂教学的程序、课堂教学的技巧等问题进行了专门的讨论,其中许多原则也适用于听力课教学。但是听力课有明显的特点,因此,如果开设专门的听力课,就要专门研究听力课的教学方法和技巧。如果不开设专门的听力课,而是在其他课型中安排听力训练的教学环节,也要专门研究这个教学环节的教学方法和技巧。

下面谈谈听力课教学中要特别注意的几个教学方法和技巧问题,这些也适用于听力训练的教学环节。

(1)要设法让学生积极、主动地听,防止学生消极、被动地听。从某种意义上说,"听"本身是一种被动的行为,因此学生在听力课上很可能处于消极被动的地位。如果学生处于消极被动的地位,就不可能取得良好的教学效果。要取得良好的教学效果,就必须设法让学生积极、主动地听。怎样才能使学生积极、主动地听呢?我认为最重要的方法有两条,一是要选择有意思的听力教材,二是要边听边做练习。学生知道要做练习,听时就会要求自己集中注意力。第一遍一般不能完全听懂,老师可作些解释,或者提醒学生要在哪些地方多加注意。这样,听第二遍的时候注意力就会更加集中。听完第二遍再作一次练习,在练习中发现有些地方还是没听懂,老师再作些解释或提醒学生注意。最后再听一遍,并完成全部练习。因为只有听懂了才能做练习,所以必须积极、主动地去听。这样,在整个听的过程中注意力都会高度集中。

(2)不必要求学生听懂所有的语汇。听力课的任务之一是培养学生的听力技巧,也就是"抓关键"、"跳障碍"的技巧。要培养这样的技巧,教材中就必须设置一些"关键"和"障碍","障碍"就包括故意不要求学生听懂的语汇。对于这样的语汇,不但不应当要求学生听懂,而且要设法帮助学生"跳"过去,同时要通过帮助学生"跳障碍"来培养良好的"听"的习惯和技巧。这就是有意识地培养"抓关键"和"跳障碍"的能力。这样的练习做多了,学生就能逐渐养成"抓关键"和"跳障碍"的习惯。

(3)连续听的时间不宜过长。在听力课上听跟平时听别人说话不一样,注意力要高度集中。连续听的时间过长会引起过度疲劳,而且也不容易记住,听了后头会忘了前头。一堂课上一篇材料可以分几段听,听完一段就停下来做练习,然后再听下一段。

(4)老师说话要注意语速。不但在进行听力训练时要注意语速,在进行其他技能训练时也要注意语速。只有在教一种新的言语现象时需要夸张和放慢语速,以便让学生听得更清楚,便于学生理解和模仿。除此之外,都要用正常语速。正常语速是每分钟200个字左右,电影和电视剧中的对话一般更快。有些老师有一种"职业病",就是课堂上总是用很慢的语速说话,生怕学生听不懂。这样的老师培养出来的学生往往只听得懂老师的话,却听不懂其他人的话。教材录音也要注意语速问题,最好每一篇教材都用三种语速:第一遍是慢速,每分钟160个字左右;第二遍用中速,每分钟180个字左右;第三遍用正常速度,每分钟200个字左右。有些教材录音不是采用同一篇材料用不同语速的办法,而是随着程度的提高而变化语速,即初级阶段语速较慢,以后逐渐加快语速。这样的办法有害无益。初级阶段语言简单,语速慢一些,学起来自然容易。可是程度提高以后,语言复杂了,语速又提高了,学生就会感到难上加难,就好像在爬一个陡坡,往往不容易适应。

上好听力课很不容易。听力课老师如果只会放录音,或者只是自己叙述,没有任何练习,或者练习很少,学生必然处于消极、被动的地位。这样的听力课不如不设。

**思考题**

1. 第二语言教学为什么要进行专门的听力训练?
2. 学习"听"为什么要先于学习"说"?"听"的能力为什么要大于"说"的能力?
3. 听力训练的主要任务是什么?
4. 听力训练应包括哪些内容?
5. 听力课教材为什么要设置障碍和圈套?怎样设置障碍和圈套?
6. 听力课上怎样让学生积极、主动地听?

**引文目录**

胡明扬(1993)语言和语言学习,《世界汉语教学》第1期。

吕必松(1994)谈谈语言教学中的技能训练,《语言教学与研究》增刊。

## 第二节 说话训练

### 1. 说话训练的必要性

(1)是培养学生口头表达能力的需要。最早形成的一种语言教学法叫做"语法—翻译法",目的是培养阅读和翻译(笔译)的能力,特别是阅读和笔译古典文献的能力。这是由当时的社会背景决定的。进入现代社会以来,人们学习第二语言不但是为了阅读和笔译,而且也是为了进行口头交际。随着商品经济的发展和国际交往的日益频繁,用第二语言进行口头交际的必要性显得更加突出。因此,重视说话训练已成了现代语言教学的特点之一。也可以说,不重视说话训练的语言教学不是完备的现代语言教学。(吕必松1997)

(2)是促进语言习得的需要。说话训练是语音、词汇、语法、语用等方面的全面训练,可以表现为师生之间和同学之间的直接交际,便于反复练习。这种直接交际和反复练习有利于把知识转化为技能,有利于使知识和技能得到巩固和内化。因此我们也可以把说话训练作为促进语言习得的手段之一。

现在许多地方的第二语言教学,特别是中小学的第二语言教学,学生练习说话的机会很少,这就不符合现代语言教学的要求,也是教学效率和成功率较低的一个重要原因。

在我国对外汉语教学中,过去只是在初级阶段开设一门"口语课",以会话体为主进行学习用语和日常生活用语的教学。现在有些学校虽然开设了"中级口语"、"高级口语"或类似的课型,但是对这门课的性质和内容还缺乏统一的认识,还没有形成说话训练的明确目标和完整体系。"口语"甚至被理解为日常生活用语或与书面语相对的一种"语体",因此,所谓口语教学往往被理解为日常生活用语教学或口语体语言教学。例如,有些口语教材过分突出"口语体"语言,甚至把北京方言作为教学的主要内容。所有这些,都不利于全面培养学生的口头表达能力。

语言教学中也会遇到这样的情况:有的学生并不要求全面掌握各项言语技能,包括不要求掌握口头表达技能。这属于特殊情况,可作特殊处理。

**2. 说话训练的内容**

所谓口头表达,狭义地说,包括学习、日常生活、社交、会议、会谈中的口头表达;广义地说,也包括讲课、讲演、解说等。口头表达所用的语言,就是口头语言,因此,口头语言就是说话训练的基本内容。我们在第二章专门讨论了"口头语言"跟"口语"的区别,指出:"口语"是语体概念,区别于"书面语";"口头语言"是语用概念,区别于"书面语言"。在语言教学中区分"口语"和"口头语言",是为了避免出现上面提到的那种情况,即把说话训练的内容局限于日常生活用语和口语体语言。

口头语言包括语音、语汇、语法等语言要素以及相应的语用知识和相关文化知识;用口头语言进行交际,需要具备一定的说话技能。这些就是说话训练的具体内容。

**3. 说话训练的途径**

(1)课堂教学。说话训练有特定的教学目标,即培养学生的口头表达能力;说话训练的内容和方法也有自己的特点和特殊规律。要取得说话训练的理想效果,就必须遵循它的特殊规律,就必须开设专门的课型,并组成相对独立的教学系统。

在周课时较多的地方,语言课可以分设各种各样的课型,学生在每一种课型上都有或多或少的练习说话的机会。但是每一种课型都有自己特定的任务,不能互相代替,尤其不能用综合课或其他课型代替口头表达训练的课型。

在周课时较少的地方,多半只开设一门综合课。综合课就是这样一种课型:全面进行语音、汉字、语汇、语法的教学,全面进行听、说、读、写等言语技能和相应的言语交际技能的训练。如果只设一门综合课,就要在综合课上用较多的时间进行口头表达训练。

(2) 课外语言实践活动。要真正掌握口头表达技能,不但要在课堂上学习,而且要在课外进行语言实践。配合课堂教学组织的语言实践活动是课堂教学的延伸,是课堂教学不可缺少的组成部分。课外语言实践活动最接近于真实的交际,是培养口头表达能力的有效途径,应当受到足够的重视。

## 4. 说话训练的方法

口头表达能力表现为语音能力、造句能力、成段说话能力和语用能力。因此,说话训练的方法,就是怎样训练学生的语音能力、造句能力、成段说话能力和语用能力。

### 4.1 语音能力的训练方法

语音是语言的物质外壳,只有通过语音,才能把意思表达出来。因此,语音教学是说话训练的一项极其重要的内容。

语音教学要贯穿语言教学的全过程,但是对初学者一般都有一个语音教学阶段,这个阶段的语音教学尤其重要。在最初阶段,必须对语音、语调进行严格的训练,直到准确为止,教师决不能满足于学生会说。如果这时对音调不作严格的要求,一旦形成了不良习惯,再纠正就很困难。

我们在第六章第一节专门讨论过语音和语音教学,下面再从说话训练的角度作些补充说明。

在语音教学阶段,语音教学有以下三种可供选择的方法:

(1) 以音素为纲。就是基本上按照"北京语音表"上的顺序,一组一组地教音素的发音,围绕学过的音素教拼音,教音节和字词的发音和声调,并进一步通过短句练习语音、语调。这是一种从单项训练到综合训练的方法,重点是单项训练,即一个个音素和声调的单项训练和成组音素的对比练习。

这种方法的优点是:可以有计划、有系统地组织练习材料,根据发音部位和发音方法对有关的音素进行对比练习。例如,b 和 p 发音部位相同,d 和 t 发音部位也相同,但是发音方法都有送气和不送气的区别,把这几个音素放在一起教,就可以进行发音部位和发音方法的对比练习。通过这样的对比练习,可以把每一个音素练习得比较准确,从而打下扎实的语音基本功。缺点是:既然要求音素教学的系统性,就难以组成话语,单纯的音素练习会使学生感到枯燥;有些音素单发时可以发得很准,但是到了音节和词里可能又发不准,说话时语音语调往往不够自然。

（2）以话语为纲。就是首先选择最常用的话语，在教这些话语时，通过字、词、句的教学，把新的音素和声调等语音成分分解出来进行练习。例如，先教 Nǐ hǎo，学生初步学会这句话以后，再把 n、i、h、ao 以及第三声和三声的变调分解出来进行练习，把学生的难点作为练习的重点。这是一种从综合训练到单项训练的方法，重点是综合训练，即说话训练。

这种方法的优点是：把语音练习和说话教学紧密地联系起来，可以提高学生的学习兴趣，可以更好地针对学生的难点进行教学；在字、词、句中练习语音，可以把音调练得比较自然。缺点是：不能根据语音系统组织言语材料，不能在每一课都根据发音部位和发音方法对有关的音素进行对比练习；如果老师满足于学生会说，就会放松对音调的要求，使语音教学成为"走过场"。

（3）音素教学和话语教学相结合。就是根据话语教学的要求选择言语材料，但是在选择言语材料时，充分考虑语音教学的需要，对话语内容进行精心选择。选择的标准是：尽可能使话语中出现的字词含有要教的音素。也就是说，尽可能使话语中出现的音素符合按语音系统进行语音教学的需要。

这种方法的优点是：可以兼顾说话教学和语音教学，使两者相互促进；问题是：对教材编写的要求很高，不容易实现。

上述三种不同的教学方法的主要区别是：从说话的角度说，前一种方法是先教语音后教说话，后两种方法是在说话练习的过程中练习语音。从语音教学的角度说，前一种方法是从单项训练到综合训练，后两种方法是从综合训练到单项训练再到综合训练。

单项训练和综合训练都具有相对性。如果是单个的音素与字、词、句中的语音相对，单个音素的练习就是单项训练，在字、词、句中的语音练习就是综合训练；如果是字、词与句相对，字、词的练习就是单项训练，句子的练习就是综合训练；如果是句子与语段、语篇相对，句子的练习就是单项训练，语段、语篇的练习就是综合训练。在语言教学中，单项训练和综合训练都是不可缺少的，语言教学的过程实际上就是单项训练和综合训练不断结合的过程。

上面三种不同的教学方法所遵循的共同的教学原则是：语音训练和说话训练相结合，单项训练和综合训练相结合。这也是语音教学的基本原则。

采用上述三种方法中的哪一种，最好根据教学对象的特点来决定。例如，日本人学汉语，大部分声母和韵母的发音都很困难，需要一个一个地进行大量的练习才能掌握，因此最好用第一种方法。说英语的人学汉语，语音方面的主要困难不在音素，而是在声调和语调，因此可以用第二种或第三种方法。

4.2 造句能力的训练方法

造句能力的训练也有从单项训练到综合训练和从综合训练到单项训练两种方法。

从单项训练到综合训练,就是由字到词、由词到句的层层组合;从综合训练到单项训练,就是由句到词再到字的层层分解;分解的目的是把重点字词抽出来进行专门的练习。根据汉语的特点,在打基础的阶段最好采用组合的方法。就是在打基础阶段之后,层层分解的方法也只能在学生充分预习的情况下进行。这两种方法也是各有利弊,采用哪一种方法,要根据教学内容来决定。两种方法也可以在不同的教学环节中交替使用。需要特别注意的是,在进行造句训练的时候不要忘记语音教学,对学生普遍存在的发音、声调、重音、语调等方面的错误要经常注意纠正。因此,造句训练实际上包括语音教学、语汇和语法教学。关于怎样进行语音教学、怎样进行语汇和语法教学,前面都专门讨论过,这里不再重复。

### 4.3 成段说话能力训练的训练方法

人们用语言进行交际,并不是每次只说一句话,因此语言教学决不能停留在句子教学上,教师不能满足于学生会说单个的句子。我们常常发现这样的情况:第二语言学习者说话或写作所用的句子孤立地看都是对的,但是从整体上看,在句与句、段与段的连接上错误很多。这说明成段表达能力的训练是完全必要的。

成段表达能力就是连续说一段话和一篇话的能力,这是说话训练的主要目标。一篇话要包括若干个语段,一段话要包括若干个句子,所以成段表达能力就包括把句子组合成语段、把语段组合成语篇的能力,成段表达能力的训练方法就是怎样培养学生把若干个句子组合成语段,把若干个语段组合成语篇。

把句子组合成语段有句与句怎样连接的问题,把语段组合成语篇有段与段怎样连接的问题。怎样连接不但有语法方面的问题,而且有逻辑方面的问题,很可能主要是逻辑方面的问题。因此,训练成段表达能力不但包括语言能力的训练,而且也包括逻辑思维能力的训练。在语言能力训练方面,主要是句与句、段与段之间的连接规则,重点是关联字词的使用。但是也要继续注意语音和语汇教学。在逻辑思维能力训练方面,主要是帮助学生掌握汉语连句谋篇的思维方式。成年人已经形成了一定的逻辑思维能力,但是不同民族的思维方式不完全相同,在学习和使用第二语言时,往往用第一语言连句谋篇的思维方式进行表达,显得跟目的语的表达方式格格不入。因此,在对成年人的第二语言教学中,成段表达能力的训练要把重点放在目的语的逻辑思维方式上。汉语连句谋篇最基本的思维方式是"起、承、转、合"。

### 4.4 言语交际技能的训练方法

以上所说,都是着眼于言语技能的训练。要把言语技能发展为言语交际技能,还必须进行专门的训练。言语交际技能跟交际对象、交际场合、交际内容、交际目的等有关,还要涉及语用规则和"交际文化"知识。要兼顾这些方面的因素,最好能设定"语用项目"。"语用项目"中可以容纳交际对象、交际场合、交际内容和交际目的,也可以针对这些特点进行语用规则和"交际文化"知识的教学。我们对语用项目还缺乏系统的研究和归纳,所以在取得这方面的研究成果之前,可以先参考人们列出的那些"功能项目",加以取舍和补充。例如:打招呼、问候、告别、询问、称赞、批评、抗议、致谢、道歉等,都可以作为语用项目,谈话(以及写作)的开始、承接、结束,谈话过程中的插话、打断等也可以作为语用项目。

同一个语用项目往往有不同的表达方式,采用什么样的表达方式,需要根据不同的情况进行选择。把语用项目作为交际技能训练的项目,就是让学生学会对同一个语用项目中不同表达方式的选择规则。选择的主要范围有语体的选择、语音形式的选择、语汇的选择、句式的选择、应对方式的选择等。

(1) 语体的选择。语体包括口头语体和书面语体两大类,每个大类下面还可以分为若干小类,小类下面还有更小的类。在汉语作为第二语言教学中,最重要的是让学生区分口语体语言和书面语体语言。语体有个人风格问题,但是必须考虑交际对象和交际目的。例如,给父母写信一般应该使用口语体语言,如果使用书面语体语言,甚至使用书面语体中的政论语体,就会显得不够亲切,甚至会给人以装腔作势的感觉。

(2) 语音形式的选择。跟语用有关的语音形式包括语气、语调等。例如,在正式场合自由谈话,或者跟不太熟悉的人谈话,或者跟有上下级区别和长幼区别的人谈话,在一般情况下语气比较委婉,语调比较平和。在心情激动的情况下谈话,或者为了鼓励别人的情绪,往往用激昂的语气和高昂的语调。在幽静的场合或者在长者、身份较高的人面前任意用激昂的语气和高昂的语调说话,就会显得不得体。从不同的语气和语调中,可以分辨出喜悦与悲哀、谦虚与骄傲、赞美与讽刺、诚恳与虚伪,等等。

(3) 语汇的选择。语汇的选择包括多方面的内容。例如:

字义、词义的褒贬。形容一个人的身材,对又高又瘦的人可以用不同的语汇,如苗条、细高个儿、火柴棍儿,等等;对又高又粗的人也可以用不同的语汇,如魁梧、高大、傻大个儿,等等。选用不同的语汇,产生的效果很不一样。语汇的理解和使用还要注意普通话和方言的区别。上海等地的人讲人的身高不用"高",而用"长",北方人绝对不能接受,在这种情况下,会把"长"理解为贬义字。以前"批评"和"评议"、"评论"是同义词,后来在普通话中逐渐分化,"批评"专门用于指出缺点。但是在台湾等地"批评"和"评议"、"评论"仍然是同义词,如果不了解这一点,交际中也可能会产生误解。

字义、词义的程度。表示程度的语汇有程度的高低、深浅之分,在政论文和政策性的讲话、文件中,对这类语汇的选择要特别慎重。在日常谈话中的语汇选择也要尽可能做到恰如其分。如果自己取得了某种成绩或者得到了某种荣誉,就用"非常、特别、了不起"

一类的语汇来形容,会被认为骄傲甚至狂妄;如果对别人取得的一般性成绩用这类语汇来表示称赞或祝贺,也会被认为言不由衷甚至会被认为是讽刺、挖苦。反过来说,这也是讽刺、挖苦的一种方式。

口语语汇和书面语语汇。在日常谈话中,一般用口语语汇,现代书面语的风格不完全一样,有的比较口语化,有的书面语的色彩较浓,因此对语汇的选择也很不一样。在日常谈话中过多地使用书面语语汇,例如该说"美"的时候总是用"美丽",该说"大"的时候总是用"巨大",该说"好"的时候总是用"美好",等等,也会使人产生装腔作势的感觉。另一方面,如果在书面上不适当地使用口语词,有时也会显得太"白"。假设给朋友的信中写了这样一段话:"昨晚看了一场篮球比赛,两队球艺都极高,打得精彩异常,我觉得他们打得盖了帽了。"这几句话既不像口语体,又不像书面语体,其中"盖了帽了"尤其显得不协调。

(4) 句式的选择。以问路为例,可以说:小朋友,去天安门怎么走?老大爷,我想打听一下,去天安门怎么走?先生,您能不能告诉我去天安门怎么走?这几种问法的礼貌程度显然不一样,对不同的人要用不同的问法。据说有一个外国留学生在北京的大街上向一位老人问话,说:喂,×在哪儿?连问几声,这位老人只顾走他的路,连头也不回。另一个留学生说:"他可能是聋子。"这位老人马上回过头来说:"你才聋呢!"既然不聋,为什么不回答呢?就因为那个留学生问法不够礼貌。英语中婉转的说法较多,例如,如果觉得屋子里太热,想让人把窗户打开,往往不直说,而可能说:It's hot, isn't it? 电视剧《豪门恩怨》中有这样一句问话:"我能在外面见你吗?"这样的意思在汉语中最客气的说法是:"能不能请您出来一下?"这两句话的礼貌程度很不一样,前者是请求式,后者却是命令式,尽管口气很客气。

(5) 应对方式的选择。应对方式包括的内容很多,例如怎样称呼、谈话怎样开头、怎样插话或打断、怎样转换话题、怎样结束、怎样邀请、怎样表示是否应邀、怎样称赞和怎样对待称赞,等等。应对方式有直接和间接、委婉与生硬、礼貌与粗鲁等方面的区别。例如,我们常常看到这样的情况:不太熟悉的人当面求人办一件事情或者请人帮一个忙,往往不是"开门见山"地直接说出自己的要求,而是装成若无其事的样子,先说一些无关紧要或套近乎的话,临别时才装作好像忽然想起了什么似的,说出事先盘算好的话。这就是一种婉转的应对方式。有经验的人接待这样的来访者时,如果看出了对方的来意,又没有时间听那些无关紧要的话,但是不愿表示不耐烦,就可以主动转换话题,向对方提出是不是需要提供什么帮助。这就是一种直接的应对方式。此外,有两个以上的人在一起谈话时,说话人要注意谈话的内容和方式不要只面对一个人或一部分人而使其他人受到冷落。一个人在说话的时候,也要注意听话人的情绪,如果看到别人听得不耐烦,就应当主动收住话题。有的人说话不看听话人的反应,甚至听话人直接表示不耐烦时还不肯罢休,这就显得太没有修养,不懂得最基本的应对方式。

(6)与"交际文化"教学相结合。我们在第二章专门讨论过语言与文化的关系以及语言教学中的文化因素教学问题,也举例说明了语用系统中的"交际文化"因素。在言语交际技能训练中结合"交际文化"教学,是为了使学生更好地理解和掌握语用规则,所以"交际文化"的教学要与语用规则的教学相结合。

综上所述,说话训练是一种综合教学,教学内容不但要包括言语技能和言语交际技能的训练,而且也包括语音、语汇、语法等言语要素以及语用规则和相关文化知识的教学以及逻辑思维方式的训练。

## 5. 说话课教材

跟听力课教材一样,初级阶段的说话课教材也只能由教师自己编写,中级阶段的教材也应尽量由教师编写,或根据原文改写。到了高级阶段,除了教师自己编写的以外,还可以选用一些适合于说话训练的各种语体的原著。(太长的可节选)无论是自编还是改写、选用,都必须遵循教材编写的一般规则。此外,一部适用的说话课教材至少还要具备以下特点:

(1)题材和体裁多样化,内容适合口头交际和学以致用的需要。

(2)初级阶段的教材充分体现普通话口语的特点,中高级阶段教材的大部分也体现普通话口语的特点。

(3)语言材料有交际价值,没有不规范和"生造"的句子。

(4)课文内容以话题为中心,便于进行口头练习和交际性练习。话题、场合、语法点和语用项目之间有协调一致的内在联系。

(5)初级阶段以会话体为主,逐渐过渡到以叙述体为主。叙述体要便于改成会话体,会话体也要便于改成叙述体。

(6)深浅适度,易教易学。

(7)一课书不太长,初级教材一两节课就能教完,中高级教材三、四节课就能教完。如果一课书要一两个星期才能教完,学生就会感到乏味。

(8)有足够数量的适合说话训练的练习题。有些口语教材虽然也有练习题,但是不适合作口头练习。这样的练习题对说话训练毫无价值。

## 6. 说话课课堂教学

我们在第五章讨论的关于课堂教学的有关内容,都适用于说话课教学。但是跟其他

言语技能的训练相比,说话课也有一些特殊的规律,因此说话课教学也有自己的特点。主要的特点有:

(1) 课堂教学的主要环节是学生练习说话。说话课教学的目的是培养学生的口头表达能力,因此课堂教学的大部分时间要用于说话练习,而不是用于阅读和写作练习;是由学生练习,而不是由教师练习。教师的任务之一就是鼓励学生张口说话,调动学生说话的积极性,而不是自己长篇大论。学生是不是有充分的说话机会,是不是敢于张口说话,是衡量说话课教学水平的重要标准之一。

(2) 课堂教学的过程是学生参与交际的过程。培养学生的口头表达能力,也就是培养他们用汉语进行口头交际的能力。因此,要尽量使课堂教学交际化,把课堂教学的过程作为让学生参与交际的过程,使每一个学生都成为交际的一方。要做到这一点,教师就不能对课文照本宣科。说话练习不是让学生念课文,也不是让学生说课文,而是根据本班的情况,结合课文内容和课本上的练习题,组织交际性练习。要设法使学生在学过的语汇和语法的范围内,练习说自己想说的话,表达自己的思想,发表自己的见解。

教材只能作为教学内容的范例,一部分内容可供朗读和背诵之用。朗读课文是初级阶段课堂教学的项目之一,但是朗读不能占用太多的课堂教学时间。中高级阶段的课文较长,不宜让学生在课堂上朗读。学习语言要不要背诵,人们的看法不太一致。我们主张适当背诵,但是背诵的内容要精选,要选择那些确实值得背诵的内容。可以要求学生在课后背诵,课堂上主要是进行抽查。

(3) 有计划、有重点地纠正学生的错误。学生练习说话随时都可能出现错误,教师不应当见错误就纠,而应当让学生说完,必要时可用表情或手势提示。如果一出现错误就把学生的话打断,会影响学生的学习信心和练习说话的积极性。对学生的错误要有计划地纠正,不能有错必纠,有错必纠也会影响学生的信心。需要注意纠正的是那些经常出现的带普遍性的错误,每一堂课纠正的错误不宜太多。对错误不纠则已,要纠就力求有效。通常采用的方法是:针对学生常犯的带普遍性的错误,展示相应的正确形式并组织练习,直到全班学生都能掌握或基本掌握正确形式为止。


**思考题**

1. 说话训练应包括哪些内容?在教学内容上与口语教学有什么不同?
2. 谈谈课外语言实践活动在说话训练中的作用。
3. 语音教学以音素为纲和以话语为纲有什么不同?两者能不能兼顾?
4. 说话教学中怎样进行由字到句的教学?怎样进行由言语技能到言语交际技能的训练?
5. 你准备怎样评价一部说话(口语)课教材的优点和缺点?
6. 怎样使课堂教学成为交际的场所?

## 引文目录

吕必松(1997)汉语教学中的说话训练,《法国首届国际汉语教学学术研讨会论文集》72,boulevard de Sébastopol 75003 Paris,France,1997。

## 第三节 阅读训练

### 1. 阅读的性质和阅读能力的形成

阅读是一种复杂的生理和心理活动。据认为,人的大脑中存在着一个语言知识库,这个知识库中储存着关于语言和文字的知识以及相关的文化知识。阅读的生理活动就是通过眼球运动去感知文字符号,阅读的心理活动就是调动存在于大脑中的语言知识库,与视觉器官接受的文字符号相印证,并进行识别、推断和匹配,以达到对文字材料的理解。

一个人的语言知识库(暂且认为它确实存在)不是先天具有的,而是在语言学习的过程中逐渐形成的,其形成的过程就是语言习得的过程。阅读知识库形成的过程就是阅读能力形成的过程。

佟乐泉、张一清(1993)对儿童语言阅读技能的发展进行了详细描写,认为儿童阅读技能的发展大体上要经过以下四个阶段:

(1) 点读阶段。这一阶段的主要特点是,阅读者需要伸出手指一个字一个字地点着读。"每一个字都作为一个独立的单位读出,字与字的间隔快慢由他对这个字的熟悉程度决定。这样一个字一个字地读完一句话当然很难理解意思,为了读懂句义,往往需要回过头来再重读一遍。"

(2) 口读阶段。"经过一段点读练习之后,阅读者逐渐习惯了汉字排成一串,按顺序阅读的方法,对字的整体辨认速度加快了,就能逐步摆脱手指的参与了。""有的阅读者,在读书时还要把头一点一点地前后摆动,这实际上是以头代手数着字读。而这个阶段最主要的特点,是阅读者必须要读出声音来,否则就会出现理解上的困难,这种出声读,并不是为读给别人听,而是读给自己听的。换句话说,这个阶段的阅读者,需要靠看、读和听多种途径才能理解阅读材料的意思。"

(3) 默读阶段。"经过一定的口读训练之后,阅读者的阅读水平,就开始进入了'默读阶段'。""默读,即不出声地阅读,是一种最基本的阅读技能。在默读时,一切外部显露的形体动作和声音都内化了,阅读者凭借书面形体就能理解文句的意思了。默读要求对眼睛的注视点有很好的控制力,因为这时已经没有了听觉的校正,也没有了手指的帮助。与此同时,默读也就更加自由,可以在关键或不理解的地方停留的时间长些或反复回视,有利于按照自己的步调加深理解,因此,默读不但是最基本的阅读技能,而且是获取知识和信息的重要手段。"

(4) 扫读阶段。"扫读也就是浏览,指一种速度很快又能抓取大致的或主要意思的阅读技能。……在扫读过程中,阅读者并不是按照文句从左到右的顺序依次阅读,而是有目的地抓取与阅读目的有关系的关键词、词组或句子,运用头脑中已有的知识把它们连接起来,形成一个'浓缩'的印象,阅读者的注视点是不规则地跳动的,可能从上一行跳到下一行,也可能跳到三行五行以后。横行排列的文章可能纵向地从上往下看,根本没有水平移视。"

第二语言阅读能力的形成过程跟上面的描写有类似的一面,不同的是:儿童第一语言知识库中的语言知识(语音、语汇和语法知识)在阅读能力形成之前就基本上具备了,相关的文化知识也已有了一定的积累,而第二语言学习者语言知识库的形成过程是文字知识、语言知识(即关于字、词、句、段、篇的知识)和相关的文化知识全面积累的过程。

## 2. 阅读训练的目的

我们这里所说的阅读训练,是指阅读理解能力和阅读技巧的专门训练。这种专门训练的直接目的是培养和提高学习者的阅读理解能力,帮助他们进行文字知识、语言知识(关于字、词、句、段、篇的知识)和相关文化知识的全面积累,使他们的阅读知识库得以建立和充实,为真正的阅读创造必要的条件。此外,阅读训练也是全面提高第二语言教学效率的重要环节。第二语言学习需要通过大量的阅读来复习巩固学过的字、词和语法,接触并尽可能吸收新的字、词和语法,同时学习有关的文化知识。在阅读中学到的新的字、词、语法和文化知识可以用于听、说、写,推动听、说、写能力的提高,增加文化知识的积累。因此,培养阅读能力有助于提高学生的整体语言水平和文化水平。

在我国对外汉语教学中,出于上述目的的阅读训练还没有受到足够的重视,甚至以为汉字教学就等于阅读教学。其实不然。周小兵(1990)在《谈留学生的速读训练》一文中谈到:他们在1988年对一个班的学生做过一次两周速读训练的实验,结果是:"原来阅读较快的学生读速可提高60%左右,原来阅读较慢的学生读速可提高将近100%,而理解力一般略有提高。"该文还列举了另一项实验:美国明尼苏达州有人做过一个实验,未经训练的学生,阅读难易程度适中的材料,每分钟读240~250个词,理解力达到70%。

经过 12 周速读训练,每分钟可达 500 个词,理解力没有下降。以上事实说明,在第二语言教学中进行专门的阅读训练,包括快速阅读训练,是完全必要的。

## 3. 阅读训练的内容和方法

根据上述目的,汉语作为第二语言教学的阅读训练必须包括识字训练、语言训练、阅读技巧的训练和相关的文化知识的介绍等项内容。这几个方面的训练都要根据阅读能力形成的规律,有计划有步骤地进行。所谓有计划有步骤地进行,就是要把握阅读能力形成的阶段性以及每一个阶段的训练重点。

根据对阅读能力形成过程的初步认识和当前的教学实际,我们暂且把阅读训练分为初级、中级和高级三个阶段,并分别讨论这三个阶段的训练内容和方法。

需要特别说明的是,下面列举的训练内容,并不是阅读训练都要独立承担的。实际上,大部分内容也是其他言语技能训练的内容,因此,各项言语技能训练的内容必然有大量的重复。重复正是语言学习所必需的,因为只有通过一定数量的重复,才能达到真正掌握。但是也不能说重复越多越好,过多的重复会使学生感到厌烦。为了避免过多的重复,就需要通过制订教学大纲来进行分工和协调,这种分工和协调必须体现在不同的教材中。

### 3.1 初级阶段的阅读训练

这一阶段的训练重点是识字训练和语汇理解训练。汉字是书面汉语的物质外壳,要理解书面汉语,必须首先识别汉字。因此,在汉语作为第二语言教学中,阅读训练必须从识字训练开始,把识字训练作为阅读训练的基础和第一阶段最主要的教学内容。

关于汉字和汉字教学,我们在上一章已经进行了专门的讨论,这里再从阅读理解的角度补充说明几种训练的方法。

(1)组词练习。即用学过的汉字组合生成基本词和复合词,使学生养成按词成块识别的能力。这是培养速读能力的基础。

(2)读句分词练习。即在阅读句子时,在词与词之间标上记号(例如画一道斜线),标明两个记号之间是一个词。先标基本词,随着阅读能力的提高,再标复合词,逐渐过渡到标主体、述体、分句。这种练习是为了提高学生对字词掌握的熟练程度,加深对词句语义结构的理解。

(3)朗读练习。通过朗读时的停顿情况可以了解学生是否理解所读的内容。阅读训练中的朗读训练不是为了练习语音,而是为了培养和检查学生的理解能力,因此不必在纠正发音上下功夫。以培养阅读理解能力为目的的朗读练习,语速要放慢,词与词之间要有长短不等的停顿,两个停顿之间的距离要随着语言水平的提高,沿着由基本词到复合词、由基本结构到复合结构、由主体和述体到基本句再到复合句的顺序,逐渐拉长。我们之所以提倡在初级阶段的阅读训练中进行朗读训练,是因为语音跟阅读理解,特别是跟阅读记忆,有密切的关系。霍陈婉媛和汤伟才在一项研究中证明了"语音转介的情况确实存在于中文阅读过程中",并指出"此项发现与英语的有关研究相符。"(霍陈婉媛、汤伟才 1993)儿童阅读发展过程中之所以有一个"口读阶段",跟阅读过程中的语音转介作用不无关系。阅读训练的任务之一是帮助学生逐渐摆脱"指读"和"口读"的"不良习惯",但是这种所谓不良习惯的存在是阅读能力发展的必经阶段,这一阶段是无法超越的。因此,在初级阶段的阅读教学中进行朗读训练是符合阅读能力的形成规律的。

(4) 组句扩词练习。即通过纸片或屏幕,向学生展示由字或基本词组成的短句,让学生朗读,然后用滚雪球的方式把句中的字和基本词扩展成复合词,使句子延长、再延长。每延长一段再朗读一次,并要求加快朗读的速度。这种练习的目的不但是为了帮助学生熟悉所学的字词,而且也是为了帮助学生抓住句子的信息焦点,并扩大阅读时的视幅(眼球顾及的长度)。这是培养快速阅读能力所不可缺少的一种训练方式。

3.2 中级阶段的阅读训练

这是阅读能力全面训练的阶段,下面列举几种主要的训练内容和训练方法。

(1) 继续进行识字和语汇理解训练。这一阶段的识字和语汇理解训练,应由初级阶段以分析为主逐渐过渡到以归纳为主。分析是指对汉字的造字方法和词的组合方法进行分析。汉字的数量和词的组合规则毕竟有限,只要学会了几百个比较典型的汉字和由它们组成的词,对汉字的造字方法和词的组合规则就会有大致的了解,因此,初级阶段的阅读训练应当基本完成汉字造字方法和词的组合规则的教学。归纳则是指对具有某种共同特点的字、词进行分类和归类。例如:部件相同的汉字及其音、义异同特点的分类和归类,同音字词的分类和归类,同义、近义和反义字词的分类和归类,词的语义结构特点的分类和归类,等等。这些都是中级阶段的阅读训练应当承担的任务。其中有些分类和归类的项目初级阶段就可以开始。

(2) 加强句、段、篇组合规则的理解训练。鲁宝元(1990)对"快速阅读的训练项目"作了比较全面的归纳。其中关于句子理解的有:用压缩的方法理解长单句,根据关联词语理解复句,根据句子的修辞特点和上下文理解难句;关于段落理解的有:根据段落主句抓住段落主旨,根据段落中的提示词语把握段落的内容;关于篇章(文章主题)理解的有:分析文章的标题,寻找文章中的主题段、主题句,把握文章的中心思想。

(3) 加强文化知识的介绍。随着学生汉语水平的提高,阅读材料的难度也要逐渐加大,阅读材料的难度就包括文化因素的含量。为了帮助学生理解阅读材料的内容,就必须对阅读材料中跟语言理解和语言使用有关的文化现象加以解释说明。

(4) 培养猜测推断能力。这里所说的猜测和推断能力,主要是指帮助学生根据造字方法和组词规则猜测字义,根据组词规则和上下文猜测词义,根据上句的意思或关联字词推断下句的意思。这既是培养阅读理解能力的必要措施,也是培养快速阅读能力的必要措施,因为实用阅读在多数情况下并不是逐字逐词地读,而是用较大的视幅进行扫读。只有伴随猜测和推断,扫读才有可能。

(5) 培养"抓关键、跳障碍"的技巧。跟听力训练中的"抓关键、跳障碍"一样,阅读训练中的"抓关键、跳障碍"也就是要求学生在阅读时注意抓住关键性的内容和主要意思,跳过不理解或不完全理解的非关键性字词。培养这样的阅读技巧,常用的方法是限时阅读和练习,即限制一篇材料的阅读时间,要求学生在规定的时间内看完并完成练习。练习的内容和方式要在阅读之前告诉学生,让他们带着问题读,问题的答案必须是粗线条的或关键性的,而且比较容易找到,以便督促和鼓励他们进行快速阅读。经常进行这样的练习,学生就会养成"抓关键、跳障碍"的习惯,并逐渐形成快速阅读的能力。

3.3 高级阶段的阅读训练

通过前两个阶段的训练,学生已具备了基本的阅读能力。高级阶段的阅读训练的任务是通过继续进行上面所说的那些基本训练,帮助学生扩大语汇量,提高阅读的熟练程度和速度,同时增加有关的文化背景知识。为此,必须增加阅读材料的分量,阅读材料的选择要充分考虑文体的多样性和专业阅读的需要。

## 4. 阅读训练的途径

阅读训练有三条途径:

(1) 在周课时较多的单位,中高级阶段最好开设专门的阅读课,或者开设一门阅读训练与写作训练相结合的读写课。

(2) 在周课时较少的单位,可以开设读写课,或者在综合课的课堂教学中安排阅读训练的教学环节。无论是在读写课中进行阅读训练,还是在综合课中进行阅读训练,都要把它作为一个独立的教学环节,并按照阅读训练的特点和要求进行教学。

(3) 在教师指导下的课外阅读。这种课外阅读要有专门的教材和教学要求,要在课堂上进行检查。

## 5. 阅读课教材

除了本书第五章第二节"教材编写"所阐明的教材编写的六条原则以外,编写阅读教材还需要注意以下几点:

(1) 充分考虑汉字和汉字教学的特点。在初级阶段,学生说话的能力有可能大于阅读能力。也就是说，有些话学生会说，但是可能不认识其中的某些汉字。如果有会说而不认识的汉字，而这些汉字又不能要求学生在本课学会，也可以在生字后面注上汉语拼音。

（2）要像听力教材那样，故意设置一些"障碍"和"圈套"。例如，有计划地安排一些学生没有学过，但是要求学生猜测或跳过去的字、词和语法现象，以培养学生的猜测能力和跳障碍的能力；教材的内容不要平铺直叙，要有一些可能引起误解的内容；如果有故事情节，情节也不要过于简单，要给学生留有思考的余地。

（3）教材要体现阶段性，每一个阶段的教材在题材、深浅程度以及练习的内容和方法等方面都要体现本阶段的教学要求和特点。

（4）选材要充分考虑材料的文化含量和文化底蕴。

## 6. 阅读课课堂教学

除了我们在第五章谈到的关于课堂教学的有关内容以外，阅读课教学还要注意以下几点：

（1）阅读训练属于书面汉语教学，书面汉语的载体是汉字，所以阅读训练必须突出汉字教学，把汉字教学作为阅读训练的基础和基本组成部分。

（2）阅读训练的直接目的是培养阅读理解能力和快速阅读能力，因此要避免把过多的时间花在听说活动上，更要避免把阅读课上成听力课或说话课。

（3）要采用多种方法训练阅读理解能力和阅读技巧。教师要结合教学内容和学生的特点，紧紧抓住阅读理解能力和阅读技巧训练这个中心，积极创造各种有效的训练方法。

**思考题**

1. 为什么说阅读训练也是全面提高第二语言教学效率的重要环节？
2. 阅读训练应包括哪些内容？
3. 初级阶段的阅读训练为什么要包括朗读？
4. 怎样进行快速阅读训练？
5. 怎样在阅读教材中设置障碍和圈套，为什么要设置障碍和圈套？
6. 阅读训练为什么必须突出汉字教学？

**引文目录**

霍陈婉媛、汤伟才(1993)汉字阅读初探，《世界汉语教学》第4期。

鲁宝元(1990)对外汉语教学中的快速阅读训练，《对外汉语教学研究会第三次学术讨论会论文选》，北京语言学院出版社。

佟乐泉、张一清(1993)儿童语言学习若干问题研究,《世界汉语教学》第 2 期。
周小兵(1990)谈留学生的速读训练,《对外汉语教学研究会第三次学术讨论会论文选》,北京语言学院出版社。

## 第四节　写话和写作训练

写话和写作都属于书面表达。把书面表达分为"写话"和"写作",是因为两者在训练的内容和方法上都有所区别,也是为了表示由"写话"到"写作"是书面表达能力训练的过程。

### 1. 写话和写作训练的目的

（1）培养书面表达能力。人们通常用"听、说、读、写"来概括四种不同的言语技能和相应的言语交际技能,其中"写"不仅仅是指写字,更主要的是指书面表达。在四项技能中,书面表达是最难的一项,因此尤其需要进行专门的训练。

（2）全面提高语言水平。书面表达是对学过的语言知识、语用知识和相关文化知识的全面应用,可以使这些知识在应用中得到巩固和提高。因此,书面表达训练可以使语言水平得到全面的提高。

### 2. 写话和写作训练的内容和方法

书面表达训练虽然可以促进语言水平的全面提高,但是从总体上说,书面表达能力只能随着听、说、读能力的提高而提高。因此,书面表达训练不可能脱离其他技能的训练而孤立地进行。跟其他技能的训练一样,书面表达训练也可以分为初级、中级和高级三个阶段,每一个阶段的训练内容和训练方法都必须跟其他技能的训练内容和训练方法保持一致。

2.1　初级阶段的书面表达训练

初级阶段的书面表达训练包括写字训练和写话训练。关于如何进行写字训练,前面已有专门的讨论,这里不再重复。写话训练就是要求学生写自己想说的话,或者追写别人说过的话。主要的训练方法有"说后写、听后写、做后写"。

（1）说后写。就是先练习说话,说完一句话、几句话或一段话以后,把说过的话写下来。内容可以是事情,也可以是人物或场景。训练的程序是先说一说某件事、某个人或某一场景,然后把说过的内容写下来。说的事情、人物、场景等可以是其他技能训练中学过的,也可以是没有学过但学生可以说出来或可以听得懂的。如果说的过程中出现字词或语法错误,要先改正错误,然后再写,尽量不要写错误的话。在写话训练中让学生说话,对语音语调可以放宽要求。

(2) 听后写。就是先听同学或老师说,然后把同学或老师说过的话写下来。"听后写"不同于"听写","听写"是边听边写,"听后写"是听完后再写。这属于模仿性的书面表达练习,学生不需要先考虑写什么,也不需要先考虑怎样组织要写的内容,只要把听到的话写下来就行。进行这样的训练,学生在听的时候不但要注意内容,而且要注意表达方式,所以注意力必然会高度集中。再把听到的话写下来,对有关的表达方式的印象会更加深刻。需要注意的是:听的材料的内容应该是学生都能理解的,材料中的字词和语法也都是学生学过的;每次听的时间不宜过长,以多数学生能够记住为限,如果材料稍长,可以分几段练习;因为主要的目的不是训练听力,所以语速要低于正常速度,以多数学生都能记住为准。允许学生在听的时候做笔记,但是要提醒他们:只能记要点以及关键性的字词和句式。

(3) 做后写。就是先做一件事情,例如做一项服务工作,开展一项交际活动,到某处参观访问等,然后把做过的事情写下来。"做后写"跟命题作文差不多,不同的是:要让学生先做事,把做过的事写下来就有内容可写,不必凭空设想。这不但可以减轻写作的心理压力,而且可以培养成就感。跟"说后写"和"听后写"相比,"做后写"难度更大,所以要在初级阶段的后期进行。让学生去"做"的事情必须是学生"会做"并且"能写"的事情,需要精心设计,并且要事先提供关键性的字词和句式。

采用"说后写、听后写、做后写"的方法进行写话训练,把说和写、听和写、做和写紧密地结合起来,是为了使学生的书面表达能力随着听说能力的提高而得到相应的提高,同时也是为了让学生体会到,所谓写作就是写自己要说的话,从而破除对写作的迷信,减少对写作的心理压力,养成"我手写我心"的习惯。

写话训练是一种过渡性的训练。既是为了复习巩固学过的字、词和语法,也是为了培养初步的书面表达能力,包括写汉字的能力,为下一步写作训练打好基础。写话训练的基本要求是达到字词正确和语句通顺。

2.2 中级阶段的书面表达训练

这一阶段的训练重点是应用文写作,以应用文写作训练为中心,进行字、词、语法和笔头表达技巧的训练。

这里只谈应用文写作而不提命题作文,是因为我们认为命题作文对第二语言教学不适用,对初级和中级阶段的第二语言教学尤其不适用。书面表达至少需要两个条件,一是想写,二是会写。想写就是有内容可写,这需要一定的思想水平和生活经验;会写就是知道怎样写,这需要一定的文字能力。在第二语言教学中,命题作文往往是跟这两个条件相违背的,因为老师出的题目不一定是学生想写的,即使想写,在初级和中级阶段也不具备足够的文字能力。因此,第二语言教学中的写作训练不应以命题作文为主。在中级阶段,无论从可行性的角度考虑,还是从实用的角度考虑,都应当以写应用文为主。应用文写作训练既实用,又能更好地培养学生的写作能力,比命题作文好得多。

应用文的种类很多,按照由易到难的原则,中级阶段可以把书信(包括称呼和落款、信封的书写格式等)、假条、便条、贺卡、请柬、通知、日记、申请书、表格填写等作为主要的训练项目,把"读后写"作为主要的训练方法。"读后写"不同于"抄写","抄写"是把阅读的材料照抄下来,"读后写"是以阅读的材料为样品,写一篇性质和格式与阅读材料完全相同或基本相同的文字。这也是一种模仿性练习,但是模仿的是格式,而不是具体内容。因为训练的内容是应用文写作,所以提供阅读的材料也必须是应用文。在进行练习时,教师要提供一些能够用来替换的词和表达方式。例如写信,要说明对什么人用什么称呼,怎样选择跟语体有关的词和表达方式,对什么样的人用什么样的落款,等等。

### 2.3 高级阶段的书面表达训练

这一阶段仍然可以把应用文写作作为训练的重点,只是要选择较难的训练项目,如布告、合同或协议书、备忘录、说明书、产品介绍、读书笔记、工作总结、经验介绍、讲演稿、专题论文,等等。同样可以用读后写的方法进行训练,但是难度要随着学生语言水平的提高而相应地加大,而且要逐渐减少模仿的内容,增加独立思考和自由表达的内容。这一阶段还要加强语体变换练习,即把口语体变换为书面语体,把书面语体变换为口语体。中级阶段也需要作一些语体变换练习,但可以不作为重点。

## 3. 书面表达训练的途径

(1)在周课时较多的单位,特别是到了中高级阶段,最好开设独立的写作课。初级阶段可以通过一门书面汉语课把汉字、阅读和写话的教学结合起来。

(2)在周课时较少的单位,可以开设诸如听读写、阅读与写作、听力与写作一类的课型,把有关的技能训练结合起来。如果只开设一门综合课,就需要在课堂教学中安排专门的写话和写作教学环节。

## 4. 写作课教材

编写写作课教材除了遵循教材编写的一般原则以外,还需要特别注意以下几点:
(1)关于语言内容和文化内容的选择。因为书面表达训练要在其他技能训练的基础上进行,所以写作课教材要尽量利用其他课型中学过的语言内容和文化内容,不必单独建立语言内容和文化内容的教学系统。初级阶段的写话训练要尽可能与说话训练和阅读训练相配合,通过写话训练使说话训练和阅读训练中学过的内容得到复习巩固。

（2）突出书面表达方式的训练。要专门介绍一些书面语语汇和句式,并进行必要的语体转换练习。

（3）中高级阶段要结合应用文写作教学,介绍一些供学生课外阅读的应用文写作知识。

## 5. 写作课课堂教学

写作课教学跟其他技能的训练不完全相同,要特别注意以下几点：

（1）教学重点是培养书面表达能力,初级阶段要重视汉字认读和书写训练。

（2）要先集体练习,再分别写作。集体练习的重点是要求学生在写作时必须掌握的内容,防止出现写作练习的盲目性。集体练习的内容要少而精,让多数学生真正掌握,做到一步一个脚印。

（3）批改作业要突出重点,重点是学生常犯的字、词、语法等方面的普遍性的错误。随着语言水平的提高,有些错误学生会自动改正,所以不必见错就改,改得太多会影响学生的学习信心。

（4）对常犯的普遍性的错误要在课堂上讲评,但要注意维护学生的自尊心,不要指出是谁犯的错误。讲评要边讲边练,直到多数学生掌握为止。

**思考题**

1. "写话"训练和"写作"训练有什么不同？
2. "听后写"跟"听写"有什么不同？"做后写"跟"命题作文"有什么不同？
3. 中高级阶段的写作教学为什么要以写应用文为主？
4. 高级阶段的应用文写作教学跟中级阶段的应用文写作教学有什么不同？
5. 试着写一份写作课教材的编写方案。
6. 写作课教学对批改作业有哪些要求？

# 参考文献

陈贤纯(1998)《外语阅读教学与心理学》,北京语言文化大学出版社。
陈贤纯(主编)(1999)《对外汉语教学中高级阶段课程规范》,北京语言文化大学出版社。
程　娟(2004)《词汇专题研究》,北京语言大学出版社。
程　棠(2000)《对外汉语教学目的原则方法》,华语教学出版社。
程裕祯(1989)《中国文化揽萃》,学苑出版社。
程裕祯(主编)(2005)《新中国对外汉语教学发展史》,北京大学出版社。
崔永华(2005)《对外汉语教学的教学研究》,外语教学与研究出版社。
崔永华、杨寄洲(1997)《对外汉语课堂教学技巧》,北京语言文化大学出版社。
崔永华(主编)(1997)《词汇文字研究与对外汉语教学》,北京语言文化大学出版社。
邓炎昌、刘润清(1989)《语言与文化——英汉语言文化对比》,外语教学与研究出版社。
费孝通(2005)《费孝通论文化与文化自觉》,群言出版社。
符淮青(1996)《词义的分析和描写》,语文出版社。
傅永和(1993)《汉字七题》,河南教育出版社。
高家莺、范可育、费锦昌(1993)《现代汉字学》,高等教育出版社。
顾嘉祖(1990)《语言与文化》,上海外语教育出版社。
国家汉办(2001)《高等学校外国留学生汉语教学大纲(长期进修)》,北京语言大学出版社。
国家汉办(2001)《高等学校外国留学生汉语教学大纲(短期强化)》,北京语言大学出版社。
国家汉办(2001)《高等学校外国留学生汉语言专业教学大纲》,北京语言大学出版社。
国家汉办汉语水平考试部(1992)《汉语水平词汇与汉字等级大纲》,北京语言学院出版社。
胡文仲(1999)《跨文化交际学概论》,外语教学与研究出版社。
胡文仲(主编)(1994)《文化与交际》,外语教学与研究出版社。
靳洪刚(1997)《语言获得理论研究》,中国社会科学出版社。
黎天睦(Timothy Light)〔美〕(1987)《现代外语教学法——理论与实践》,北京语言学院出版社。
李大忠(1996)《外国人学汉语语法偏误分析》,北京语言文化大学出版社。
李　开(2002)《汉语语言学和对外汉语教学论》,中国社会科学出版社。
李　杨(1999)《对外汉语本科教育研究》,北京语言文化大学出版社。
李　杨(主编)(1997)《对外汉语教学课程研究》,北京语言文化大学出版社。

李　杨(1993)《中高级对外汉语教学论》,北京大学出版社。

刘镰力(主编)(1997)《汉语水平测试研究》,北京语言文化大学出版社。

刘　珣(2000)《对外汉语教育学引论》,北京语言文化大学出版社。

刘　珣(2005)《对外汉语教育学科初探》,外语教学与研究出版社。

刘　珣(主编)(1997)《对外汉语教学概论》,北京语言文化大学出版社。

刘英林(主编)(1989)《汉语水平考试研究》,现代出版社。

刘月华(1989)《汉语语法论集》,现代出版社。

刘月华、潘文娱、故　铧(1983)《实用现代汉语语法》,外语教学与研究出版社。

卢福波(1996)《对外汉语教学实用语法》,北京语言学院出版社。

鲁健骥(1999)《对外汉语教学思考集》,北京语言文化大学出版社。

陆俭明(2000)《现代汉语基础》,线装书局。

吕必松(1987)《对外汉语教学探索》,华语教学出版社。

吕必松(1990)《对外汉语教学发展概要》,北京语言学院出版社。

吕必松(1992)《华语教学讲习》,北京语言学院出版社。

吕必松(1993)《对外汉语教学研究》,北京语言学院出版社。

吕必松(2005)《语言教育与对外汉语教学》,外语教学与研究出版社。

吕必松(主编)(1999)《汉字与汉字教学研究论文选》,北京大学出版社。

吕必松(主编)(1999)《语言教育问题研究论文集》,华语教学出版社。

吕文华(1994)《对外汉语教学语法探索》,语文出版社。

吕文华(1999)《对外汉语教学语法体系研究》,语文出版社。

罗常培(1950)《语言与文化》,北京大学出版社。

孟　华(2004)《汉字:汉语和华夏文明的内在形式》,中国社会科学出版社。

潘文国(2002)《字本位与汉语研究》,华东师范大学出版社。

彭聃龄(1996)《普通心理学》,北京师范大学出版社。

彭聃龄(主编)(1997)《汉语认知研究》,山东教育出版社。

盛　炎(1990)《语言教学原理》,重庆出版社。

施光亨(主编)(1994)《对外汉语教学是一门新型的学科》,北京语言学院出版社。

施光亨、杨俊萱(1990)新中国对外汉语教学40年大事记,《世界汉语教学》第2～4期。

W.F.麦基〔加拿大〕(王得杏等译)(1990)《语言教学分析》,北京语言学院出版社。

王　还(1987)《门外偶得集》,北京语言学院出版社。

王　还(主编)(1993)《汉英对比论文集》,北京语言学院出版社。

王中华(主编)(1999)《对外汉语教学初级阶段课程规范》,北京语言文化大学出版社。

吴勇毅(2004)《对外汉语教学探索》,学林出版社。

吴宗济(主编)(1992)《现代汉语语音概要》,华语教学出版社。

谢小庆(主编)(2005)《中国汉语水平考试(HSK)研究报告精选》,北京语言大学出版社。
邢福义(1997)《汉语语法学》,东北师范大学出版社。
邢红兵(2005)《基于统计的汉语字词研究》,语文出版社。
徐通锵(1997)《语言论》(季羡林主编《中国现代语言学丛书》),东北师范大学出版社。
徐通锵(2005)《汉语结构的基本原理——字本位和语言研究》,中国海洋大学出版社。
徐子亮(2000)《汉语作为外语教学的认知理论研究》,华语教学出版社。
许德楠(1990)《实用词汇学》,北京燕山出版社。
杨惠元(1996)《汉语听力说话教学法》,北京语言文化大学出版社。
杨自俭、李瑞华(1990)《英汉对比研究论文集》,上海外语教育出版社。
杨洪清、朱新兰(1997)《现代说文解字字典》(初级本),群众出版社。
张德鑫(1996)《中外语言文化漫议》,华语教学出版社。
张厚粲(译)(2002)《心理测验与考试——能力和行为表现的测量》,中国轻工业出版社。
张厚粲(主编)(1988)《心理与教育统计学》,北京师范大学出版社。
张静贤(1992)《现代汉字教程》,现代出版社。
张　凯(1995)《语言能力模型和语言能力测验》,北京语言学院出版社。
张　凯(2002)《标准参照测验理论研究》,北京语言文化大学出版社。
张　凯(2002)《语言测验理论与实践》,北京语言文化大学出版社。
张　普(1992)《汉语信息处理研究》,北京语言学院出版社。
张　普等(主编)(2004)《数字化对外汉语教学理论与方法研究》,清华大学出版社。
张　普等(主编)(2006)《数字化汉语教学的研究与应用》,语文出版社。
张志公(1982)《现代汉语》(中册),人民教育出版社。
赵金铭(主编)(2005)《对外汉语教学概论》,商务印书馆。
赵贤州等(1996)《对外汉语教学通论》,上海外语教育出版社。
赵贤洲、李卫民(1990)《对外汉语教材教法论》,上海外语教育出版社。
赵元任(1992)《中国现代语言学的开拓和发展——赵元任语言学论文选》,清华大学出版社。
赵元任(吕叔湘译)(1979)《汉语口语语法》,商务印书馆。
郑日昌等(1990)《考试的教育测量学基础》高等教育出版社。
周小兵(1996)《第二语言教学论》,河北教育出版社。
朱德熙(1982)《语法讲义》,商务印书馆。
朱德熙(1985)《语法答问》,商务印书馆。
《世界汉语教学》和《语言教学与研究》杂志编辑部(1992)《80年代与90年代中国现代汉语语法研究》,北京语言学院出版社。
中国对外汉语教学学会汉语水平等级标准研究小组(1988)《汉语水平等级标准和等级大纲》(试行),北京语言学院出版社。

\* \* \* \* \* \*

安子介〔香〕(1988)一个认识汉字的新方案,《世界汉语教学》第 3 期。

白乐桑〔法〕(1997)汉语教材中的文、语领土之争:是合并,还是自主,抑或分离?《第五届国际汉语教学讨论会论文选》,北京大学出版社。

常敬宇(1987)谈对外汉语教学的言语教学,《世界汉语教学》第 1 期。

常玉钟(1991)用"结构——功能法"进行听力口语教学,《世界汉语教学》第 4 期。

陈　绂(1997)对外汉语教学中的两大类别,《语言文字应用》增刊。

陈光磊(1992)语言教学中的文化导入,《语言教学与研究》第 3 期。

陈　宏(1996)第二语言能力结构研究回顾,《世界汉语教学》第 2 期。

陈健民(1979)汉语里的节奏问题,《语言教学与研究》第 2 期。

陈前瑞、赵葵欣(1996)汉语第二语言习得研究述评,《汉语学习》第 5 期。

陈　灼(1981)谈"交流",《语言教学与研究》第 4 期。

程　棠(1992)关于当前对外汉语教学中的几个问题,《语言教学与研究》第 3 期。

程相文(2001)对外汉语教材的创新,《语言文字应用》第 4 期。

程相文、周翠琳(1992)"把"字句的课堂教学,《世界汉语教学》第 4 期。

崔希亮(1992)语言交际能力与话语的会话含义,《语言教学与研究》第 2 期。

崔永华(1989)对外汉语语法课堂教学的一种模式,《世界汉语教学》第 2 期。

崔永华(1990)语言课的课堂教学意识略说,《世界汉语教学》第 3 期。

崔永华(1992)基础汉语阶段精读课课堂教学结构分析,《世界汉语教学》第 3 期。

崔永华(1997)对外汉语教学学科概说,《中国文化研究》第 1 期。

戴浩一(1985)时间顺序和汉语的语序,《国外语言学》1988 年第 1 期。

邓恩明(1983)语言教材要有趣,《语言教学与研究》第 2 期。

邓守信(1999)The acquisition of"了"in L2 Chinese,《世界汉语教学》第 1 期。

杜厚文(1977)在专业汉语教学中试行突出听说、读写跟上的教法,《语言教学与研究》第 1 集。

杜厚文(1982)科学术语的构成方法,《语言教学与研究》第 2 期。

杜同惠(1993)留学生汉字书写差错规律试析,《世界汉语教学》第 1 期。

范开泰(1992)论汉语交际能力的培养,《世界汉语教学》第 1 期。

复旦大学留学生部汉语教研室(1987)语言教学与文化背景知识的相关性,《语言教学与研究》第 2 期。

傅惟慈、沈叙伦(1986)浅谈禁忌词语与委婉词语,《语言教学与研究》第 2 期。

高玉振(1980)北京话的轻声问题,《语言教学与研究》第 2 期。

葛信益(1979)汉语构词的特点和方法,《语言教学与研究》第 2 期。

宫本幸子〔日〕(1991)日本的汉语作文教学,《世界汉语教学》第 3 期。

顾　越(1981)汉字形音义关系种种,《语言教学与研究》第2期。

桂诗春(1993)应用语言学和认识科学,《语言文字应用》第3期。

郭金鼓(1984)对科技汉语听力课的认识,《语言教学与研究》第2期。

郭志良、杨惠元、高彦德(1995)《速成汉语初级教程·综合课本》的总体构想及编写原则,《世界汉语教学》第4期。

何子铨(1984)怎样教好"新闻听读"课,《语言教学与研究》第1期。

胡炳忠(1977)"三声"变调及其教学,《语言教学与研究》第1集。

胡炳忠(1978)北京语音表在教学上的使用,《语言教学与研究》第3期。

胡炳忠(1979)四声连续与"辩调代表字"——教学笔记,《语言教学与研究》第1期。

胡明扬(1993)语言和语言学习,《世界汉语教学》第1期。

胡明扬(1987)问候语的文化心理背景,《世界汉语教学》第2期。

胡明扬(1991)浅谈汉语词序的篇章功能,《语言教学与研究》第3期。

胡明扬(1993)对外汉语教学中的文化因素,《语言教学与研究》第4期。

胡文仲(1985)跨文化交际与外语教学,《外语教学与研究》第3期。

胡文仲(1992)试论跨文化交际研究,《语言文字应用》第3期。

胡希明〔美〕(1991)教授成人学习中文的教材与教学法,《语言教学与研究》第4期。

胡裕树、郑国雄(1989)对外汉语教学中的两个问题——为纪念《语言教学与研究》创刊10周年而作,《语言教学与研究》第2期。

胡裕树等(1987)《今日汉语》编写中的几个问题,《世界汉语教学》第2期。

霍陈婉媛、汤才伟〔香〕(1993)汉字阅读初探,《世界汉语教学》第4期。

靳洪刚(1993)从汉语"把"字句看语言分类规律在第二语言习得过程中的作用,《语言教学与研究》第2期。

柯彼德〔德〕(1992)试论汉语素的分类,《世界汉语教学》第1期。

柯彼德〔德〕(1992)语言合成动词的结构以及有关汉语拼音正词法的问题,《语言文字应用》第2期。

来思平(1987)灵活地使用教材、组织教学——对外汉语教学浅谈,《语言教学与研究》第3期。

李德津(1982)教学札记:基础汉语教和"数"——一关于听力训练,《语言教学与研究》第3期。

李更新(1984)文科进修汉语教学的课程设置,《语言教学与研究》第4期。

李更新等(1983)编写《高级汉语》的指导思想和原则,《语言教学与研究》第2期。

李景蕙(1988)《汉语水平等级标准》(试行)对语言技能的要求,《世界汉语教学》第4期。

李　明(1980)"儿化"浅谈,《语言教学与研究》第1期。

李　明(1987)音位学原理和对外汉语语音教学,《世界汉语教学》第4期。

李铭建(1990)中国文化介绍的取向,《语言教学与研究》第2期。

李培元(1988)五六十年代对外汉语教学的主要特点,《第二届国际汉语教学讨论会论文选》,北京语言学院出版社。

李培元(1989)中国对外汉语教学的40年,《世界汉语教学》第3期。

李培元等(1980)编写《基础汉语课本》的若干问题,《语言教学与研究》第4期。

李清华(1979)谈谈外国留学生的写作课教学,《语言教学与研究》第4期。

李清华(1986)外国留学生中级阶段的写作课教学,《语言教学与研究》第1期。

李清华(1987)对科技汉语的听力理解,《语言教学与研究》第2期。

李　泉(2001)试论对外汉语教学的教学原则,《中国对外汉语教学学会北京分会第二届学术年会论文集》,北京语言大学出版社。

李　泉(2002)近20年对外汉语教材编写和研究的基本情况述评,《语言文字应用》第3期。

李　泉(2002)论对外汉语教材的趣味性,《中国对外汉语教学学会第七次学术讨论会论文选》,人民教育出版社。

李　爽(1993)试论对外汉语教学的课程设计,《世界汉语教学》第3期。

李文治等(1984)字素拼合法在汉字教学中的作用,《语言教学与研究》第2期。

李晓亮〔美〕(2000)普遍语法在汉语学习过程中的作用——时态习得剖析,《第六届国际汉语教学讨论会论文选》,北京大学出版社。

李晓琪(1995)中介语与汉语虚词教学,《世界汉语教学》第4期。

李忆民(1982)试谈《文选》课的交际训练,《语言教学与研究》第2期。

李忆民(1988)试论中级汉语教学——兼析《中级汉语教程》,《语言教学与研究》第1期。

李忆民(1993)课堂教学的内向和外向——试论中级汉语精读课课堂教学交际化,《语言教学与研究》第3期。

李又安〔美〕(1980)对外汉语教学中文化问题的认识发展过程,《语言教学与研究》第4期。

李宇明(1993)语言学习异同论,《世界汉语教学》第1期。

李宇明(2000)论语言运用与语言获得,《第六届国际汉语教学讨论会论文选》,北京大学出版社。

李　珠、王建勤(1987)关于学生阅读理解失误的调查报告,《语言教学与研究》第2期。

梁晓虹(1993)汉语成语与佛教文化,《语言文字应用》第1期。

廖秋忠(1998)篇章中的论证结构,《语言教学与研究》第1期。

林　焘(2000)普通话的语音标准和语音教学,《第六届国际汉语教学讨论会论文选》,北京大学出版社。

林汝昌(1994)文化冲突在外语课堂上的反映——谈建立教学的全球观念,《语言教学与研究》第3期。

刘家业(1989)谈听说课教学,《世界汉语教学》第4期。

刘　缙(1989)汉字教学的难和易,《世界汉语教学》第1期。

刘镰力(1995)高等汉语水平考试的性质和等级分数的划分,《世界汉语教学》第1期。

刘镰力等(1982)谈谈汉语《文选》课教学,《语言教学与研究》第1期。

刘润清(1993)第二语言习得中课堂教学的作用,《语言教学与研究》第1期。

刘　珣(1993)语言学习理论的研究与对外汉语教学,《语言文字应用》第4期。

刘　珣(1994)新一代对外汉语教材的展望,《世界汉语教学》第1期。

刘　珣(1997)试论汉语作为第二语言教学的基本原则,《世界汉语教学》第1期。

刘　珣(1997)语言教育学是一门重要的独立学科,《语言文字应用》增刊。

刘　珣、邓恩明(1982)试谈基础汉语教科书的编写原则,《语言教学与研究》第4期。

刘英林,郭树军,王志芳(1988)汉语水平考试(HSK)的性质和特点,《世界汉语教学》第2期。

刘英林、李景蕙(1987)试论对外汉语基础课程(教材)结构,《世界汉语教学》第2期。

刘永山(1990)汉字笔画的写法及常见错误分析,《世界汉语教学》第1期。

刘月华、刘广徽(1978)谈对说英语的学生进行汉语语音教学的问题,《语言教学与研究》第3期。

卢绍昌〔新加坡〕(1987)对外汉语教学中汉字教学的新尝试,《世界汉语教学》第3期。

鲁宝元(1990)对外汉语教学中的快速阅读训练,《世界汉语教学》第1期。

鲁　川(2002)汉语的语位,《语言教学与研究》第4期。

鲁健骥(1983)基础汉语教学的一次新的尝试——教学试验报告,载《对外汉语教学论文选》,中国教育学会对外汉语教学研究会,1983。

鲁健骥(1984)中介语理论与外国人学汉语的语音偏误分析,《语言教学与研究》第3期。

鲁健骥(1987)外国人学汉语词语偏误分析,《语言教学与研究》第4期。

鲁健骥(1990)对外汉语教学基础阶段处理文化因素的原则和做法,《语言教学与研究》第1期。

鲁健骥(1993)中介语研究中的几个问题,《语言文字应用》第1期。

鲁健骥(1994)外国人汉语语法偏误分析,《语言教学与研究》第1期。

鲁健骥(2000)外国人学汉语的篇章偏误分析,《第六届国际汉语教学讨论会论文选》,北京大学出版社。

陆俭明(1997)配价语法理论和对外汉语教学,《世界汉语教学》第1期。

陆俭明(1999)关于开展对外汉语教学研究之管见,《语言文字应用》第4期。

吕必松(1974)汉语作为外语教学的实践性原则,〔美〕《中国语言学报》第2期。

吕必松(1977)谈谈基础汉语教学中的几个关系,《语言教学与研究(试刊)》第二集。

吕必松(1986)试论对外汉语教学的总体设计,《语言教学与研究》第4期。

吕必松(1987)基础汉语教学课型设计和教材编写的新尝试,《对外汉语教学探索》,华语教学出版社。

吕必松(1988)关于制订对外汉语教材规划的几个问题,《世界汉语教学》第1期。

吕必松(1990)关于教学内容与教学方法问题的思考,《语言教学与研究》第2期。

吕必松(1991)汉语研究与汉语教学,《世界汉语教学》第4期。

吕必松(1991)再论对外汉语教学的总体设计,〔美〕《中国语文教师学会学报》2月号。

吕必松(1993)关于中高级汉语教学的几个问题,《语言教学与研究》第1期。

吕必松(1993)论汉语中介语的研究,《语言文字应用》第2期。

吕必松(1995)在对外汉语教学的定性、定位、定量问题座谈会上的发言,《世界汉语教学》第1期。

吕必松(1996)言语交际技能训练,《世界汉语教学》第4期。

吕必松(1997)汉语教学中的说话训练,《法国首届国际汉语教学学术研讨会论文集》72,boulevard de Sébastopol 75003 Paris-Fran9)

吕必松(1997)汉语教学中技能训练的系统性问题,《第五届国际汉语教学讨论会论文选》,北京大学出版社。

吕必松(1998)对外汉语教学学科地位的确立和学科理论研究,《二十世纪的中国语言学》,北京大学出版社。

吕必松(1999)汉字教学与汉语教学,《汉字与汉字教学研究论文选》,北京大学出版社。

吕必松(2000)试论汉语书面语言教学,《华文教学与研究》第1期。

吕必松(2001)我对汉语特点的几点初步认识,《海外华文教育》第1期。

吕必松(2003)汉语教学路子研究刍议,《暨南大学华文学院学报》第1期。

吕必松(2006)二合的生成机制和组合汉语,张普等主编《数字化汉语教学的研究与应用》,语文出版社。

吕叔湘(1977)通过对比研究语法,《语言教学与研究》第2集。

吕叔湘(1984)教书与研究,《对外汉语教学》第1期。

吕文华、鲁健骥(1993)外国人学汉语的语用失误,《汉语学习》第1期。

罗青松(2000)外国人汉语学习过程中的回避策略分析,《第六届国际汉语教学讨论会论文选》,北京大学出版社。

罗守坤(1991)集成教材新策略,《世界汉语教学》第3期。

马庆株(1987)缩略语的性质、语法功能和运用,《语言教学与研究》第3期。

马挺生(1984)词语释义管见,《语言教学与研究》第3期。

马学良(1986)谈谈现代汉语的语音教学,《语言教学与研究》第3期。

梅立崇(1993)谈文化与词汇教学,《语言文字应用》第1期。

孟坤雅〔德〕(2000)声旁能不能在对外汉语教学中发挥作用?——声旁问题的再考察,《第六届国际汉语教学讨论会论文选》,北京大学出版社。

孟子敏(1992)交际文化与对外汉语教学,《语言教学与研究》第1期。

倪明亮(1987)快速阅读和高级汉语快速阅读,《世界汉语教学》第4期。

彭利贞(1997)论中介语的语篇层次,《第五届国际汉语教学讨论会论文选》,北京大学出版社。

钱旭菁(1997)日本留学生趋向补语的习得顺序,《世界汉语教学》第1期。

裘锡圭(1985)汉字的性质,《中国语文》第一期。

任以珍(1991)关于中级汉语文科专业阅读教材编写的几个问题,《世界汉语教学》第1期。

任　远(1984)语言学院60年代对外汉语教学法的回顾,《对外汉语教学》第3期。

任　远(1985)基础汉语教材纵横谈,《语言教学与研究》第2期。

上海外国语学院对外汉语系(1986)零起点一年制留学生基础汉语教学总体设计,《语言教学与研究》第 4 期。
盛　炎(1989)外语教学法流派的发展趋势与汉语教学理论研究,《语言教学与研究》第 1 期。
盛　炎(1990)对外汉语教学理论研究中几个热门话题的思考,《中国对外汉语教学学会第三次学术讨论会论文选》,北京语言学院出版社。
施光亨(1986)现代汉语语音琐谈——声韵组合的命名、规范和频率,《语言教学与研究》3 期。
施光亨(1987)对外汉语教学要从形体入手,《世界汉语教学》第 2 期。
施光亨(1991)对外汉语教材编写的若干问题,《第三届国际汉语教学讨论会论文选》,北京语言学院出版社。
施家炜(1998)外国留学生 22 类现代汉语句式的习得顺序研究,《世界汉语教学》第 4 期。
施家炜(2001)来华欧美留学生汉字习得研究教学实验报告,载《中国对外汉语教学学会北京分会第二届学术年会论文集》,北京语言文化大学出版社。
施家炜(2002)《汉语句式习得个案描述性研究》,载竟成主编《对外汉语论丛》第二集,上海外语教育出版社。
施家炜(2002)韩国留学生汉语句式习得的个案研究,《世界汉语教学》第 4 期。
施家炜(2004)《成人第二语言习得过程中个体因素与习得效果的相关研究》,载《第七届国际汉语教学讨论会论文选》,北京大学出版社。
施正宇(1992)现代形声字形符表义功能分析,《语言文字应用》第 4 期。
施正宇(2000)外国留学生汉字书写偏误分析,《第六届国际汉语教学讨论会论文选》,北京大学出版社。
石定果(1993)会意汉字内部结构的复合程序,《世界汉语教学》第 3 期。
石定果(1997)汉字研究与对外汉语教学,《第五届国际汉语教学讨论会论文选》,北京大学出版社。
石佩雯(1977)怎样做好示范朗读,《语言教学与研究》第 2 集。
石佩雯(1979)关于声调教学的一点建议,《语言教学与研究》第 1 期。
石佩雯(1980)四种句子的语调变化,《语言教学与研究》第 2 期。
石佩雯(1981)语调和语义,《语言教学与研究》第 3 期。
石佩雯(1983)谈如何增加口语教学的真实感,《语言教学与研究》第 1 期。
石佩雯、李继禹(1977)听力训练在语言教学中的作用,《语言教学与研究》第 1 集。
史有为(1987)汉字的性质、特点和汉字教学,《世界汉语教学》第 3 期。
史有为(1993)汉字检索的重新审视——三级(柔性)检字法试议,《语言文字应用》第 2 期。
宋孝才(1987)谈"北京口语调查",《世界汉语教学》第 2 期。
宋永波(1992)近年来部分规划教材评介(1—3),《世界汉语教学》第 1～3 期。
苏培成(1992)汉字字形规范的理论和实践,《语言文字应用》第 2 期。
孙德金(2000)外国留学生汉语体标记"了""着""过"习得情况的考察,《第六届国际汉语教学讨论会论文选》,北京大学出版社。

孙德坤(1992)关于开展课堂教学活动研究的一些设想,《世界汉语教学》第 2 期。

孙德坤(1993)外国学生现代汉语"了.le"的习得过程初步分析,《语言教学与研究》第 2 期。

孙德坤(1993)中介语理论与汉语习得研究,《语言文字应用》第 4 期。

孙德坤(译)(1990)错误分析、中介语和第二语言习得研究述评,《语言教学与研究》第 1 期。

佟秉正〔英〕(1991)初级汉语教材的编写问题,《世界汉语教学》第 1 期。

外　英(1981)英国著名学者亚力山大谈教材设计,《语言教学与研究》第 2 期。

王碧霞(1993)谈非视觉信息的培养——基础阶段汉语阅读教学探讨,《世界汉语教学》第 4 期。

王德佩(1989)基础汉语精读课的课堂教学方法略述,《语言教学与研究》第 3 期。

王华明(1988)有关速读的几个问题,《语言教学与研究》第 4 期。

王　还(1982)建国以来汉语词汇变化及其原因,《语言教学与研究》第 3 期。

王　还(1987)由编汉语汉英双解辞典看到的词典释义问题,《世界汉语教学》第 1 期。

王建勤(1994)中介语产生的诸因素及相互关系,《语言教学与研究》第 4 期。

王建勤(1995)跨文化研究的新维度——学习者的中介文化行为系统,《世界汉语教学》第 3 期。

王　静(译)(1983)外语快速阅读教学在非语言专业高校中的重要性,《语言教学与研究》第 2 期。

王魁京(1992)对外国人用汉语表达时出现的几个问题的探究,《语言教学与研究》第 2 期。

王魁京(1994)第二语言学习中的跨文化现象研究,胡文仲主编《文化与交际》,外语教学与研究出版社。

王　力(1957)《中国语法理论·导言》,中华书局。

王　力(1985)在第一届国际汉语教学讨论会上的讲话,《语言教学与研究》第 4 期。

王　力(1986)《实用解字组词词典·序》,上海辞书出版社。

王清源〔美〕(1991)会诵法和对话教学,《语言教学与研究》第 4 期。

王若江(2000)由法国"字本位"教材引发的思考,《世界汉语教学》第 3 期。

王　珊(1995)汉语中介语的分阶段特征及教学对策,《世界汉语教学》第 1 期。

王绍新(1987)谈汉语复合词内部的语义构成,《语言教学与研究》第 3 期。

王绍新(1997)超单句偏误引发的几点思考,《第五届国际汉语教学讨论会论文选》,北京大学出版社。

王顺洪、西川和男(1995)中日汉字异同及其对日本人汉语学习的影响,《世界汉语教学》第 2 期。

王秀云(1990)初级汉语阅读课的教学方法,《语言教学与研究》第 2 期。

王学作(1977)谈谈汉字教学,《语言教学与研究》第 1 集。

王学作(1977)再谈汉字教学,《语言教学与研究》第 2 集。

王学作(1980)汉字图表教学法浅谈,《语言教学与研究》第 1 期。

王学作(1980)析字教学法,《语言教学与研究》第 2 期。

王韫佳(1995)也谈美国人学习汉语声调,《语言教学与研究》第 3 期。

王振昆(1987)汉语的内部关系义和外部关系义,《世界汉语教学》第1期。

王宗炎(1992)汉字使用者看汉字,《语言文字应用》第3期。

温晓虹(1995)主题突出与汉语存在句的习得,《世界汉语教学》第2期。

温晓虹(2000)汉语习得偏误及改错的效益,《第六届国际汉语教学讨论会论文选》,北京大学出版社。

温晓虹、张九武(1992)语言习得研究概述,《世界汉语教学》第1期。

吴洁敏(1993)汉语的节奏规律和朗读艺术,《世界汉语教学》第2期。

吴晓露(1991)阅读技能训练——对外汉语泛读教材的一种模式,《语言教学与研究》第1期。

吴英成〔新加坡〕(1990)学生华文作文的偏误与其学习策略关系的初探性研究,《语言教学与研究》第2期。

谢世涯、苏启祯〔新加坡〕(1992)以字辨词与阅读理解能力,《语言教学与研究》第4期。

谢世涯、苏启祯(1993)构词能力与偏误分析,《语言文字应用》第2期。

邢公畹(1988)关于报刊选读课和听力课,《世界汉语教学》第1期。

邢公畹(1993)从对外汉语教学看"语言""言语"划分的必要性,《世界汉语教学》第2期。

徐　杨(1982)教学札记:提高口头表达能力的一种方式,《语言教学与研究》第4期。

徐世荣(1978)谈谈普通话变调中的两个小问题,《语言教学与研究》第3期。

徐世荣(1979)普通话语音和北京土音的界限,《语言教学与研究》第1期。

徐世荣(1988)汉语词句中音节的长度与强度的伴随性,《世界汉语教学》第4期。

徐通锵(1991)语义句法刍议——语言的结构基础和语法研究的方法初探,《语言教学与研究》第3期。

徐通锵(1994)"字"和汉语的句法结构,《世界汉语教学》第2期。

徐通锵(1994)"字"和汉语研究的方法论,兼评汉语研究中的"印欧语的眼光",《世界汉语教学》第3期。

徐通锵(1999)"字"和汉语语义句法的生成机制,《语言文字应用》第1期。

徐通锵(2005)"字本位"和语言研究,《语言教学与研究》第6期。

徐子亮(2000)外国学生汉语学习策略的认知心理分析,《第六届国际汉语教学讨论会论文选》,北京大学出版社。

许德楠(1992)词语的文化内涵与信息性的若干关系,《语言教学与研究》第2期。

阎德早、佟慧君(1986)对外汉语教学中的板书艺术,《语言教学与研究》第2期。

杨自俭、李瑞华(编)(1990)《英汉对比研究论文集》,上海外语教育出版社。

杨惠元(1982)听力教学初探,《语言教学与研究》第4期。

杨惠元(1989)谈谈听力教学中的四种能力训练,《世界汉语教学》第1期。

杨惠元(1991)论听和说,《语言教学与研究》第1期。

杨惠元(1992)中国对外汉语听力教学的发展,《世界汉语教学》第4期。

杨惠元(1993)听力课的教学环节设计——关于备课与上课,《语言教学与研究》第1期。

杨寄洲、崔永华(1991)课堂教学技巧略说,《语言教学与研究》第2期。

杨俊萱(1979)课堂教学的"死"与"活",《语言教学与研究》第2期。

杨俊萱、梅立崇(1987)谈对外汉语阅读教学的设疑提问,《语言教学与研究》第2期。

杨石泉(1991)教材语料的选择,《世界汉语教学》第1期。

杨志棠〔法〕(1997)关于中高级阶段书面语教学,《第五届国际汉语教学讨论会论文选》,北京大学出版社。

叶步清(1995)汉英中介语的宏观图像,《第四届国际汉语教学讨论会论文选》,北京语言学院出版社。

叶步清(1997)汉语书面词语的中介形式,《世界汉语教学》第1期。

叶楚强(1985)用声类和韵类汉字教学汉字字音,《语言教学与研究》第2期。

尹斌庸等(1992)直读法——汉语拼音教学的一种新方法,《语言文字应用》第4期。

于丛杨(1987)文化与报刊语言教学,《语言教学与研究》第4期。

余又兰(2000)汉语"了"的习得及其中介语调查与分析,《第六届国际汉语教学讨论会论文选》,北京大学出版社。

袁博平(1995)第二语言习得研究的回顾与展望,《世界汉语教学》第4期。

岳维善(1988)提高听说课教学中语言材料的重现率和学生的开口率,《世界汉语教学》第3期。

岳维善(1993)满视野限时阅读,《世界汉语教学》第3期。

张道一(1982)新中国对外国人进行汉语教学的三十二年,《语言教学与研究》第3期。

张拱贵(1988)声调教学和表声读,《世界汉语教学》第1期。

张国辉(1992)说话课的地位及其训练方法,《语言教学与研究》第1期。

张静贤(1986)谈谈对外汉语教学中的汉字课,《语言教学与研究》第1期。

张 犁(1992)外贸口语的特点与教学,《世界汉语教学》第4期。

张宁志(1985)口语教材的语域风格问题,《语言教学与研究》第3期。

张朋朋(1992)词本位教学法和字本位教学法的比较,《世界汉语教学》第3期。

张朋朋、徐鲁民(1981)试析"洋腔洋调"问题,《语言教学与研究》第3期。

张清常(1993)说"礼拜"——语言与文化的关系之一例,《语言文字应用》第4期。

张 锐(1992)听话教学和听话训练,《语言文字应用》第3期。

张旺熹(1990)从汉字部件到汉字结构——谈对外汉字教学,《世界汉语教学》第2期。

张旺熹(1992)语言学习理论研究座谈会纪要,《世界汉语教学》第4期。

张 维(1978)汉语词汇教学琐谈,《语言教学与研究》第1期。

张占一、毕继万(1991)如何理解和揭示对外汉语教学中的文化因素,《语言教学与研究》第4期。

章纪孝(1994)关于高年级口语教学的思考和构想,《世界汉语教学》第1期。

赵贤州(1987)教材编写散论,《世界汉语教学》第1期。

赵贤州(1987)教学法理论与教材编写的关系,《世界汉语教学》第3期。

赵贤州(1988)建国以来对外汉语教材研究报告,《第二届国际汉语教学讨论会论文选》,北京语言学院出版社。

赵贤州(1989)文化差异与文化导入论略《语言教学与研究》第1期。

赵贤州(1992)关于文化导入的再思考,《语言教学与研究》第3期。

赵淑华(1992)句型研究与对外汉语教学,《语言文字应用》第3期。

赵永新(1993)反映人体器官的词语及其文化因素,《语言文字应用》第2期。

中国对外汉语教学学会、《世界汉语教学》编辑部、《语言教学与研究》编辑部(1995)对外汉语教学的定性、定位、定量问题座谈会纪要,《世界汉语教学》第1期。

钟　锓(1978)关于汉语语音的若干问题,《语言教学与研究》第3期。

仲哲明(1996)应用语言学研究的现状与展望,《中国语言学的现状与展望》,外语教学与研究出版社。

周小兵(1989)口语教学中的听话训练,《世界汉语教学》第3期。

周有光(1993)人类文字学刍议,《语言文字应用》第4期。

朱　川(1981)汉日语音对比实验研究,《语言教学与研究》第2期。

朱德熙(1988)在汉字问题学术讨论会上的讲话,《汉字问题学术讨论会论文集》,语文出版社。

朱文俊(1990)语言与文化,《语言教学与研究》第2期。